PAUL RICOEUR: POSSIBILIDADES E IMPASSES DA NARRATIVA

PAUL RICŒUR: POSSIBILIDADES E IMPASSES DA NARRATIVA

Leonardo Canuto de Barros

2023

70

PAUL RICOEUR
POSSIBILIDADES E IMPASSES DA NARRATIVA

AUTOR: Leonardo Canuto de Barros

DIRETOR DA ALMEDINA BRASIL: Rodrigo Mentz
EDITOR: Marco Pace
EDITOR DE DESENVOLVIMENTO: Rafael Lima
ASSISTENTES EDITORIAIS: Larissa Nogueira e Letícia Gabriella Batista
ESTAGIÁRIA DE PRODUÇÃO: Laura Roberti

COORDENAÇÃO EDITORIAL: Milton Meira do Nascimento
REVISÃO: Sônia Maria dos Reis e Thomaz Kawauche
PROJETO GRÁFICO ORIGINAL: Marcelo Girard e IMG3
FINALIZAÇÃO: Roberta Bassanetto

ISBN: 9786554270823
Maio, 2023

Dados Internacionais de Catalogação na Publicação (CIP)
(Câmara Brasileira do Livro, SP, Brasil)

Barros, Leonardo Canuto de
Paul Ricoeur : possibilidades e impasses da narrativa / Leonardo Canuto de Barros. -- 2. ed. -- São Paulo : Edições 70, 2023.

ISBN 978-65-5427-082-3

1. Filosofia francesa 2. Ricoeur, Paul, 1913-2005 - Crítica e interpretação I. Título.

23-148967 CDD-194

Índices para catálogo sistemático:

1. Filosofia francesa 194

Eliane de Freitas Leite - Bibliotecária - CRB 8/8415

Este livro segue as regras do novo Acordo Ortográfico da Língua Portuguesa (1990).

EDITORA: Almedina Brasil
Rua José Maria Lisboa, 860, Conj.131 e 132, Jardim Paulista
01423-001 São Paulo | Brasil
www.almedina.com.br

Aos meus pais e ao meu irmão.

O segredo da busca é que não se acha.
Fernando Pessoa

SUMÁRIO

PREFÁCIO

Dos impasses às possibilidades da narrativa

O papel de um prefácio ou apresentação, creio eu, é semelhante, por um lado, ao de uma introdução, e que consiste em criar as expectativas certas, que ajudem o leitor a se colocar em uma trilha por dentro do bosque, na entrada do qual se encontra ao abrir um livro. Alguns elementos anteriores à leitura já significam muito e orientaram até esse ponto: o título da obra, o perfil da editora e da coleção etc. Sem contar todo o contexto de vida que levou este leitor até esta margem. Para fazer uma ponte adequada com esse percurso, uma boa introdução não deve criar expetativas irreais, pois isso poderá fazer com que o leitor leve um tempo desnecessário até reencontrar um caminho por dentro do terreno do texto, que faça com que este revele suas melhores vistas. O texto de uma apresentação, por sua vez, faz isso em uma situação interessante: ele vem antes da introdução, e pode dialogar com ela, cooperando amigavelmente com sua tarefa, sem, porém, repeti-la, pois é exclusivamente fruto da experiência de leitura, e não da escrita do livro.

A apresentação de um livro não nasce do convívio, às vezes sofrido e conflituoso, outras vezes feliz, mas nunca fácil, que o autor de um livro apresentado estabeleceu com este durante um período de sua vida. No caso de Leonardo Canuto, o tempo de seu doutoramento em filosofia, que tive oportunidade de acompanhar de longe e de tempos em tempos. Sabemos por experiência, nossa e alheia, o quanto a escrita de uma tese possui de solitária aventura, na qual o conjunto de capítulos só vai ganhando nitidez de um contorno singular bem ao fim, tendo antes passado por etapas em que os temas centrais pareceram ser outros, se embaralhar, ou até ameaçar não chegar a lugar nenhum. Enfim, o autor escreve sua introdução depois de feita a *experiência* que a escrita do texto representou para ele, lembrando aqui a memória que a palavra experiência guarda de *viagem*, risco de extravio, e de encontro de uma passagem que por fim leva a um porto mais ou menos seguro.

O leitor pode esperar do livro de Leonardo Canuto um percurso cuidadoso, paciente e minucioso, aparentado no tom sereno e acolhedor aos próprios textos de Paul Ricoeur, por cujas obras ele enveredou nos últimos anos, e onde perseguiu o tema da narratividade inalienável da existência humana. É pelo viés do Paul Ricoeur defensor da persistência da arte de narrar que *Paul Ricoeur: possibilidades e impasses da narrativa* percorre a vasta obra deste pensador, que deixou sua marca em todos os tópicos importantes do debate filosófico do século XX. A filosofia da narrativa ricoeuriana é na verdade um tema transversal que atravessa a antropologia filosófica da linguagem empreendida pelo autor francês, sempre em um diálogo com as correntes marcantes do pensamento do século, como a fenomenologia, o estruturalismo, a psicanálise, a filosofia analítica e as teorias da história, da memória e do tempo, das mais diversas extrações. Ricoeur não legou propriamente uma teoria da narrativa, do tipo das que contam com a circunscrição de um setor de saber científico, como a narratologia, que possui seu espaço ao lado de outros ramos das ciências da linguagem, como a linguística, a semiótica ou a teoria da literatura. Ao contrário, seus trabalhos reencontram o narrar em meio aos múltiplos significados do agir, do tornar-se responsável, do lembrar e do esquecer, nos diversos discursos sobre a memória, sobre o tempo, nas tentativas da filosofia moral contemporânea, que são por Ricoeur revisitados e relidos, revelando as múltiplas faces deste saber discursivo, o narrativo, que tenta articular concordância e discordância, ordenamento e fragmentação no seio da dimensão temporal da existência humana. Ricoeur praticou um raro ecumenismo metodológico, uma admirável capacidade de ver em cada vertente teórica uma visada diversa, inacabada porém penetrante, daquilo que Hans-Georg Gadamer chamava de "a coisa mesma". Isso lhe possibilitava dialogar tanto com a filosofia moral analítica quanto com a fenomenologia husserliana e a ontologia heideggeriana, tanto com a tradição literária do romance europeu quanto com a da exegese bíblica ou a da psicanálise. Todos estes saberes se interligam, pois todos são formas parciais de trazer à palavra o caráter temporal e inacabado do trajeto humano, e neles se sobressai, sob variadas formas, o saber narrativo.

O tratado *Tempo e narrativa*, publicado durante a década de 1980 em três partes, ocupa uma posição privilegiada na articulação deste saber. Centrada inicialmente na prática literária e historiográfica, e na forma como algumas de suas principais expressões teóricas podem ser vistas como soluções parciais para o enigma da temporalidade, a obra monumental e enciclopédica percorre uma profusão de discursos sobre o que poderíamos chamar de compreensão prática do tempo. O livro de Leonardo Canuto tem nas formulações iniciais do primeiro volume da obra uma referência decisiva: a teoria da tríplice mimese, pois é segundo este esquema circular, inspirado em Heidegger e Gadamer, que Ricoeur procura tornar visível, em termos teóricos, o entrelaçamento do ato de narrar no tecido da existência humana. É na temporalidade circular do compreender/interpretar exposto por Heidegger em *Ser e tempo*, e retomado por Gadamer em *Verdade e método*, que podemos encontrar parentes e precursores do tema ricoeuriano do "arco narrativo" e suas três instâncias. No ato simples e fundamental de compreender aquilo que se quer interpretar, que encontramos descrito no § 32 de *Ser e tempo*, adaptado então por Gadamer ao ato de compreender textos, entendido como o jogo entre formar e reformular projetos de leitura que se confirmam ou não nas coisas ou textos, reside o movimento que Ricoeur trará para a prática de ler, ouvir ou mesmo assistir a narrativas.

Os textos narrativos, sejam historiográficos ou ficcionais, portanto, não são o ponto de partida da nossa inteligência narrativa, mas se encontram já sempre no meio de um processo que começa quando entramos na linguagem. As narrativas que somos levados a conhecer dentro de nossas culturas, sejam orais, escritas ou audiovisuais, dialogam com saberes pré-narrativos que elaboramos no cotidiano, formas de linguagem prática, esquemas de interpretar a temporalidade das ações e paixões, e essas mesmas narrativas contribuem para acrescentar novas possibilidades de produzir tais esquemas. Ou seja, o arco narrativo abarca tanto o que antecede ao ler ou ouvir histórias quanto o que sucede a esse contato com narrativas prontas, a produção de novas histórias que modelamos com os modelos que aprendemos nas histórias que acompanhamos. Mostrando que a vida é um movimento que busca a compreensão narrativa, Ricoeur, desta forma, associa o ato narrativo a uma prática social e linguística que transcende ou antecede em muito as práticas artístico-literárias. De saída, a empreitada ricoeuriana formula o lugar da narrativa de modo a se tornar extremamente difícil imaginar a realidade humana sem ela. "Não temos a menor ideia do que seria uma cultura em que não se soubesse mais o que significa narrar", diz ele, e creio poder afirmar que esse ponto nodal, o de uma afirmação quase transcendental do ato de narrar como um estruturador da existência, fornece a base das demais facetas da investigação a respeito da narrativa. E é também o ponto de apoio fundamental do livro de Leonardo Canuto. Essa posição a respeito do caráter quase transcendental da inteligência narrativa, no entanto, não se baseia apenas em uma constatação da sobrevivência dos artefatos ficcionais que encontramos de forma até certo ponto perene em nosso cotidiano. A persistência do romance, em meio a tantos modos narrativos mais afinados com a cultura de imagens que predomina de modo avassalador, não é suficiente por si só para manter esta convicção. Trata-se muito mais do caráter amplamente formativo, processual e inacabado do humano, fortemente centrado nas práticas narrativas, de caráter não artístico, que fazem com que práticas como as do romancista, do historiador e, por que não, do roteirista ou do jornalista, sejam socialmente relevantes, pois se alimentam do manancial narrativo que se renova espontaneamente no tecido social, ao mesmo tempo em que o retroalimentam.

A preocupação com a função reflexiva da prática narrativa, entendida no espectro amplo acima aludido, é uma marca da hermenêutica ricoeuriana. Construída em torno de um diálogo crítico com a tradição cartesiana, Ricoeur situa a inteligência narrativa no cerne da autocompreensão, contribuindo para uma reformulação muito fértil de noções como as de sujeito e de identidade pessoal. As formas de identidade narrativa, tópico centralizado no livro *O si-mesmo como um outro*, se agrega a uma preocupação de caráter ético. Narrar a si mesmo, embora atingindo seu máximo de explicitude na escrita autobiográfica (um tema caro a Dilthey), se confunde com a temporalidade cotidiana. O narrar de si se insere no arco hermenêutico e, portanto, se alimenta das formas narrativas predominantes em uma cultura, que fornecerão modelos para uma subjetivação, cuja forma variará em função de variáveis espaço-temporais. Esta nunca é substancializada, e tem a marca histórica de uma constante e renovada pergunta pelo "quem", e não pelo "o que". O narrar a si se constitui como um poder, uma capacidade de afirmação no concerto de vozes que é uma sociedade humana. Mas é também um campo de disputa, no qual atuam forças as mais diversas, nem sempre favoráveis ao exercício necessariamente plural deste poder. Este poder pode ser, e o é mais frequentemente do que somos aptos a perceber, subtraído. A persistência da inteligência narrativa como estruturante do campo antropológico, e como esteio para uma consideração transcultural da humanidade, uma vez que tal persistência não se restringiria a esta ou àquela cultura, no entanto, não exclui a consideração de seus perigos de desaparecimento, de seus impedimentos internos e externos, e de suas deturpações. Antes, ao contrário, a demanda.

Antes de entrar no aspecto abertamente político destes impedimentos, Leonardo Canuto explora as situações-limite da escrita narrativa, as fronteiras abertas entre as forças que produzem concordância temporal dentro de um quadro que Ricoeur, retomando a poética aristotélica, chamou de enredo, *mythos*, uma célula de inteligibilidade e estabilidade que contamina o tempo de espaço, uma espécie de *eidos* que o filósofo grego instalou no cerne da poesia dramática. Situações-limite que foram fartamente oferecidas pela literatura ficcional dos séculos XIX/XX, por autores como Proust, Virginia Woolf e Robert Musil, tentativas variadas do que Ricoeur chamaria de antirromances. Esta incursão pelo antirromance Ricoeur a realiza de forma aberta e franca, admitindo um momento hipotético em que o saber narrativo venha a produzir sua própria caducidade e superação. As narrativas contemporâneas herdeiras da tradição romanesca europeia lhe servem de laboratório ou campo de observação privilegiado para um possível movimento maior de destituição do lugar transversal ocupado pela narrativa na cultura em geral. Mas mesmo a análise destes casos-limite termina por reencontrar sinais de resistência e perenidade do ato de contar. A elasticidade da noção de enredo, conferida pela releitura feita por Ricoeur do tema aristotélico, que a retira de sua referência original e potencia sua plasticidade e adaptabilidade a todos os atos em que se estabelece um equilíbrio qualquer entre a concordância e a discordância, mostra sua fertilidade na consideração de experimentos estéticos como o *nouveau roman* e o ensaio. Mas uma reafirmação do triunfo do ordenamento narrativo e de seu papel constituidor de subjetividade e cultura não é contraditório com uma minuciosa consideração das formas de esquecimento seletivo e silenciamento de narrativas, e, por conseguinte, de apagamento de determinadas identidades.

É por isso que considero o segundo ("Traição da narrativa: os limites do narrar") e o último ("Silêncio: o narrar como poder") capítulos do livro de Leonardo Canuto especialmente importantes para o leitor brasileiro da década atual. Retroativamente, é por eles que minha memória de leitura começa, pelos *impasses* nomeados pelo título. Em uma época em que brotam tantas identidades narrativas novas e em que se renovam velhas lutas por se dizer/compreender, e em que se renovam as forças de silenciamento e anulação, o apoio que a obra ricoeuriana pode oferecer é muito valioso, mesmo que à primeira vista seu discurso se mostre confortavelmente instalado dentro do quadro de uma dicção conservadora e eurocêntrica. Cabe a nós desdobrar sua força e pertinência histórica, pois o de que mais se precisa hoje é capacidade de compreender o caráter móvel, não substancializado e metamórfico das formas de se colocar no tempo, o caráter múltiplo das maneiras de dizer eu, e, por consequência, de dizer nós e vocês. Cabe a nós, estes leitores, efetivarmos as férteis possibilidades dos temas tratados por Ricoeur, tendo em vista todo o debate e militância atuais em torno das identidades silenciadas durante nossa história, e as renovadas forças de emudecimento que têm surgido em nosso horizonte.

Antes desta incursão pelo silenciamento vindo por obra de forças de fora, Leonardo passa por um importante momento do percurso de Paul Ricoeur, sua incursão pelo debate pós-freudiano, que tem como epicentro o longo ensaio de 1965, *Da interpretação*. Momento, como se diria no jargão jornalístico, "controverso", em que o pensador francês encontrou, surpreso, uma forte resistência no ambiente francês da psicanálise. Os desentendimentos com Jacques Lacan e seu círculo mais próximo teria sido inclusive um motor decisivo da passagem de Ricoeur pelo mundo universitário norte-americano. Leonardo oferece um rico capítulo sobre o tema, sem adentrar demasiado em questões específicas da psicanálise, mas trazendo para a dimensão dos limites do narrar e da identidade narrativa, como o faz em muitos outros momentos do livro, outras vozes para a discussão, como, no caso, a de Judith Butler e suas reflexões sobre o indizível de cada um, a impossibilidade de uma completa ordenação narrativa de uma vida. A incursão de Ricoeur pela *Interpretação dos sonhos* e pelo sentido de um interpretar que é um reconfigurar narrativo, prenuncia em parte temas de *tempo e narrativa*, mas pelo viés do inarrável, a dimensão irredutível e muda do desejo e do inconsciente. Coerente com o lugar de honra atribuído a Freud pelo pensador francês, o de ser a culminância de um processo de humilhação da presunção cartesiana/iluminista de um sujeito narcisicamente visível em inteireza para si mesmo, orgulhoso proprietário de sua própria morada psíquica, o tema da narrativa é tratado pelo viés da incompletude essencial de todo empreendimento narrativo, a começar pela vida como uma história. Este capítulo é muito importante na economia geral do livro de

Leonardo, pois sinaliza com bastante clareza o perigo de se levar o pensamento de Ricoeur para os lados de uma teoria salvífica dos poderes do narrar, chegando, inclusive, a levantar firmemente a suspeita de que o pensamento de Ricoeur, em sua defesa às vezes um pouco demasiadamente reta da necessária vitória da ordem e da congruência narrativas sobre a desordem do sem sentido, seria "mais cartesiano do que ele mesmo gostaria". Como fazer brotar de um pensamento o que nos é necessário hoje, mesmo que parcialmente à revelia de algumas tendências latentes no próprio autor? É fundamental enfatizar que um mundo narrado é um mundo na verdade nunca visto, no máximo entrevisto, que a totalidade de uma vida é algo na verdade nunca experimentado, que a vitória da concordância sobre a discordância tem algo que necessariamente lhe escapa e prepara logo ali uma emboscada para todo ordenamento apaziguante. O livro de Leonardo, portanto, realiza uma tomada de distância da obra estudada, lançando sobre ela um olhar ao mesmo tempo generoso, em que as posições de uma obra são trazidas para perto das de outras, produzindo um painel de concordância teórica, mas acentuando, ao mesmo tempo, as fissuras e tensões que devem ser nomeadas neste mesmo painel. Não se trata de se colocar como representante e defensor do autor célebre, atitude ainda muito recorrente em nosso meio acadêmico, para lhe ser fiel.

É por trazer, de modo discreto mas muito firme, essa sua presença histórica, o fato de ser um brasileiro vivendo na terceira década do século XXI, cujas tendências já tão diferentes do século XX ainda não penetraram inteiramente a nossa consciência, que Leonardo adentra então o tema dos silenciamentos produzidos pelos "abusos da memória e do esquecimento". A posição do pensador francês que vem à tona em sua obra tardia *A memória, a história, o esquecimento*, em seu teor ético e político, pode ser parcialmente resumida na frase "Toda história de sofrimento clama por vingança e pede narração", que o aproxima do terreno nomeado pelo derradeiro ensaio de Walter Benjamin, "Sobre o conceito de história". Terreno marcado por dor e sofrimento, e onde o aspecto ordenador e supressor das dissonâncias dos atos de narrar, tão enfatizado por Ricoeur na década de 1980, é visto em parte pelo lado oposto da lente. As narrativas dos vencidos são esquecidas ou silenciadas não pelo silêncio mesmo, mas por outras narrativas ou esquemas de ordenamento histórico. A dor e o sofrimento possuem a vocação de romper o funcionamento macio do mecanismo inebriante e apaziguante de um tempo que encadeia passado, presente e futuro de modo contínuo. "Uma vida é a história dessa vida em busca de narração", diz Ricoeur em texto do século XXI, o que introduz uma diferença sutil mas muito importante: a busca de se colocar no concerto das vozes narrativas, busca essa muitas e muitas vezes impedida, desviada, distraída por seduções e armadilhas as mais diversas, que é, em si mesma, uma história. Em muitos casos, como tem se tornado claro nos debates de gênero e etnia atuais, é dessa história de uma busca interrompida que se trata, mais do que qualquer outra coisa. O silenciamento tem uma história. Não seria talvez abusivo apontar o desenho freudiano disso, o que sugere, ao mesmo tempo, uma luz no fim dos túneis: como na prática psicanalítica, a oportunidade de contar se reabre, pois é sempre agora que as histórias se tecem em palavras, e a história da busca interrompida pode ser justamente a narrativa mais urgente a se fazer. Ora, o narrar não é um ato reflexivo de cunho idealista-cartesiano, uma aparição do sujeito para si mesmo. Ele é muito mais, e desde a raiz, um narrar-se para o outro, endereçado aos que vivem a mesma época e respiram o mesmo ar. O silenciamento é uma supressão da tessitura intersubjetiva da linguagem. Como enfatizou Benveniste, linguista caro a Ricoeur, um dizer é sempre moldado e endereçado para o tu. E este último deixa de ser um tu quando assume o eu da fala.

A narração de uma vida faz dela fenômeno no mundo da *pólis*, deixando de ser apenas um aparecer na dimensão físico-biológica. É um trabalho da memória, o que acontece em todo narrar, e as manipulações da memória efetivadas com algum tipo de finalidade política é que se tornam, na verdade, as grandes agentes do esquecimento. Como o narrar a si no concerto de vozes, na interação necessária com o outro, se alimenta de modelos disponíveis na cultura, o pronto fornecimento pelos detentores do poder político/econômico de esquemas narrativos, isto é, de ideologias, como a do sucesso pessoal, da família ideal ou do destino prometido da nação, promove um enrijecimento das identidades, formando todo um exército de indivíduos plenos de certezas de quem são. As ideologias são modelos narrativos através dos quais os indivíduos e as comunidades se narram como identidades próximas à mesmidade reificada. O trabalho dessa memória instruída e dirigida é, de certo assim, facilitado, seu peso de trabalho é aliviado, uma vez que é instrumentalizado em favor de alguma finalidade específica. As histórias dos silenciamentos estão completamente imbricadas com esse processo, pois é ele que seleciona o que entra na história e o que não.

O pensamento ricoeuriano nos ensina a dar uma atenção e um relevo especiais a todas as situações em que interagimos com narrativas, sejam ficcionais ou as que se apresentam como verídicas, sejam as que mostram abertamente, sejam as que se insinuam nas conotações das palavras e nos adjetivos que marcam a vida de um indivíduo ou grupo. Das pretensamente inocentes histórias "para crianças" às versões oficiais da História com H maiúsculo, todas na verdade são contribuições para os modos como narramos a nós e aos outros. De todo o arco narrativo, constituído, como aludimos mais acima, por três estações interdependentes, a segunda é mais facilmente foco de disputa, pois é na seleção das histórias que vão e as que não vão ser contadas que os modelos para novas narrativas são estabelecidos. A arte da narrativa e seus produtos são a um só tempo instrumentos da memória e da experiência transmissível, e de esquecimento e silenciamento. Leonardo Canuto mostra como processos de recuperação de memórias silenciadas foram uma marca na história recente da Europa e no Brasil, em trabalhos de lembrança coletivos como o pós-holocausto e o pós-ditadura, respectivamente, para falar apenas dos relativos ao século XX. E o quanto de silenciamento do passado escravista do Brasil colônia ainda circula de forma recalcada pelas maneiras de narrar e nos compreender no tempo? E que outros processos estão sendo gestados agora mesmo? O livro que o leitor tem nas mãos é, pelo modo fundamentado e responsável com que atravessa estes, e outros temas trazidos à nossa praia pela leitura da obra de Paul Ricoeur, contribuição valiosa da filosofia brasileira à recepção da obra de um pensador cujas palavras vêm bem a calhar, e que ele mostra o quanto merecem ser por nós interpretadas e apropriadas.

Bernardo Barros Oliveira
Departamento de Filosofia da UFF

INTRODUÇÃO

Ricoeur em seu século

O filósofo Paul Ricoeur, nascido em 1913 em Valença (França), órfão de mãe e filho de um professor morto nas trincheiras da Primeira Guerra Mundial, acompanhou de perto os graves eventos do século XX – a era dos extremos, como denominou o historiador britânico Eric Hobsbawm –, século visto por muitos como o mais terrível da história, mas que ao mesmo tempo possibilitou a emergência de movimentos emancipatórios, o desenvolvimento econômico de muitos países e profundas transformações sociais. Na condição de testemunha ocular que sentiu na pele os episódios que marcaram o período, o valor das experiências de Ricoeur certamente repercutiu em seus escritos. Como negar, por exemplo, o fato de que ter sido combatente na Segunda Guerra Mundial contribuiu para os rumos de seu pensamento? Foi exatamente enquanto esteve preso em campos nazistas na Pomerânia que Ricoeur se empenhou na leitura dos textos de Heidegger e traduziu e comentou a obra *Ideen I*, de

Husserl, filósofos dos quais as principais reflexões ricoeurianas são fortemente tributárias.[1]

Apropriando-nos do título de um livro do historiador François Dosse dedicado a nosso autor, Ricoeur é um filósofo em seu século, tanto por ter se debruçado sobre questões prementes de seu tempo como por ter sido um ávido leitor e um diligente intérprete das obras publicadas durante o século XX no contexto ocidental. Ocorre que, apesar de Ricoeur ser considerado um filósofo em seu século, nem sempre foi aceito ou assimilado pela intelectualidade da época, tendo sido muitas vezes contestado por não se submeter às tendências de pensamento então vigentes. Dessa forma, Ricoeur acabou sendo alvo de linguistas, psicanalistas e estruturalistas que dominavam o fecundo debate intelectual europeu na segunda metade do século XX, e, assim, foi relegado em face da proeminência conferida a esses pensadores. Um primeiro indício dessa posição desprivilegiada é que, fruto de uma contenda após a publicação de seu ensaio sobre Freud, *Da interpretação* (1965), Ricoeur foi colocado em ostracismo pelos lacanianos, que o acusavam de sustentar uma epistemologia fenome-

---

1 Revela Paul Ricoeur em sua autobiografia: "O cativeiro passado em diferentes campos da Pomerânia foi a ocasião de uma experiência humana extraordinária: vida cotidiana interminavelmente compartilhada com milhares de homens, cultura de amizades intensas, ritmo regular de um ensinamento improvisado, leitura sem impedimentos de livros disponíveis no campo. Compartilhei, assim, com Mikel Dufrenne, a leitura da obra então publicada de Karl Jaspers, principalmente os três tomos de sua *Filosofia* (1932). Devo a Karl Jaspers ter colocado minha admiração pelo pensamento alemão ao abrigo das negações do entorno e do 'terror da História'. Devo confessar que ignoramos os horrores dos campos de concentração até nossa libertação, que ocorreu na primavera de 1945 nas portas do campo de Bergen Belsen. O estudo meticuloso da obra de Karl Jaspers culminaria, ao sair da prisão, no livro escrito em comum e publicado sob nossa assinatura com o título de *Karl Jaspers e a filosofia da existência* (1947). Somaria pouco depois [...] uma obra de filosofia comparada na qual estabelecia um paralelo entre Karl Jaspers e Gabriel Marcel: *Gabriel Marcel e Karl Jaspers. Filosofia do mistério e filosofia do paradoxo* (1948). Mas Karl Jaspers não foi o único a ocupar meu retiro forçado de 5 anos; retomei com grande cuidado a leitura de Heidegger [...]. Logo comecei a tradução de *Ideen I* de Husserl. Finalmente, esbocei por meio de meus cursos e minhas notas de trabalho a *Filosofia da vontade* [...]. Esses anos de cativeiro foram, pois, muito frutíferos tanto do ponto de vista humano como do intelectual" (RICOEUR, 1995b, p. 20-21).

nológica que "nada mais é do que a racionalização de um escrúpulo ético-religioso" (TORT, 1966, p. 1.470). Um segundo indício é que talvez o fato de ter se manifestado contrário às diretrizes do estruturalismo tenha contribuído para, em novembro de 1969, o filósofo ser derrotado por Michel Foucault na disputa pelo ingresso no Collège de France.[2] É somente com a derrocada do estruturalismo na França e depois de ter se notabilizado em Chicago, onde lecionou de 1970 a 1992, que Ricoeur se consagra em seu país natal.

Neste livro, trataremos tanto da contenda com os estruturalistas, no primeiro capítulo, como da contenda com os lacanianos, no segundo. Outro objetivo de nosso trabalho consiste em situar Paul Ricoeur à parte de uma tendência muito em voga no século XX responsável por instaurar a crise da narrativa. Enfatizamos que Ricoeur ocupa um lugar bem peculiar nessa discussão: diferentemente do percurso conduzido pela narratologia formalista e estruturalista do século, a qual também esteve na contramão de tal crise, o caminho percorrido especialmente nos três volumes de *Tempo e narrativa* é devedor não de uma racionalidade intrínseca à configuração do discurso, mas depende sobretudo de elementos subjetivos que operam extrinsecamente na refiguração da narrativa. Ricoeur se vale, no intento de fortalecer o narrar, precisamente de fatores que estão fora da estrutura do texto e que, na perspectiva de formalistas e estruturalistas, supostamente seriam a causa de sua fragilidade.

2 Segundo a leitura que François Dosse faz da disputa por uma cadeira no Collège de France, uma das razões de Michel Foucault ter sido aprovado, em detrimento de Ricoeur, seria por estar em sintonia com o estruturalismo dominante na época. Explica Dosse: "De um total de 46 votantes, o projeto de Foucault vence no segundo turno por 25 votos contra 10 para o de Ricoeur e 9 para o de Belaval. A entrada de Foucault em 2 de dezembro de 1970 no seio dessa instituição canônica de ritual intangível, um Foucault herético que ainda cheira ao enxofre das granadas de gás lacrimogêneo recebidas no *campus* de Vincennes, só é pensável se se ressituar seu trabalho no interior do movimento estruturalista: este lhe permite juntar-se a Georges Dumézil e Claude Lévi-Strauss na legitimação e consagração do pensamento estrutural" (DOSSE, 2018b, p. 198).

Nem do lado dos que decretam a morte do procedimento narrativo, nem daqueles que fortificam apenas sua estrutura, o filósofo destoa desses teóricos ao defender a resistência da narrativa pelo que lhe é exterior, encontrando, por exemplo, na recepção do leitor ou do ouvinte um meio de reanimar a experiência do narrar.

O século XX, que germinara a filosofia ricoeuriana – um dos bastiões da teoria narrativa –, também gestara o veredito que proclamou o fim da experiência narrável. Foi o tempo em que muitos declararam o último ato do romance moderno – alguns destes até mesmo romancistas, como depõem os casos de Robert Musil e Thomas Mann[3]. Conhecemos, ainda, a queixa explícita de Ortega y Gasset no ensaio *Ideias sobre o romance*, de 1925: "[...] acredito que o gênero romance, se não está irremediavelmente esgotado, encontra-se certamente em seu período final" (ORTEGA Y GASSET, 1962, p. 390). Somamos a essa queixa a declaração de Alain Robbe-Grillet em *Pour un nouveau roman*, de 1963: "Diante da arte romanesca atual, a lassidão é tão grande – registrada e comentada pelo conjunto da crítica – que é difícil imaginar que tal arte possa sobreviver por muito tempo sem alguma mudança radical" (ROBBE-GRILLET, 2013, p. 19).

Mesmo que ao longo do século XX não houvesse uma compreensão unívoca que plasmasse o conceito de "crise", a ideia de erosão do romance inundara o debate da época, celebrado no ensaio de Walter Benjamin sobre a morte da experiência narrável, publicado em 1936. A despeito dessas tentativas de sobre ele baixarem as cortinas, o gênero encontrou mais de uma forma de renovação

3 Cf. MUSIL, 1984, p. 383-388. Em franca consonância com Musil, vale mencionar também que, numa carta de 1943 endereçada a Alfred Döblin – autor do artigo "Crise do romance" e da obra *Berlim Alexanderplatz* –, Thomas Mann escreve: "E assim como [sua obra] é um indício da crise pela qual o romance como forma de arte passa em nossos dias, é também prova, como imaginação turbulenta e sonho livre, que se adianta à pressuposição estética de que o romance teria se esgotado" (MANN, 1990. p. 489).

ainda no século XX, assim atestam o surgimento do *nouveau roman* na França, a criação do romance de vanguarda pelo Gruppo 63 na Itália e o desenvolvimento do realismo maravilhoso na literatura latino-americana, assegurando que o romance foi capaz de resistir à força arrebatadora do audiovisual. Vale aqui a mesma consideração que fez Peter Szondi em 1956 a respeito do drama moderno: "Não é chegada a hora de um balanço final [da história da dramaturgia moderna], tanto menos a de definir novas regras. De resto, não é algo que compete à sua teoria prescrever o que o drama moderno há de ser. É tempo simplesmente de apreender o que foi criado" (SZONDI, 2011, p. 155). Ou seja, parece que estamos longe de ver o fim do romance porque o que a história revela é justamente sua elevada capacidade de, quando ameaçado, metamorfosear-se.

Não obstante os fatos tenham provado o contrário do que defendiam os obituaristas do romance e da narrativa, alguns teóricos da envergadura de Jean-François Lyotard (*A condição pós-moderna*, 1979), Gianni Vattimo (*O fim da modernidade*, 1985) e Arthur Danto (*Após o fim da arte*, 1996) deram continuidade à discussão nas últimas décadas do século passado, ao concederem em suas análises sobre o fim da arte um espaço privilegiado para o tema da narrativa. Se na primeira metade do século Walter Benjamin, inspirado pelas considerações de Georg Lukács em *A teoria do romance*, encontrara razões para sinalizar um romance já trôpego, prestes a dar seu derradeiro suspiro, e para estender esse diagnóstico a toda experiência narrável, razões muito semelhantes motivariam as análises dos teóricos na segunda metade do século XX. Se as considerações benjaminianas foram marcadas pela atrocidade da guerra de trincheiras, pela evolução secular das forças produtivas no capitalismo e pelo colapso do saber narrativo em proveito da informação, as reflexões de pensadores mais recentes decorreriam das novas condições de existência no mundo industrial tardio e de uma experiência de "fim da história" adquirida com as guerras mundiais e as catástrofes atômicas, eventos que marcaram profundamente a cultura do século XX. Entende-se aqui por "fim da história" não só seu significado mais evidente, o de fim da vida humana, como também aquilo que Arnold Gehlen designou como "pós-história", a saber, a condição em que um progresso secularizado se tornou rotineiro, gerando uma espécie de imobilidade de fundo no mundo técnico, este, por sua vez, dominado por novos meios de comunicação que produzem uma experiência des-historicizada[4], como ilustra a sociedade da informação generalizada.[5] Seguindo o mesmo diapasão de Gehlen, para Lyotard, na sociedade pós-industrial, o saber narrativo teria passado por um processo de deslegitimação que faria o grande relato perder credibilidade, o que resultaria, então, na crise das metanarrativas (LYOTARD, 2009, p. 69); segundo Vattimo, estaríamos vivenciando uma "ontologia do declínio" na época da reprodutibilidade e da cultura massificada (VATTIMO, 2002, p. 55); já de acordo com Danto, na condição hodierna de pós-história, não haveria mais estrutura narrativa mestra que regulasse as obras de arte (DANTO, 2006, p. 53). Pode-se notar que todos esses diagnósticos estão em certa consonância com a fortuna crítica desenvolvida ao redor da noção de crise da narrativa, mesmo que se tenha aí um conceito muito abrangente e diverso acerca da narratividade. Paul Ricoeur, como anunciáramos linhas atrás, posiciona-se de modo diametralmente oposto a tais considerações, fortalecendo não só a narrativa imis-

---

4 Walter Benjamin já havia sido certeiro ao relembrar as palavras do jornalista fundador do *Le Figaro*, o qual afirmava que, na configuração da sociedade ocidental do século XX, um incêndio num sótão do Quartier Latin se tornou mais importante que uma revolução em Madri (Cf. BENJAMIN, 1994, p. 202).

5 Essa descrição do conceito de pós-história inaugurado por Arnold Gehlen é dada por Gianni Vattimo com base em dois textos: o ensaio *A secularização do progresso* e o livro *A alma na era da técnica* (Cf. VATTIMO, 2002, p. 97-106).

cuída na arte, mas também a necessidade cultural que temos dela no domínio da vida.

Apesar de ter analisado a atuação de mecanismos que por vezes desorientam a trama narrativa, não se pode, na teoria de Paul Ricoeur, falar de uma crise da narratividade que conduziria a seu fim. Na medida em que narrativa e vida se mesclam indissociavelmente – seja porque a concepção de tempo humano consente com um desenvolvimento narrativo, seja porque as próprias noções de ação humana e de cultura requerem a narratividade –, argumentos que caminham em direção ao fim da experiência narrável não seriam de modo algum sustentados por Ricoeur. É em razão disso que acreditamos ser lícito, no pensamento ricoeuriano, investigar um bloqueio da narrativa e seus limites, mas não propriamente seu fim. Não é adequado, contudo, apartar nosso filósofo do restante do grupo de teóricos de seu tempo que refletiram sobre a narrativa, como se tivesse um pensamento isolado e fosse o único redentor da arte de contar. Certamente, não devemos nos furtar à existência de narratologistas contemporâneos que reforçaram o vigor da estrutura narrativa, desautorizando o tom profético antes insinuado na crise do narrar. Nomes importantes da narratologia, como os de Vladimir Propp, Roland Barthes e A. J. Greimas, são exemplares para ilustrar como o século XX foi também fecundo em discussões nas quais o procedimento narrativo poderia encontrar guarida.

"Narratologia" é o termo introduzido por Tzvetan Todorov, em *A gramática do Decameron* (1969), para designar uma ciência que ele considera nova, a ciência da narrativa. De acordo com esse autor, o empenho dos narratologistas, via de regra, deve se concentrar em desvendar uma teoria que possa ser aplicada aos diversos domínios da narração (contos populares, mitos, filmes, sonhos etc.), visando decifrar a estrutura da narrativa em geral, e não a de uma obra em particular. Tal como um botânico não deve se fiar no mundo vegetal, mas nas leis que o governam (a "vegetalidade"), um narratologista, para Todorov, não deve centrar esforços em estudos literários, mas postular uma ciência que regule a narrativa em geral (TODOROV, 1982, p. 9-11). Paul Ricoeur, como veremos no primeiro capítulo deste livro, não se aliará inteiramente aos procedimentos desses estudiosos, visto que considera a atuação expressiva de domínios extralinguísticos (o mundo do autor e o mundo do leitor) no processo de constituição das narrativas.

Nem em meio aos obituaristas literários, nem entre os formalistas e estruturalistas, tampouco entre os pivôs da noção de pós-história, a teoria de Paul Ricoeur acerca da narrativa se situa noutra região, muito tributária, é verdade, de concepções hermenêuticas. É a escolha de um viés hermenêutico que diferencia Ricoeur de formalistas e estruturalistas, por deslocar o centro de gravidade da estrutura para elementos extralinguísticos que participam do processo narrativo como um todo, tendo em vista sobretudo a interpretação promovida pelo mundo do leitor, que consiste no *locus* onde é concluído o arco hermenêutico da narrativa. Para o filósofo francês, portanto, o mundo do texto – o modo como ele é configurado, isto é, a sua estrutura – não fala por si só, pois constitui apenas uma das etapas do processo narrativo. Daí a singularidade da teoria narrativa de Ricoeur, que advoga a sobrevivência imemorial da ação de narrar e o faz conferindo ao mundo do leitor um importante papel no funcionamento das engrenagens da narratividade.

No primeiro capítulo deste livro, intitulado "Tradição narrativa: a experiência compartilhada", trataremos de situar a teoria de Ricoeur sobre a narrativa em relação ao estruturalismo e à linguística moderna, o que será feito sobretudo no tópico "A narrativa: uma necessidade transcultural". No mesmo tópico, problematizaremos também a visão ricoeuriana da narrativa como uma necessidade transcultural, destacando o intuito do filósofo de erigir uma teoria que aborde a narratividade como um procedimento mais ou menos perene e invariante ao mesmo tempo que reivindica a historicidade e a tradição das narrativas empíricas. Nessa etapa, recuperaremos os principais conceitos urdidos por Ricoeur tanto na trilogia *Tempo e narrativa* quanto em *O si-mesmo como outro*. O direcionamento em específico para tais obras se justifica porque é na primeira que precisamente se constitui a teoria de Ricoeur acerca da narratividade e é nas páginas finais dela que se articula o conceito de "identidade narrativa", trabalhado em profundidade apenas em *O si-mesmo como outro*. Outros livros e textos menores nos auxiliarão a retomar conceitos formulados ou revisitados pelo filósofo francês, como "*mythos*", "*mimesis* I", "*mimesis* II", "*mimesis* III", "ipseidade", "mesmidade" etc., todos eles indispensáveis não só para a compreensão da narrativa enquanto fonte catalisadora de tradições como também para associá-la à alteridade e delinear a dependência entre as experiências da vida de uma pessoa e aquelas narradas ficcional ou documentalmente pelos outros. Um segundo aspecto relevante neste capítulo inicial é deixar reforçada a via longa escolhida por Ricoeur para a compreensão que uma consciência tem de si mesma, caminho que o afastou do *cogito* – autofundante na ordem do pensamento – promovido pelo solipsismo cartesiano. Nesse sentido, ressaltaremos a capacidade da narrativa, enquanto obra cultural, de estabelecer a mediação do leitor com o mundo, com a obra e consigo mesmo, favorecendo a compreensão que o leitor tem a respeito de si próprio, movimento que ficará nítido no tópico "A narrativa como mediação da compreensão de si". Em seguida, no tópico "A narrativa de si: o autorretrato e a autobiografia", investigaremos como essa autocompreensão opera em duas formas particulares de narrativa, o autorretrato e a autobiografia. Ao final do primeiro capítulo, no tópico "A discordância e os paradoxos da experiência temporal humana", problematizaremos o fato de a narrativa incorporar discordâncias, tendo em vista que Ricoeur defende uma concepção primordialmente concordante da narrativa. Em quaisquer desses momentos, ficará patente a força que a narrativa ostenta no conjunto designado pela palavra "cultura", evidenciando as potencialidades da ação de narrar.

No segundo capítulo, intitulado "Traição da narrativa: os limites do narrar", trataremos dos limites da ação de narrar sob dois planos: o de uma limitação interna, referente ao expediente mesmo da narratividade, e o de uma limitação externa, concernente a um gênero narrativo em particular – o romance. No tópico "Sobre os limites internos da narrativa", serão rastreadas a princípio situações apresentadas por Ricoeur de opacidade para a consciência de si, momentos em que uma pessoa não consegue elaborar-se narrativamente porque dela é subtraído o poder de relatar-se. Em seguida, então preocupados em estabelecer um elo entre narrativa e vida, trabalharemos os limites da concordância narrativa, que é supostamente fragilizada pela perda de uma instância a que Ricoeur, em dívida com a ética aristotélica, denomina "caráter". Associaremos a opacidade das identidades, sejam estas das pessoas, sejam das personagens de uma intriga, à série de discordâncias a que estão submetidas em suas relações com a alteridade, retomando a via longa reivindicada pelo filósofo. Por um lado, sem desqualificar ou desabilitar o potencial concordante da narrativa, mostraremos como fatores discordantes são indissociáveis do domínio da vida e imprescindíveis para formas literárias de narrativa. Por outro lado, evidenciaremos que as discordâncias que constituem a singularidade de cada obra romanesca tomada em particular, quando muito acentuadas, tornam-se índice de uma suposta crise do romance como gênero, sobretudo na contemporaneidade. Veremos que, a despeito de toda ruptura provocada na configuração da trama e na figuração de personagens, a narrativa de que o romance se serve permanece viva e marcante, o que dificulta tanto o eclipsar do gênero em questão quanto o da narrativa em geral. Por fim, no tópico "Sobre os limites externos da narrativa: o ensaio para além do romance", nos interrogaremos sobre formas de dizer o tempo que estejam para além do romance e, a partir dessa investigação, trataremos das ideias de Ricoeur acerca do gênero ensaístico, reforçando, ainda, a vitalidade da ação de narrar. Em outras palavras, mesmo após rastrearmos situações-limite para a narratividade na filosofia de Ricoeur, pode-se dizer que essa teoria preza por acentuar a força e a vitalidade da narrativa dentro do amplo panorama fornecido pelo universo da cultura e por privilegiar sua capacidade concordante.

No terceiro capítulo, intitulado "Silêncio: o narrar como poder", trataremos do bloqueio da narrativa, o que se dá sob dois aspectos: primeiro, porque Ricoeur contradita a possibilidade de uma narrativa em que impere a discordância, ao considerar a narrativa como o triunfo da ordem; segundo, porque em certas circunstâncias históricas algumas narrativas são condenadas ao esquecimento, bloqueando a sobrevivência cultural e o compartilhamento delas. Esses dois vieses serão tratados respectivamente nos tópicos "O silêncio promovido pela ordem da razão" e o "O silêncio promovido pelos abusos da memória e do esquecimento". No primeiro deles, será solicitada uma investigação do livro *História da loucura*, de Michel Foucault, visando identificar que tipo de padrão de racionalidade foi herdado pelo mundo contemporâneo ocidental. Veremos que há impedimentos construídos socialmente para que as pessoas excluídas desse padrão não possam exercer a ação de narrar nem ser portadoras de suas próprias histórias. No segundo tópico, trataremos de situações de abuso da memória e do esquecimento, isto é, situações em que se manipula a memória segundo os interesses da ideologia dominante. Nessas circunstâncias, existe uma pressão dos poderes hegemônicos para o bloqueio das narrativas consideradas perigosas para a manutenção da ordem social, impedindo que sejam narradas e compartilhadas as histórias dos oprimidos. Para desenvolver este segundo tópico será indispensável recorrer às obras *A memória, a história, o esquecimento*, de Ricoeur, e *A condição humana*, de Hannah Arendt. Em virtude da natureza exorbitante do terceiro capítulo, cujas investigações ultrapassam a obra de nosso filósofo embora sempre por ela se orientem, algumas perguntas serão deixadas em aberto para o leitor, mas sem de modo algum desampará-lo.

Vale relembrar, como já havíamos salientado, que nem os limites nem o bloqueio da narrativa, examinados nas duas últimas etapas, colaboram para concluirmos que Ricoeur defende a noção de colapso definitivo da narrativa. Portanto, ao final desse processo crítico, Ricoeur permanece, em nossa interpretação, sustentando uma perspectiva otimista acerca da narratividade.

A seguir, trataremos do modo como Ricoeur desenvolve e sistematiza suas reflexões, a fim de justificar nosso próprio procedimento na redação deste livro.

O século XX em Ricoeur

Quem já frequentou o edifício teórico erigido por Paul Ricoeur, defrontou-se com duas dificuldades incontornáveis: em primeiro lugar, são múltiplos e numerosos os assuntos tematizados pelo filósofo, marcados também pela interdisciplinaridade; para complicar ainda mais, a escolha feita pelo autor da maneira como abordá-los requer do leitor uma espécie de pedágio conceitual para transitar entre dezenas de filósofos, romancistas e pensadores das ciências humanas. É certo que ambos os obstáculos são atenuados por procedimentos adotados pelo próprio Ricoeur na elaboração de sua teoria. Por exemplo, não se vê de um escrito para outro uma mudança radical no tema a ser examinado, tampouco uma ruptura completa com aquilo que antes se afirmava; na verdade, pode-se sustentar, como veremos, certa continuidade teórica de uma obra para outra, sendo a posterior uma espécie de mea-culpa pelos tópicos ignorados ou tematizados de maneira insuficiente na precedente. Para auxiliar o trânsito do leitor por um texto que inventaria conceitos de incontáveis fontes, Ricoeur generosamente assume tom professoral e oferece muito didaticamente subsídios para que quem o lê possa acompanhar a construção de seu pensamento, forjado com a assistência da pluralidade de vozes de que o filósofo se serve. Nesse sentido, Ricoeur não é desses filósofos da tradição cuja obra possa ser dividida claramente em fases, já que suas reflexões têm um mesmo mecanismo ressoando do início ao fim, sem recair em contradição, embora tropeços eventuais sejam facilmente por ele admitidos. Uma leitura da obra ricoeuriana, por essas razões, permite circular com liberdade por mais de um livro e não cometer o equívoco de abarcar pensamentos divergentes, de aproximar reflexões dissonantes levadas a cabo por um autor em circunstâncias diversas de criação. Desse modo, nos capítulos que se seguem, nada nos impede de recorrermos a diferentes livros para construir um único e mesmo argumento, como tantas vezes de fato o faremos.

A multiplicidade que notamos na obra de Paul Ricoeur é fruto de uma filosofia construída com o auxílio de vários recursos metodológicos produzidos no século XX, período intelectual e culturalmente muito fértil e que promoveu um diálogo intenso entre diversas correntes de pensamento, como a fenomenologia, a hermenêutica, o existencialismo, a linguística moderna, a antropologia estrutural, a psicanálise, a filosofia analítica etc. Ricoeur não é herdeiro absoluto nem crítico contumaz de nenhuma delas em específico. Em vez disso, o filósofo se apropriou criticamente dos elementos que julgou pertinentes em cada uma e constituiu, mediante tais substratos, seu próprio modo de pensar, inspirando uma espécie de ecumenismo metodológico. Em poucas palavras, o método de Ricoeur é o método do século XX, já que o filósofo se afastou de um caminho solitário ao condensar a pluralidade de tendências então anunciadas, circulando por seu tempo e sendo reflexo dele. É como se o século XX se manifestasse no próprio método de Ricoeur. Esse modo de pensar entrosado com seus contemporâneos se assemelha, como na metáfora criada por Abrahão Costa Andrade, a uma dança de salão "onde se tomam e se soltam vários parceiros e se deixa tomar por cada um sem, todavia, agarrar unilateralmente e com avidez nenhum deles, nem se deixar tomar também por nenhum outro, sob pena de estragar a alegria de dançar como um ato de pensamento ou do pensar dançante" (ANDRADE, 2015, p. 8).

Domenico Jervolino, em sua introdução ao pensamento de Ricoeur publicada em francês sob o título *Une herméneutique de la condition humaine*, adverte nas páginas iniciais para o risco de, ao tentar traçar um itinerário coeso da obra ricoeuriana, concluir por uma "inspiração eclética", em decorrência dos desvios temáticos efetuados pelo filósofo. Contrapondo-se a qualquer visão superficial que possa atribuir um ecletismo à teoria de Ricoeur e em busca da unidade desse itinerário intelectual, Jervolino acentua que "uma constante solicitude direcionada aos seres humanos de carne e osso caracteriza toda a obra de Ricoeur" (JERVOLINO, 2002, p. 43), aspecto que teria se manifestado exaustivamente até o eclipsar do pensamento ricoeuriano, como atestam os escritos últimos do filósofo, nos quais dialoga com juristas, médicos, psiquiatras e cientistas, sem perder de vista o foco na convivência humana e na ética aplicada. Essa consideração, contudo, diz respeito mais a uma preocupação de fundo sugerida nas entrelinhas dos textos de Ricoeur do que a uma unidade temática que emerge como fio condutor desses escritos. Quanto à existência de um fio condutor na trajetória intelectual de Ricoeur, Jervolino destaca a recusa do próprio filósofo em delinear, a partir da retomada de suas publicações, um eixo central para o conjunto da obra. Em parte porque, como se sabe, Ricoeur nunca subtraiu do leitor a autonomia em reconstruir a seu próprio modo o caminho desenvolvido pelo escritor, autonomia semântica que inviabilizaria qualquer interpretação vertical em que quem escreve ocupa a posição máxima de dono e promotor do sentido considerado o mais fiel ao texto. Explica Jervolino:

> Em face de uma obra filosófica como a de Ricoeur, que se apresenta variada e multiforme, é natural que os intérpretes se tenham fatigado na busca de um fio condutor, de um tema unificante, que além disso deveria ser resultado não de uma consideração arbitrária, mas da leitura dos textos na sua própria dinâmica. Acerca deste ponto, Ricoeur mostrou-se geralmente muito reservado, reconhecendo os direitos do leitor, mas declarando-se mais sensível às rupturas do que à continuidade de sua obra, embora afirmando que cada um de seus livros nasce de uma espécie de resíduo deixado sem resolução pelo precedente. (*Ibid.*, p. 43-44)

Olivier Mongin, outro dos grandes intérpretes da obra de Ricoeur, comenta o embaraço em depreender um todo coeso da variedade teórica mobilizada pelo filósofo francês, tendo em vista que este se inspirara em fontes muito diversas, seguindo tendências de pensamento muito variadas, as quais tiveram origem em diferentes espaços geográficos. Vale citar o comentário de Mongin:

> Sua obra [de Ricoeur] apresenta também dificuldades internas que não favorecem uma interpretação coerente, até mesmo uma visão de conjunto

> [...]. Com efeito, o percurso de Ricoeur está sujeito a mudanças de ritmo inesperadas, a deslocamentos geográficos difíceis de acompanhar, e sua filosofia se apresenta, nas obras que sucederam ao período hermenêutico, como um confronto entre, de uma parte, o pensamento continental francês e o germânico, de outra parte, a filosofia analítica anglo-saxônica, confronto que não é sem problemas para inúmeros de seus fiéis leitores. (MONGIN, 1994, p. 18-19)

Mesmo com as dificuldades internas apontadas, ao redigir sua síntese introdutória ao pensamento de Ricoeur, um dos objetivos de Olivier Mongin era o de sublinhar a coerência profunda do filósofo, que, apesar de remanejar conceitos, cometer desvios inesperados e estabelecer convergências e divergências, formou um conjunto rigoroso cujas interrogações iniciais repercutem até os derradeiros escritos, à revelia de um itinerário longo e sinuoso, o qual, segundo Mongin, poderia ter conduzido um leitor apressado a acreditar que Ricoeur é antes de tudo um *ogre de lecture.* (*Ibid.*, p. 29). Mongin traz à tona, ainda, outro ponto relevante da construção teórica do filósofo francês: é em meio às reflexões propostas pela alteridade de outros pensadores que Ricoeur desentranha suas próprias questões e desenvolve um pensamento original. Catalisada pela alteridade do pensar, a teoria de Ricoeur não consiste numa simples elucidação didática de conceitos catalogados pela história da filosofia e pela das ciências humanas – em especial as do século XX –, mas se vale destes para desatar os nós que incomodam seu próprio pensamento, para solucionar as dúvidas que surgem em suas próprias investigações, e, assim, tais conceitos acabam contribuindo para aquilatar uma filosofia propriamente ricoeuriana. Vejamos o que diz Olivier Mongin:

> O desvio é a ocasião de conversas diversas que conferem à obra de Ricoeur um ritmo constantemente perceptível: ele aprecia ter uma parceria

> intelectual à frente dele, pensar com os outros; ao lado deles, constrói uma cena na qual os atores da cena filosófica – e jamais os menores – são visíveis e discutidos. Mais do que isso, põe em cena um confronto a fim de construir o espaço jurídico de um "julgamento" – e não é coincidência que ele tenha tentado pensar muito concretamente as condições para o exercício do julgamento pelo judiciário –, permitindo uma progressão do trabalho das aporias. Há "um combate amoroso graças ao qual eu devo a meus oponentes uma melhor compreensão de mim mesmo. Eu sou a sede mesma do conflito e meus livros não são uma discussão com os outros, mas comigo mesmo, investido, ocupado com os outros" (In: Temps et récit *de Paul Ricoeur en débat*, 1990, p. 202). (*Ibid.*, p. 36)

Tomando como base as considerações de Mongin, fica nítido que a alteridade eclode da tinta de Ricoeur por meio das diferentes vozes que protagonizam a trama de seu discurso, uma espécie de narrativa filosófica marcada por uma forma muito particular de refletir filosoficamente, que implica trazer o outro à baila e com ele se aventurar por novos caminhos do pensamento, orientando-se, contudo, pelo universo já aberto por filosofias precedentes. A dinâmica entre o *si* da obra de Ricoeur e o *outro* da tradição por ele retomada escoa em direção a um pensamento original, mesmo que fortemente tributário da alteridade do pensar. Pode-se aventar, portanto, que a noção ricoeuriana central de alteridade constitutiva do si mesmo – explícita no título de uma das mais significativas obras de Ricoeur, *O si-mesmo como outro* – revela-se na própria tessitura da letra do filósofo, como componente imprescindível de seu exercício filosófico. É isso que Mongin acentua quando fala de uma parceria intelectual que traz à cena diversos pensadores.

No mesmo caminho de Olivier Mongin, o professor Hélio Salles Gentil atenta para a leitura cuidadosa que faz Ricoeur de outros autores, leitura esta que o filósofo incorpora em suas investigações, trazendo o pensamento desenvolvido pela alteridade para o seio de sua própria filosofia. E esse movimento, vale ressaltar, é feito sem prejuízo da originalidade de Ricoeur, que pode ser notada, por exemplo, na junção de teorias tão dessemelhantes e desconexas quanto a reflexão sobre o tempo no Livro XI das *Confissões* de Agostinho e a meditação acerca da tragédia na *Poética* de Aristóteles, as quais, reunidas, permitem a Ricoeur desenvolver sua reflexão ímpar sobre a intriga como síntese do heterogêneo.[6] Sobre a diversidade de autores trabalhada por Ricoeur na trilogia *Tempo e narrativa*, "respeitando-lhes o trabalho e extraindo deles o mais relevante ao desenvolvimento de sua própria investigação" (GENTIL, 2010, p. XI), Gentil comenta:

> Do cuidado na leitura minuciosa, no acompanhamento desses pensamentos alheios, que parece muitas vezes ao leitor desatento um mero repassar de ideias alheias, extrai Ricoeur uma novidade, faz ver um aspecto do problema antes não pensado, faz avançar a investigação numa direção por vezes inusitada, promovendo uma articulação onde antes só parecia haver disjunção, fazendo uma aproximação onde antes só parecia ser possível distanciamento. (*Ibid.*)

Em face da inundação de pensamentos alheios e por vezes divergentes, surge uma pergunta a respeito do método utilizado por Ricoeur para evocá-los: talvez não fosse o caso de vislumbrar, no tom professoral e acadêmico do filósofo, um esforço generoso de

---

6 Nem todos os leitores de Ricoeur veem com otimismo a disposição conciliatória do autor. Pascal Engel, por exemplo, critica o que ele denomina de "ecumenismo metodológico", pois tenderia a eliminar diferenças expressivas entre os autores e entre os contextos trabalhados, nos casos em que termos diferentes (por exemplo, *mythos*, herdado de Aristóteles, e *distentio animi*, herdado de Agostinho, ambos discutidos no plano da teoria narrativa ricoeuriana) são resgatados e discutidos no mesmo plano, colocados lado a lado. Cf. ENGEL, 2014.

valorizar boas ideias utilizando-as como mola propulsora de seu próprio pensar, dívida tão frequente e comum nas ciências humanas, embora nem sempre acompanhada de justo reconhecimento? Como salienta Jeanne Marie Gagnebin, a discussão aprofundada feita por Ricoeur de outros autores "aponta não só para um hábito acadêmico e professoral, mas, muito mais, para uma abertura e uma generosidade do pensar que vai em direção oposta a certo narcisismo jubilatório e esotérico característico de muitas modas filosóficas (e outras) contemporâneas" (GAGNEBIN, 2006, p. 164).

Antes de ouvirmos o que o próprio Paul Ricoeur tem a nos dizer sobre a multiplicidade temática e a coerência de seu itinerário intelectual, vale expor uma breve consideração de Jean Greish, autor de um célebre livro a respeito do filósofo francês – *Paul Ricoeur: l'itinérance du sens*. O título do estudo é autoexplicativo: Ricoeur, filósofo da busca itinerante pelo sentido. Equivaleria esse caráter itinerante a uma errância, a um vagar sem destino? Greish comenta o título por ele escolhido na tentativa de afastar interpretações desse tipo, buscando mostrar que o pensamento exorbitante de Ricoeur está constitutivamente implicado no mundo cultural formado pelas ciências humanas, pela filosofia e pela literatura com que teve contato, em vez de por aí circular de maneira errante:

> Digamos, para concluir, uma palavra a respeito do título da obra: *L'itinérance du sens*. Ele se inspira na fórmula: "elogio da itinerância", mencionada em uma nota da última obra de Ricoeur (RICOEUR, 2000, p. 186). Parece-me apropriado ao estilo de pensamento de Ricoeur, que também é um grande viajante. Mesmo que a definição de homem encontrada em Helmuth Plessner – "o animal excêntrico" – e aquela que nos propõe Cioran – "o animal indireto por excelência" – digam a mesma coisa, a segunda, mais que a primeira, reflete o estilo de pensamento de Ricoeur. Não é sem razão que ele compara sua última obra a um barco a vela e diz que

> "O vagar do navegador não demanda menos seu direito que a residência sedentária" (*Ibid.*, p. 185). É justamente o pensamento itinerante de um discípulo contemporâneo de Hermes com o qual estamos lidando. Mas [...] a itinerância do sentido a que ele nos convida não é sinônimo de errância. (GREISH, 2015, p. 25)

Notamos que o ponto de vista dos grandes intérpretes da obra de Paul Ricoeur tende a convergir: mesmo que o filósofo reflita sobre vários temas e lance mão de múltiplos autores, essa circulação plural não é sem razão, pois constitui o próprio método de filosofar forjado por Ricoeur. Vejamos, agora, o que diz o próprio filósofo a respeito dessas questões.

Entre 1994 e 1995, François Azouvi e Marc de Launay questionaram Ricoeur sobre a coerência de seu itinerário – a pergunta dirigida ao filósofo era: "Quando, mais tarde, observa o seu percurso desde *O voluntário e o involuntário* até *O si-mesmo como outro*, com esses longos desvios pela teoria freudiana, pela linguística, pelo estruturalismo etc., tem o sentimento de linhas quebradas ou antes de uma trajetória coerente?" –, ao que Ricoeur responde, legitimando as interpretações autônomas de seus leitores: "Situa-me assim no terreno das interpretações de si, e a minha não vale mais que a de um leitor" (RICOEUR, 2009, p. 132). Instado, então, a relatar a interpretação que tem de si mesmo (isto é, do conjunto de seus escritos), Ricoeur defende o caráter fragmentário dos problemas que determinam cada um de seus livros, embora perceba certa relação entre eles. Segundo o filósofo, "após ter terminado um trabalho, encontro-me confrontado com qualquer coisa que lhe escapa, que se exorbita dele, que se torna para mim obsidiante e constitui o próximo assunto a tratar" (*Ibid.*). Com efeito, se pensarmos na dinâmica geral que leva de um problema filosófico a outro, não teremos muita dificuldade em estabelecer um elo entre o problema de base, a princípio bem delimitado, os fios soltos que dele posteriormente escapam e a constituição de um novo problema daí derivado, que passa a sequestrar a atenção do investigador. Tendo em vista esse movimento, Ricoeur nos dá um sucinto parecer: "Creio que quem escreve tem a experiência de um tema que, em primeiro lugar, gira nas margens da consciência e, depois, se vem instalar no centro e, finalmente, se torna obsidiante" (*Ibid.*, p. 133). Em continuidade à resposta ao questionamento de Azouvi e Launay, conclui:

> Assim, pode-se dizer que o tema do novo livro é excêntrico em relação ao precedente, mas com repetições de assuntos já encontrados, já aflorados, ou antecipados através dos assuntos precedentes. O que tinha sido um fragmento torna-se o envoltório novo, a totalidade. Mas sou mais sensível ao fato de que cada livro tem um objeto limitado. É da reflexão sobre os seus limites que nasce a obsessão de outro assunto. Tal como o tema da memória me atormenta agora como aquilo que não foi tratado nem em *Tempo e narrativa* nem em *O si-mesmo como outro*. (*Ibid.*, p. 134)

Solicitado em 2001 a identificar um tema central que costurasse seus escritos – em circunstâncias em que a tormenta por nada ou pouco ter escrito a respeito do tema da memória já havia sido superada com a publicação de *A memória, a história, o esquecimento* –, Ricoeur escreve que a aparência dispersiva de sua obra pode ser dissolvida se considerarmos que a variedade de temas por ele abordados permite ser abarcada sob o ângulo de uma problemática dominante, a qual coincide com a do "homem agente" e do "homem capaz de..."[7]. Acerca desse fio condutor de seus escritos,

7 Por óbvio, a temática da ação, para Ricoeur, distingue-se da do movimento físico, uma vez que se associa à rede conceitual que engloba motivo e finalidade, estabelecendo a diferenciação entre a simples corporeidade física e uma ação que contenha intencionalidade, sobretudo porque esta última comporta um sentido, o qual pode ser reapropriado por outras pessoas

Paul Ricoeur já havia elaborado, anos antes, algumas reflexões que organizou em discurso proferido na Universidade de Edimburgo por ocasião das *Gifford Lectures*, em que o filósofo foi convidado a apresentar uma síntese de seu trabalho, logo após a conclusão de *Tempo e narrativa*. Dessa empreitada teria nascido a ideia de redigir o livro *O si-mesmo como outro*. A respeito de tais assuntos, declara Ricoeur:

> Pareceu-me que as múltiplas questões que no passado me haviam ocupado podiam ser reagrupadas em torno de uma questão central que aflora em nosso discurso por meio do uso que fazemos do verbo modal "eu posso". Merleau-Ponty, anteriormente mencionado a propósito dos meus primeiros trabalhos, explorara antes de mim esse caminho. Com efeito, a obra nascida das *Gifford Lectures* está organizada em torno de quatro usos principais do "eu posso". Eu posso falar, posso agir, posso narrar, posso considerar-me responsável por minhas ações, permitir que sejam a mim imputadas como seu verdadeiro autor. Essas quatro questões me permitem enredar, sem confundi-las, as problemáticas relativas respectivamente à filosofia da linguagem, à filosofia da ação, à teoria narrativa e, finalmente, à filosofia moral. Além disso, cada uma dessas quatro grandes rubricas se deixava subdividir em duas aproximações, uma analítica e uma reflexiva. (RICOEUR, 2002, p. 81)

Embora entre os intérpretes de Ricoeur existam divergências para definir o eixo temático da obra de Ricoeur, parece-nos que, em todas as posições assumidas, ao menos subjaz o tema da capacidade de agir, que pertence ao domínio maior do existir no mundo, do manifestar-se no circundante em que se está implicado. Podem ser

---

além do agente. A ação humana, bem como o discurso textual, permite, portanto, ser matéria de interpretação. Cf. RICOEUR, 1977b, p. 27-50; *Id.*, 1986, p. 213-236.

usadas, para tanto, as definições de "antropologia filosófica" (GENTIL, 2000a, p. XIII); de uma filosofia da compreensão de si por meio da alteridade (GREISH, 2015, p. 19); da consciência como tarefa ou opacidade (JERVOLINO, 2002, p. 8), aquilo que Ricoeur define como a resistência que ele opôs "à pretensão de imediatez, à adequação e apodicidade do *cogito* cartesiano" (RICOEUR, 1995b, p. 12), em outras palavras, a via longa para a compreensão de um si mesmo descentrado; ou, então, a definição de uma filosofia dedicada à poética da liberdade (MUKENGEBANTU, 1990, p. 212). De todo modo, o cerne é colocado sob a noção de "homem agente", e essa ação se desenvolve, deve-se destacar, com a assistência do outro e dos signos da cultura. Não à toa, o "homem capaz de..." levou Ricoeur a redigir *O si-mesmo como outro*, obra considerada a um só tempo o coroamento e a retomada de toda a trajetória intelectual percorrida pelo filósofo, como se este tivesse buscado ali fazer um apanhado consistente de suas principais teorias, articulando-as. É nesse livro que se coadunam perfeitamente as reflexões de Ricoeur sobre o "posso narrar", o "posso agir" e o "posso ser responsável por minhas ações", reunindo territórios tão diversos como a filosofia moral e a teoria narrativa.

Neste trabalho, estaremos a todo momento concentrados em desvendar os pormenores do "posso narrar", sem perder de vista que tal desenvolvimento faz parte de um projeto mais amplo relacionado à hermenêutica da ação. Como Ricoeur enfatiza em sua autobiografia intelectual, o interesse crescente pela teoria da ação encontra continuidade e tem o respaldo da teoria narrativa, na medida em que o *récit* é uma *mimesis* da ação, conforme o vocabulário herdado de Aristóteles. Nas palavras do autor de *Tempo e narrativa* (ou *Tempo e narração*, como prefere traduzir Gagnebin (GAGNEBIN, 2006, p. 171).):

> [...] a passagem pelo discurso narrativo é o que possibilitou uma hierarquização melhor controlada entre a camada do discurso da ação, em sua dupla versão analítica e hermenêutica, e a camada da teoria moral, com seus três elementos, teológico, deontológico e prudencial. Assim se desenhava uma ontologia do agir humano, subjacente a esses diversos níveis, que permitia falar do ser humano como um ser atuante e, como acrescentaria mais tarde, que sofre. (RICOEUR, 1995b, p. 55)

Nosso foco, em sintonia com a temática central da obra de Ricoeur, será, portanto, a ação de narrar, que trabalharemos sob três aspectos: as potencialidades do narrar, seus limites e, por fim, seu bloqueio. Vale destacar que, apesar de a primeira etapa se ocupar com maior agudeza dos conceitos diretores que conferem vigor à narrativa, as duas outras, embora relativizem a força da experiência narrável, nem por isso deixam de mantê-la resistente às ameaças que por vezes a instabilizam.

CAPÍTULO 1

TRADIÇÃO NARRATIVA: A EXPERIÊNCIA COMPARTILHADA

Toda a discussão do primeiro capítulo contribuirá para darmos relevo às características da narrativa que fazem Ricoeur situá-la no espaço inviolável da cultura – o filósofo afirma que "não temos a menor ideia do que seria uma cultura em que não se soubesse mais o que significa *narrar*" (Ricoeur, 2010b, p. 50). O primeiro capítulo será o momento deste trabalho que fortalecerá a ideia de que a narratividade evoca uma tradição e é resultado da experiência humana no tempo, sem, contudo, analisar seus limites e bloqueios, tarefa que será cumprida somente no segundo e no terceiro capítulos.

1.1. A narrativa: uma necessidade transcultural

Dada a organicidade da produção de Paul Ricoeur, quando se trata de investigar alguma obra em específico é difícil dissociá-la dos demais escritos de sua lavra, tornando uma tarefa um tanto hercúlea o estudo isolado de algum dos livros do autor, precisamente por requerer a frequentação periódica da vasta bibliografia que nos foi por ele legada. De antemão, solicitamos a paciência do leitor para acompanhar nossos volteios por essa extensa bibliografia ao tentarmos analisar, neste capítulo, aquilo que é apenas um sopro diante da amplitude dos três tomos de *Tempo e narrativa*, a saber, o texto "O círculo entre narrativa e temporalidade", que corresponde à primeira parte da trilogia.[1] Em compensação, procedemos

1 A primeira parte da obra *Tempo e narrativa* está divida em três análises: a primeira, "As aporias da experiência do tempo", consiste em um estudo independente a respeito das aporias do tempo com base no Livro XI das *Confissões* de Agostinho; a segunda, "A composição da

de imediato oferecendo o que há de primordial neste tópico de nosso trabalho: compreender que, para Ricoeur, a narrativa em sua forma escrita evoca tanto uma face objetiva presa à letra do texto e ao claustro de suas leis internas (podemos dizer, suscetível a uma investigação semiótica) quanto uma face subjetiva atinente às condições nas quais o enunciador está enredado e à forma como o leitor se apropria do texto por meio da interpretação, sendo-lhe facultada a possibilidade de projetá-lo em uma ação no mundo (podemos dizer, uma dimensão hermenêutica). Conciliar[2] essas dimensões está na base da teoria narrativa de Ricoeur, calcada nos processos narrativos designados como *mimesis* I (processo anterior à composição da intriga e sobre o qual esta se ancora por meio de uma pré-compreensão do mundo da ação, que traz em si estruturas inteligíveis, tipologias de intrigas, recursos simbólicos e um caráter temporal em particular), *mimesis* II (processo configurante que institui a composição da intriga, isto é, a literariedade da obra literária) e *mimesis* III (processo de interação do texto com o leitor, ou seja, a intersecção entre o mundo do texto, configurado pela composição da intriga, e o mundo do leitor, no qual o texto é refigurado e tem sua temporalidade específica desdobrada). Esses processos estão descritos na seção "Tempo e narrativa" apresentada na primeira parte da trilogia homônima. Nos parágrafos iniciais dessa seção, Ricoeur anuncia:

---

intriga", trata-se de um estudo independente a respeito da composição da intriga com base na leitura da *Poética* de Aristóteles; a terceira, "Tempo e narrativa", funde ambos os estudos anteriores para deles extrair uma correlação entre a atividade de narrar e a experiência temporal humana, valendo-se do mecanismo chamado de tripla *mimesis*.

2 Vale adiantar que essa mesma disposição conciliatória pode ser observada em várias das obras de Ricoeur e se manifesta, por exemplo, na resolução dialética do conflito entre: energética e hermenêutica, em *Da interpretação*; explicar e compreender, em *Do texto à ação*; mesmidade e ipseidade, ipseidade e alteridade, em *O si-mesmo como outro*.

> [...] minha tese é que o próprio sentido da operação de configuração constitutiva da composição da intriga resulta de sua posição intermediária entre as duas operações que chamo *mimesis* I e *mimesis* III e que constituem o antes e o depois de *mimesis* II. Assim, proponho-me mostrar que *mimesis* II extrai sua inteligibilidade de sua faculdade de mediação, que é a arte de conduzir do antes ao depois do texto, de transfigurar o antes em depois por seu poder de configuração. Reservo para a parte desta obra dedicada à narrativa de ficção a confrontação entre essa tese e aquela que considero como característica da semiótica do texto: a de que uma ciência do texto pode ser estabelecida com base tão só na abstração de *mimesis* II e pode considerar apenas as leis internas da obra literária, sem levar em conta o antes e o depois do texto. Em contrapartida, é tarefa da hermenêutica reconstruir o conjunto das operações pelas quais uma obra se destaca do fundo opaco do viver, do agir e do sofrer, para ser dada por um autor a um leitor que a recebe e assim muda seu agir. Para uma semiótica, o único conceito operatório continua sendo o do texto literário. Uma hermenêutica, em contrapartida, preocupa-se em reconstruir todo o arco das operações mediante as quais a experiência prática dá a si mesma obras, autores e leitores. (RICOEUR, 2010a, p. 94-95)

Dada a complexidade do conceito de tripla *mimesis*, o tema requer e merece acuidade no exame, por isso será oportunamente trabalhado neste capítulo e não caberia agora esquadrinhá-lo. Por ora, convém apenas pleitear que, somada à literariedade do texto (*mimesis* II), existe todo um arco hermenêutico em que se inicia, é desenvolvida e se completa uma narrativa, dependendo tanto do mundo onde o texto é elaborado – isto é, de seu contexto cultural (*mimesis* I) – quanto do mundo onde ele é refigurado – ou seja, do mundo do leitor (*mimesis* III). Captar a totalidade desse processo narrativo detectado por Ricoeur nos permitirá entender como o autor se desconecta das tradições que analisam o texto considerando somente a literariedade da obra e que abdicam, portanto, das figuras do autor e do leitor, tão essenciais na teoria narrativa proposta por Ricoeur. No caso em questão, a crítica de nosso filósofo é nomeadamente endereçada à escola estruturalista e a seus métodos oriundos da linguística moderna, como veremos mais à frente.

1.1.1. Transculturalidade × historicidade

Desde o limiar de seu exercício filosófico nos anos 1940, a trajetória intelectual de Paul Ricoeur foi marcada por inspirações múltiplas e frequentemente divergentes. Decerto, essa tendência de filosofar travando uma espécie de diálogo com outros autores não haveria de mudar quando o propósito de Ricoeur, na década de 1980, deslocou-se para a investigação da narrativa. Um breve excurso pelas páginas do índice onomástico presente em muitas das edições da trilogia *Tempo e narrativa* evidencia a desterritorialidade do pensamento ricoeuriano acerca da narrativa, herdeiro do que se produzia em diferentes centros do pensamento ocidental. Suas especulações, todavia, reivindicavam uma singularidade e, ao mesmo tempo, uma abrangência que, se não se queria universal, ao menos se pretendia suficientemente ampla para atender e contemplar boa parte das narrativas produzidas pela cultura do Ocidente.[3]

3 Embora de maneira pontual e pouco frequente, Ricoeur reconhece que sua reflexão a respeito da narrativa obedece a certos limites culturais, abarcando apenas o mundo ocidental. Por exemplo, quando afirma que a tragédia grega – objeto da investigação de Aristóteles, mediante a qual se edifica a teoria ricoeuriana da narrativa – dominou em grande medida o desenvolvimento da literatura dramática no Ocidente, o autor evidencia o protagonismo que a cultura ocidental ocupa em sua obra, já que este é o lugar familiar de onde ele fala e sobre o qual se sente apto para teorizar, o que por si só justifica o uso do pronome "nossa" quando, no mesmo contexto, declara: "É igualmente verdade que nossa cultura é herdeira de várias tradições narrativas: hebraica e cristã, mas também céltica, germânica, islandesa, eslava" (RICOEUR, 2010a, p. 120). Vale transcrever a nota de rodapé referente a esse trecho: "Scholes e Kellog, em *The Nature of Narrative*, Oxford University Press, 1968, tiveram razão quando precederam sua análise das categorias narrativas de uma revisão da história de narrar no Ocidente. O que chamo de esquematização da composição da intriga só existe nesse desenvolvimento histórico.

Essa transculturalidade com que Ricoeur abraça a narrativa guarda algumas contradições aparentes, como analisaremos adiante.

Observa-se na trilogia um esforço de teorizar sobre o fator comum e irredutível que torna todo *récit* prenhe de narratividade, independentemente da época e da cultura na qual foi elaborado. Em *Tempo e narrativa*, no início da seção que versa sobre a tripla *mimesis*, o filósofo explicita esse empenho ao sinalizar uma "necessidade transcultural":

> Chegou o momento de ligar os dois estudos independentes que precedem [o estudo sobre as *Confissões* e o sobre a *Poética* que compõem a primeira parte de *Tempo e narrativa*] e pôr à prova nossa hipótese básica, qual seja, a de que existe, entre a atividade de narrar uma história e o caráter temporal da experiência humana, uma correlação que não é puramente acidental, mas apresenta uma forma de necessidade transcultural. Ou, para dizê-lo de outra maneira: *o tempo torna-se tempo humano na medida em que está articulado de modo narrativo, e a narrativa alcança sua significação plenária quando se torna uma condição da existência temporal.* (RICOEUR, 2010a, p. 93)

A transculturalidade com que Ricoeur tenciona forjar a dinâmica operatória da narrativa suscita implicações diretas em sua teoria. Não à toa, as reflexões de Aristóteles na *Poética*, por exemplo, serão vivificadas por Ricoeur ao analisar obras da contemporaneidade, o que lhe permitirá examinar um romance tão inovador como *O homem sem qualidades*, de Robert Musil, à luz de um registro tão díspar e tradicional quanto o das tragédias gregas. A ousadia de Ricoeur

---

É também por isso que Erich Auerbach, em sua magnífica obra, *Mimesis*, escolhe inserir sua análise e sua avaliação da representação da realidade na cultura ocidental em amostras de numerosos textos, mas todos estritamente delimitados" (*Ibid.*, p. 120). É inegável, portanto, que existe uma espécie de fronteira que impede a universalização irrestrita das análises de Ricoeur sobre o texto narrativo, embora tal circunscrição seja poucas vezes explicitamente reconhecida pelo autor.

parece consistir, então, em encontrar um substrato que caracterize a narrativa transculturalmente, desfiliando-a de aspectos culturais cumulativos, como que enxergando sua natureza ou sua estrutura, ou seja, procedendo – podemos afirmar isso provisoriamente – de modo similar a linguistas e estruturalistas, que aproximam suas análises da objetividade das ciências naturais. Nesse sentido, a narratividade sempre carregaria algo de perene, escapando, assim, da transitoriedade das transformações históricas. Isso me faz lembrar, de maneira meramente ilustrativa, da célebre passagem do *Discurso sobre a desigualdade*, de Jean-Jacques Rousseau, em que o genebrino usa a estátua de Glauco – que o tempo, o mar e as intempéries haviam desfigurado fazendo assemelhar-se a um animal feroz, embora sob todo aquele lodo habitasse a figura de um deus – como metáfora da transformação da alma humana ao passar do estado de natureza para o estado social. Depurado todo elemento histórico e cultural dos relatos, restaria para Ricoeur uma estrutura natural irredutível – como que a estátua de Glauco original – a que se convencionou denominar narrativa.

Entretanto, nosso filósofo, em contrapartida, situa a narratividade como indissociável do tempo, basta ver a díade composta pelo título da trilogia. Nessa perspectiva, a narrativa seria um produto histórico submetido à ação temporal e a narratividade consistiria em um processo intrínseco à cultura e à humanidade. Talvez a controvérsia fosse resolvida se concluíssemos que o traço cultural mínimo que caracteriza uma temporalidade propriamente humana, comum a todos os indivíduos sobre a face da Terra, bastasse para definir o *modus operandi* da narrativa na teoria de Ricoeur. Ocorre que o filósofo pressupõe que o arco hermenêutico da narrativa é em boa parte amparado pela cultura de determinado tempo e sociedade. Iniciado por um momento de prefiguração, esse arco depende dos signos tradicionais produzidos em determinada cultura para, finalmente, cumular na refiguração processada pelo receptor da narrativa, o qual, de posse da rede simbólica por ele assimilada culturalmente, exerce a ação de interpretar. Em outras palavras, aquela estrutura narrativa irredutível (isto é, universal – ou pelo menos ocidentalmente universalizada –, perene, invariante, a-histórica, transtemporal, acrônica, desterritorializada e, por assim dizer, transcultural) acaba por mostrar-se dependente da noção de tempo e da noção de historicidade que a acompanha. Como se lê nas primeiras páginas de *Tempo e narrativa*, a identidade estrutural da função narrativa é o caráter temporal da experiência humana, por isso "o mundo exposto por toda obra narrativa é sempre um mundo temporal" (RICOEUR, 2010a, p. 9), de modo que não haveria como analisar uma narrativa desconsiderando o recorte temporal particular da sociedade em que foi gestada, sobretudo tendo em vista o pressuposto de que concepções temporais como as de princípio e fim carregam em si mesmas vestígios de uma cultura.[4]

Retomando o problema: por um lado, o procedimento narrativo porta algo de transcultural, na medida em que é executado pela

4 Entre as inspirações de Ricoeur em *Tempo e narrativa*, estão as reflexões expostas por Frank Kermode em *The sense of an ending* (Oxford: Oxford University Press, 1967). Nesse livro, a tese principal do autor é a de que a forma como cada época e cada sociedade compreendem o tempo e dão sentido ao mundo depende da noção que elas constituem acerca de fim. Para exemplificar, o autor destaca a noção apocalíptica de fim, cuja fonte é a tradição bíblica, e que se manifestou durante toda a Idade Média, ecoando, por exemplo, no temor dos cristãos de sofrer os terrores e a decadência de um apocalipse que viria com a virada do ano 1000 para o segundo milênio. Sobre como o mundo moderno enfrenta a noção de fim substituindo a ideia de apocalipse pela de crise, comenta Kermode: "Minha tese é que deve existir um nexo entre as formas de literatura e outras maneiras pelas quais, citando Éric Auerbach, 'tratamos de conferir algum tipo de ordem e desenho ao passado, ao presente e ao futuro'. Uma dessas maneiras é a crise. Considero que devo começar por dizer algo sobre o sentido moderno de crise. Quando lemos, como seguramente acontece com todos nós a cada dia, que a nossa é a grande era da crise – tecnológica, militar, cultural –, o mais provável é que nos limitemos a assentir com um gesto e continuemos tranquilamente ocupados com nossos assuntos. Com efeito, tal afirmação, que serve de fundamento para inúmeros livros importantes, é atualmente tão pouco surpreendente como a de que a Terra é redonda. Há algo de perigoso nisso, mesmo que seja apenas porque um mito como esse, aceito sem críticas, tende a conformar um futuro que o confirme, como o faz a profecia. Apesar disso, a crise, por trivial que seja sua concepção, é inevitavelmente um elemento central em nossos esforços de dar sentido ao mundo" (KERMODE, 2000, p. 95-96).

experiência de humanização do tempo marcada por um traço comum que engloba a humanidade em geral e independe de qualquer cultura em particular; por outro lado, é em razão de uma tradição específica, por meio das redes simbólicas que lhe são próprias, que a narrativa adquire alma e conteúdo, introduzindo subjetividade e historicidade na experiência temporal humana, sem o que a forma de um relato não poderia adquirir vida. Em outras palavras, a narrativa depende sempre da experiência humana no tempo e esta, por sua vez, ocorre fatalmente em determinado contexto cultural. Para bem divisarmos tal problemática, vale tomar a narrativa sob dois planos: primeiro, pensando em uma lógica da narratividade que leve em conta apenas a estrutura[5] da intriga e seu caráter sintagmático; segundo, olhando para a narrativa como produto de uma

---

5 Consideremos o conceito de estrutura tal como concebido pelos estruturalistas, de quem Ricoeur o tomou de empréstimo. Claude Lévi-Strauss, pai da antropologia estrutural, explicou em *Antropologia estrutural I*, volume publicado em 1958, que um modelo merecedor do epíteto "estrutura" deveria satisfazer a quatro condições: "Em primeiro lugar, uma estrutura apresenta um caráter de sistema. Consiste em elementos tais que uma modificação de qualquer um deles acarreta uma modificação de todos os demais. Em segundo lugar, todos os modelos pertencem a um grupo de transformações, cada uma das quais correspondendo a um modelo da mesma família, de modo que o conjunto dessas transformações constitui um grupo de modelos. Em terceiro lugar, as propriedades indicadas acima permitem prever de que modo reagirá o modelo em caso de modificação de um de seus elementos. Finalmente, o modelo deve ser de tal modo construído que seu funcionamento possa dar conta de todos os fatos observados" (LÉVI-STRAUSS, 2008, p. 302). Nota-se aí a acentuada generalidade implicada na noção de estrutura, o que garante seu cientificismo para a formulação de leis gerais. No livro *O conflito das interpretações*, de 1969, Ricoeur reconstitui a trajetória do termo: "A palavra estrutura apareceu apenas em 1928 no *Primeiro Congresso Internacional de Linguistas* em La Haye, sob a forma 'estrutura de um sistema'. A palavra 'estrutura' aparecia assim como uma especificação do sistema e designava as combinações restritivas, antecipadamente levantadas sobre o campo total das possibilidades de articulação e de combinação, que criam a configuração individual duma língua. Mas, sob a forma do adjetivo 'estrutural', a palavra tornou-se sinônimo de sistema. O ponto de vista estrutural é, assim, globalmente oposto ao ponto de vista genético. Ele acumula ao mesmo tempo a ideia de sincronia (prioridade do estado de língua sobre a história), a ideia de organismo (a língua como unidade de globalidades envolvendo partes), enfim a ideia de combinação ou de combinatória (a língua como uma ordem acabada de unidades discretas). Assim, da expressão 'estrutura de um sistema', passou-se ao adjetivo 'estrutural', para definir o ponto de vista que contém estas diversas ideias, e, enfim, o 'estruturalismo', para designar as pesquisas que consideram o ponto de vista estruturalista como hipótese de trabalho, e até como ideologia e como arma de combate" (RICOEUR, 1978, p. 84).

imaginação produtiva[6] que toma corpo dentro de certo panorama cultural, apropriando-se de quadros paradigmáticos.[7]

Sob o primeiro aspecto, poderíamos caracterizar a narrativa como transcultural, ou seja, independentemente das transformações históricas e da diversidade das experiências temporais humanas, a narratividade seria um procedimento mais ou menos perene que nortearia os relatos elaborados por diferentes sujeitos nas mais plurais circunstâncias. Nesse sentido, todas as narrativas possíveis

---

6 A expressão "imaginação produtiva", recuperada do vocabulário kantiano, tem emprego significativo em *Tempo e narrativa*. Ricoeur a utiliza para designar a função sintética operada no ato configurante de composição da intriga (*mimesis* II), quando uma diversidade de episódios é organizada gerando uma história una, o que permite tratar de um "esquematismo da função narrativa". Sobre isso, explica Ricoeur: "[...] o ato de composição da intriga combina em proporções variáveis duas dimensões temporais, uma cronológica, outra não cronológica. A primeira constitui a dimensão episódica da narrativa: caracteriza a história como feita de acontecimentos. A segunda é a dimensão configurante propriamente dita, graças à qual a intriga transforma acontecimentos em *história*. Esse ato configurante consiste em 'tomar juntamente' as ações particulares ou o que chamamos os incidentes da história; dessa diversidade de acontecimentos, ele tira a unidade de uma totalidade temporal. Nunca é demais sublinhar o parentesco entre esse 'tomar juntamente', o próprio ato configurante, e a operação do juízo segundo Kant. Lembremo-nos de que, para Kant, o sentido transcendental do juízo consiste menos em reunir um sujeito e um predicado do que em colocar uma diversidade intuitiva sob a regra de um conceito. O parentesco é ainda maior com o juízo reflexionante que Kant opõe ao juízo determinante, no sentido em que ele reflete sobre o trabalho de pensamento em ação no juízo estético de gosto e no juízo teleológico aplicado a totalidades orgânicas. O ato da intriga tem uma função similar, na medida em que extrai uma configuração de uma sucessão" (*Id.*, 2010a, p 115-116). Mais adiante, o autor prossegue: "Numa veia ainda kantiana, não se deve hesitar em aproximar a produção do ato configurante do trabalho da imaginação produtiva. Esta deve ser entendida não como uma faculdade psicologizante, mas sim transcendental. A imaginação produtiva não só não é destituída de regra, como constitui a matriz geradora das regras. Na primeira *Crítica*, as categorias do entendimento são inicialmente esquematizadas pela imaginação produtiva. O esquematismo tem essa capacidade, porque a imaginação produtiva tem fundamentalmente uma função sintética. Ela liga entendimento e intuição, gerando sínteses a um só tempo intelectuais e intuitivas. Também a composição da intriga gera uma inteligibilidade mista entre o que já denominamos a chave de ouro, o tema, o 'pensamento' da história narrada e a apresentação intuitiva das circunstâncias, dos caracteres, dos episódios e das mudanças de fortuna que constituem o desenlace. É por isso que se pode falar de um esquematismo da função narrativa" (*Ibid.*, p.118-119).

7 Os termos "sintagmático" e "paradigmático", comuns na teoria do linguista Ferdinand de Saussure, foram apropriados e reformulados por Ricoeur. O nível paradigmático, para Ricoeur, diz respeito à pré-compreensão do mundo da ação, abarcando estruturas inteligíveis, recursos simbólicos e traços temporais. O nível sintagmático é propriamente a gramática textual, ou seja, o mundo do texto.

seguiriam uma lógica imutável que subjaz à narratividade, lógica que obedece a uma ordem sintagmática. Apesar da variabilidade quase ilimitada que sustenta sua existência empírica, as diversas narrativas que povoam a história da literatura guardariam traços comuns irredutíveis, como numa espécie de caleidoscópio cujas imagens rosáceas combinadas pelo jogo cambiante de luz sobre os espelhos, embora nunca fossem idênticas, jamais pudessem ser totalmente diferentes, uma vez que os cacos de vidro colorido que as compõem são limitados e invariavelmente os mesmos.[8]

Sob o segundo aspecto, a narrativa emergiria de uma mente criadora que é capaz de dar vida a um relato, o que implica certo alinhamento com o contexto cultural de enunciação, obedecendo

---

8 Apropriamo-nos propositadamente de uma imagem fornecida por Lévi-Strauss, com quem Ricoeur trava profícuo debate crítico acerca da antropologia estrutural. A metáfora do caleidoscópio é utilizada pelo etnólogo para ilustrar sua concepção de que a estrutura básica dos mitos não se altera. Segundo Lévi-Strauss, malgrado o universo mítico esteja em constante mutação, os elementos constituintes dos mitos e a lógica invisível responsável por operar tal mutação permanecem os mesmos, independentemente do conteúdo que essas narrativas venham a assumir. Vale citar o excerto de *O pensamento selvagem* em que o antropólogo lança mão dessa metáfora: "Essa lógica [da instauração de relações necessárias] trabalha um pouco à maneira do caleidoscópio, instrumento que também contém sobras e pedaços por meio dos quais se realizam arranjos estruturais. Os fragmentos são obtidos num processo de quebra e destruição, em si mesmo contingente, mas sob a condição de que seus produtos ofereçam entre si certas homologias: de tamanho, de vivacidade de cor, de transparência. Eles não têm mais um ser próprio em relação aos objetos manufaturados que falavam uma 'linguagem' da qual se tornaram os restos indefiníveis; mas, sob um outro aspecto, devem tê-lo suficientemente para participar de maneira útil da formação de um ser de tipo novo: este consiste em arranjos nos quais, por um jogo de espelhos, os reflexos equivalem a objetos, vale dizer, nos quais signos assumem o lugar de coisas significadas; esses arranjos atualizam possibilidades cujo número, mesmo bastante elevado, não é todavia ilimitado, pois que é função de disposições e equilíbrios realizáveis entre corpos cujo número é por sua vez finito; enfim e sobretudo, esses arranjos engendrados pelo encontro de fatos contingentes (o giro do instrumento pelo observador) e de uma lei (a que preside a construção do caleidoscópio, que corresponde ao elemento invariante dos limites de que falávamos há pouco) projetam modelos de inteligibilidade de algum modo provisórios, pois que cada arranjo se exprime sob a forma de relações rigorosas entre as suas partes e essas relações têm como conteúdo apenas o próprio arranjo, ao qual, na experiência do observador, não corresponde nenhum objeto (se bem que seja possível que, por esse viés, determinadas estruturas objetivas sejam reveladas antes de seu suporte empírico, ao observador que jamais as tenha visto antes, como por exemplo certos tipos de radiolárias e diatomeias)" (LÉVI-STRAUSS, 1989, p. 52-53).

a paradigmas específicos. Esse alinhamento corresponderia à historicidade, à força sedimentada dos códigos culturais nos quais está mergulhado o enunciador e que lhe permitem transpor para a narrativa uma série de símbolos e de valores de seu tempo e de sua sociedade talhados nas ações das personagens, sem impedir, contudo, o caráter inventivo e disruptivo da mente criadora, livre para exercer com criatividade o fazer poético. Mas observe que, embora os paradigmas transmitidos pelas tradições se insurjam contra a ordem transcultural e sintagmática da estrutura narrativa, a transculturalidade ainda vigora na medida em que as condições de possibilidade da existência de qualquer intriga não dependem especificamente de um paradigma. Em outras palavras, a transculturalidade, nesse caso, vige em razão da independência da intriga em relação a culturas em particular, pois há a possibilidade inequívoca de a narrativa associar-se a quaisquer dos paradigmas existentes e até mesmo de ultrapassá-los. Ademais, há que se considerar uma segunda acepção do termo: a transculturalidade, isto é, o poder de ir além de uma cultura – como indica o uso do prefixo latino *trans* –, que se manifesta quando forças de inovação se opõem a uma tradição já sedimentada, resistindo, assim, à repetição do mesmo e superando um paradigma fossilizado. Em uma conferência de 1982 em que Ricoeur adianta os desenvolvimentos de *Tempo e narrativa*, podemos nitidamente notar essa problemática. Vejamos:

> O pôr-em-intriga, para mim, é uma das expressões mais impressionantes do poder de esquematização que Kant atribui à "imaginação produtiva". Esse parentesco profundo entre a estruturação narrativa e a imaginação produtiva implica por sua vez que o pôr-em-intriga opere sempre no quadro de uma tradição cultural. Enquanto uma lógica das possíveis narrativas, se é que há uma, será transcultural na medida em que for independente das transformações culturais, o poder de esquematização que

> está na obra no pôr-em-intriga é, de um outro modo, transcultural pela sua maneira de tomar forma mediante os paradigmas transmitidos pelas tradições. Tais paradigmas, entendidos como modos típicos de pôr-em-intriga, procedem da sedimentação do trabalho da imaginação produtiva e fornecem as regras para uma experimentação ulterior no domínio narrativo. É assim que eles mudam sob a pressão de novas invenções, na medida mesma em que procedem da dinâmica do pôr-em-intriga. Mas eles mudam lentamente, e até mesmo resistem às mudanças na medida em que são as formas sedimentadas desse processo. Invenção e sedimentação estão implicadas a igual título na constituição das tradições. A arte de narrar satisfaz a essa estrutura dupla dos paradigmas tradicionais. (RICOEUR, 1982, p. 10-11)

Para Ricoeur, o trabalho da imaginação produtiva faz nascer uma multiplicidade de tipologias de intrigas, de gêneros e de obras singulares (*Ilíada*, *Odisseia*, *Édipo Rei* etc.), construindo diversos paradigmas que, por seu turno, estão abertos a inovações e, por isso, são igualmente suscetíveis a rupturas. Com o passar do tempo, as novidades se tornam típicas e as rupturas se fossilizam, reiniciando, num devir contínuo, todo o ciclo que opõe a temporalidade da tradição, responsável por transmitir e sedimentar uma interpretação, à temporalidade do interpretar, a que é confiado o poder de renovar a tradição. Estabelece-se entre tradição e inovação uma dialética viva, sobre a qual convidamos Alfredo Bosi a nos conceder uma síntese plausível:

> Não há grande texto artístico que não tenha sido gerado no interior de uma dialética de lembrança pura e memória social; de fantasia criadora e visão ideológica da História; de percepção singular das coisas e cadências estilísticas herdadas no trato com pessoas e livros. (BOSI, 2003, p. 467)

Segundo Ricoeur, são as variações imaginativas para as quais a narratividade é permeável – notáveis sobretudo nas obras de ficção – que tornam possível falar de tradições narrativas e de uma história da imaginação produtiva, a qual é refletida, por exemplo, na história da literatura. E é essa passagem do nível paradigmático para o nível sintagmático que está em curso na transição de *mimesis* I para *mimesis* II, deslocamento em que a imaginação produtiva desempenha papel determinante, pois é aí que a cultura adquire a forma empírica de um *récit*. Toda vez, portanto, que se falar da imaginação produtiva em operação na configuração da intriga é preciso conectá-la a alguma tradição cultural que atravesse o enunciador durante o ato de enunciação. É no quadro da *mimesis* I que a subjetividade surge como lugar de emergência de modelos simbólicos e éticos que dão vida e conteúdo à narrativa. Nesse sentido, o processo designado como *mimesis* I abarca um mundo de pré-compreensão que é esteio para o mundo do texto, bem como *mimesis* III abrange o mundo do leitor e dá alento ao sentido da intriga, o que demanda do processo narrativo galgar níveis aquém e além da estrutura objetiva do relato, isto é, de sua dimensão sintagmática aparentemente livre de subjetividades. Por isso, todo o arco hermenêutico que sai de *mimesis* I e conduz a *mimesis* III por meio da mediação de *mimesis* II deve ser analisado mediante a imprescindibilidade de autores e leitores para que as obras tenham seu percurso narrativo constituído. Consoante a teoria da tripla *mimesis*, o autor seria a pedra de toque da primeira etapa; já a trama textual, por sua vez, corresponderia ao fundamento da segunda, ao passo que o leitor seria o fator indispensável da terceira, e a cada parte desse processo caberia um quinhão para constituir o sentido da obra por completo. Não à toa, Ricoeur se opôs ao longo de sua trajetória intelectual a pensadores que se debruçaram apenas sobre a estrutura dos textos, os quais desconsideravam, dessa forma, autores e leitores.

1.1.2. Crítica ao estruturalismo: a abstração do sujeito

Voltemos à meditação sobre o choque entre uma estrutura narrativa invariante – e por si mesma transcultural – e uma narrativa embebida de tradições vivas, na qual estão impressas as marcas de um lugar no tempo e em uma sociedade. O posicionamento a princípio conflitante que investiga uma narrativa depurada de historicidade e simultaneamente reivindica a participação de alguma tradição cultural é de certo modo elucidado no embate levado a cabo por Ricoeur contra os estruturalistas, ao jogar luz sobre o flanco aberto pela narrativa para a interpretação, em vez de focar exclusivamente seu viés estrutural. Nessa disputa, um filósofo que tanto se consagrou à hermenêutica e à filosofia do sujeito certamente faria jus à versão a serviço das variações culturais a que estão submetidas as figuras do enunciador e do receptor, sem, contudo, ignorar a importância da análise estrutural para a compreensão de um texto, como veremos.[9]

---

9 Se refletirmos sobre as concepções de Ricoeur acerca do estruturalismo e da hermenêutica, veremos que um opera como uma espécie de negativo complementar da outra, sendo que uma das diferenças capitais entre ambos consiste no fato de que, enquanto o primeiro é mais científico, a segunda é mais filosófica. Em um texto intitulado "Estrutura e hermenêutica", de 1963, que foi seguido de um célebre debate com Lévi-Strauss na revista *Esprit*, Ricoeur afirma: "Minha intenção não é a de opor a hermenêutica ao estruturalismo, a historicidade de uma à diacronia do outro. O estruturalismo pertence à ciência; e não vejo atualmente abordagem mais rigorosa e fecunda que o estruturalismo no nível de compreensão que é o seu; a interpretação da simbólica não merece ser chamada de hermenêutica senão na medida em que ela é um segmento da compreensão de si mesmo e da compreensão do ser; fora desse trabalho de apropriação do sentido, ela não é nada; nesse sentido, a hermenêutica é uma disciplina filosófica; tanto o estruturalismo visa pôr à distância, objetivar, separar da equação pessoal do pesquisador a estrutura de uma instituição, de um mito, de um rito, quanto o pensamento hermenêutico mergulha no que pôde ser chamado de 'círculo hermenêutico' do compreender e do crer, o que o desqualifica como ciência e o qualifica como pensamento meditante. Não há, pois, espaço para justapor duas maneiras de compreender; a questão é antes encadeá-las como o objetivo e o existencial [*existentiel*] (ou o existêntico [*existential*]!). Se a hermenêutica é uma fase da apropriação do sentido, uma etapa entre a reflexão abstrata e a reflexão concreta, se a hermenêutica é uma retomada, pelo pensamento, do sentido suspenso na simbólica, ela só pode encontrar o trabalho da antropologia estrutural como um apoio e não como um opositor; apropria-se apenas daquilo que primeiramente foi mantido à distância de si para considerá-lo"

É digno de nota que a contenda com os estruturalistas carrega diferentes nuances. Por um lado, Ricoeur manifesta simpatia por quem defende uma melhor compreensão do texto embasada em sua economia interna, garantindo, assim, a autonomia semântica de uma obra que fale por si mesma, ou seja, de uma obra que não esteja subordinada à voz e à subjetividade de quem lhe deu origem. Por outro lado, o filósofo diverge dos pesquisadores que trabalham unicamente na ausência das figuras do autor e do leitor e que se apoiam no "funcionamento anônimo, no sentido mais forte do termo, de sistemas de signos sem ancoragem subjetiva" (RICOEUR, 2011, p. 23). O que se vê, então, por parte de Ricoeur é uma atitude que pode parecer dúbia ou ambígua, embora uma análise mais apurada evidencie que é tão somente uma tentativa de reconhecer ao mesmo tempo a legitimidade do estruturalismo e seus limites de validade. Em uma conversa com François Azouvi e Marc de Launay, transcrita no livro *A crítica e a convicção*, colidindo com a tentativa de vinculá-lo ao estruturalismo após a publicação de *A metáfora viva*, Paul Ricoeur responde que considera o estudo estrutural uma forma de fazer justiça ao texto, preservando as articulações internas por meio de uma análise objetiva, a despeito das intenções subjetivas do autor. O filósofo afirma:

> Este aspecto do estruturalismo não me era estranho, pois sempre professei, sob o título da autonomia semântica do texto, a ideia de que este escapa ao seu autor e significa por si mesmo. Ora, a autonomia semântica do

---

(RICOEUR, 1996a, p. 261-262). Vale mencionar que o trabalho "Estrutura e hermenêutica" foi publicado em três diferentes ocasiões: na revista *Esprit*, em 1963, em um número dedicado à investigação da obra *O pensamento selvagem*, publicada no ano anterior por Lévi-Strauss; no livro *O conflito das intepretações*, de 1969, com o acréscimo de alguns parágrafos introdutórios e de um pequeno parágrafo final; e em *Leituras 2*, de 1992. Optamos por utilizar, na tradução brasileira, a versão de *Leituras 2*, que se manteve fiel ao texto a que Lévi-Strauss teve acesso por meio da revista *Esprit*.

texto abria-o a abordagens que apenas tomam em conta a sua objetividade, enquanto dito, escrito e, portanto, objetivado. Tomo, num sentido muito positivo, a objetivação como uma passagem obrigatória pela explicação, em vista de uma compreensão melhor, antes do regresso ao enunciador. (RICOEUR, 2009, p. 126-127)

Logo em seguida, contudo, o tom conciliatório é abandonado e assumida uma postura crítica em relação à pesquisa estruturalista, visto que esta extrai uma doutrina geral subtraindo as subjetividades que enunciam os discursos nos quais o pesquisador se debruça, ou seja, desimplicando os sujeitos de seu objeto de estudo. Ao personificar o estruturalismo na figura de Claude Lévi-Strauss – cuja obra reteve o mais profundo respeito de Ricoeur, embora considerasse o etnólogo um adversário a ser confrontado –, o filósofo declara:

> Sou simultaneamente familiar da prática estrutural e estou numa relação conflituosa com o estruturalismo, que me parece atingir o seu nível mais elevado em Lévi-Strauss, aquele, na escola estruturalista, cuja obra mais respeito. Tínhamos tido, no círculo filosófico da *Esprit*, um confronto muito interessante, onde eu havia introduzido, para caracterizar a sua posição, a expressão de "transcendentalismo sem sujeito transcendental". Foi para mim um adversário do qual a minha própria defesa da filosofia do sujeito procurou tornar-se digna; eu via-o como o determinante da estiagem da discussão. (*Ibid.*, p. 127)

Essa posição dúbia de relativa crítica do estruturalismo – o que é, na verdade, o reconhecimento de seus limites de validade – e de relativa defesa – a legitimação da abordagem objetiva do texto – se coaduna muito bem com a teoria sobre a dialética entre explicar e compreender exposta por Ricoeur num de seus livros seminais, *Do texto à ação*. É com essa obra que pretendemos ocupar-nos agora, para depois, munidos de maior repertório conceitual, explorarmos com minúcia a trilogia *Tempo e narrativa.*

1.1.3. "Explicar mais é compreender melhor": a reabilitação do sujeito

Em *Do texto à ação*, mais especificamente no ensaio "Explicar e compreender", Ricoeur expõe sua contrariedade em divisar os modelos de explicação e de compreensão tratando-os como dois campos epistemológicos completamente distintos. Engendrada por um dualismo que opõe emblematicamente as ciências da natureza e as ciências humanas, essa dicotomia epistemológica, que no limite é também uma contraposição ontológica entre dois modos de ser irredutíveis – o modo de ser da natureza e o modo de ser do espírito –, alimentaria a tensão entre dois polos: em um deles, estariam aqueles que, baseados na explicação, defendem uma continuidade metodológica entre as ciências da natureza e as ciências humanas; no outro extremo, os que reivindicam uma descontinuidade em virtude da especificidade das ciências humanas, que requerem o mecanismo de compreensão. Dito de outra maneira, de um lado estariam os cientistas que adotam como principal procedimento a explicação, diluindo as peculiaridades que distinguem as ciências da natureza das ciências humanas; de outro, estariam aqueles que valorizam o fenômeno humano como irredutível a fatos e leis da mesma ordem que os fenômenos naturais. Deslegitimando a ruptura drástica entre explicar e compreender, que supunha não ser possível conciliar esses dois modos de inteligibilidade, Ricoeur argumenta a favor de um processo dialético que torna colaborativa a operação das duas instâncias, o que se manifesta, por exemplo, na articulação complementar entre a análise estrutural e a hermenêutica. Nas palavras do filósofo, sua teoria "coloca em questão o dualismo metodológico de explicação e de compreensão e substitui essa alternativa brutal por uma dialética fina" (RICOEUR, 1986, p. 162). Elucida Ricoeur:

> Por dialética, eu entendo a consideração segundo a qual explicar e compreender não constituem polos de uma relação de exclusão, mas momentos relativos de um processo complexo que se pode designar interpretação. Essa solução alternativa guarda tanto uma dimensão epistemológica quanto uma ontológica. Dimensão epistemológica: se houver uma relação de implicação mútua entre os métodos, deve-se encontrar entre as ciências da natureza e as ciências humanas tanto uma continuidade como uma descontinuidade, tanto um parentesco como uma especificidade metodológica. Dimensão ontológica: se explicação e compreensão estão indissociavelmente ligadas no plano epistemológico, não será possível ainda fazer um dualismo ôntico corresponder a um dualismo metodológico. (*Ibid.*)

Fazendo da explicação e da compreensão modelos de inteligibilidade essenciais para viabilizar a interpretação, Ricoeur acaba por resolver um segundo problema: aquele que opõe explicação e interpretação. Desencoraja, assim, seus leitores de confiar em uma resposta excludente que consideraria, por exemplo, ou bem se explicar à maneira dos naturalistas, ou bem se interpretar à maneira dos historiadores. Ao solucionar dialeticamente tais dualismos, Ricouer tem diante dos olhos os escritos de Wilhelm Dilthey – em particular, o estudo *Die Entstehung der Hermeneutik*, de 1900 –, que teria inaugurado a concepção antinômica entre explicar e compreender[10] visando superar uma abordagem das ciências humanas imbuída de positivismo e que acabava por provocar, conforme uma visão naturalista, a redução objetivista do fenômeno social, transformado em um objeto sem vida à maneira de um fenômeno do mundo físico.

10 Atentemos: para Dilthey, o interpretar seria uma forma derivada da compreensão.

Segundo Ricoeur, um pensamento como o de Dilthey não teria por finalidade simplesmente opor a subjetividade evocada pela compreensão (e manifesta na visão romântica) à objetividade solicitada pela explicação (e patente na mentalidade científica de Galileu, Descartes e Newton); mais do que isso, tentaria conferir à compreensão a mesma credibilidade já atribuída à explicação. No sentido de romper com a hierarquia epistemológica que coloca o explicar acima do compreender em termos de respeitabilidade científica, Ricoeur não diverge de Dilthey.[11] De acordo com Ricoeur, o erro do filósofo alemão teria sido estabelecer uma dicotomia entre as duas instâncias, fundamentando as ciências humanas na compreensão, atitude qualificada como hermenêutica romântica. Comenta nosso autor em *Do texto à ação*:

> Dilthey denomina explicação o modelo de inteligibilidade emprestado das ciências da natureza e estendido às ciências históricas pelos positivistas, e ele faz da interpretação uma forma derivada da compreensão, na qual vê a atitude fundamental das ciências do espírito, a única que pode respeitar a diferença fundamental entre estas ciências e as ciências da natureza. (*Ibid.*, p. 137)

Ora, mencionamos até aqui com muito desprendimento os termos "explicação", "compreensão" e "interpretação", mas em que consiste propriamente a diferença entre eles? Ricoeur partirá da diferenciação proposta por Dilthey para definir o que ele mesmo

---

11 Aqui, Ricoeur não trilha apenas o caminho já aberto por Dilthey, mas também se aproveita das reflexões de Heidegger sobre compreensão e interpretação. Comparando as ciências humanas com as ciências exatas, Heidegger diz em *Ser e tempo*: "[...] de acordo com seu sentido existencial, compreender é o poder-ser da própria presença; as pressuposições ontológicas do conhecimento histórico ultrapassam, em princípio, a ideia de rigor das ciências exatas. A matemática não é mais rigorosa do que a história. É apenas mais restrita, no tocante ao âmbito dos fundamentos existenciais que lhe são relevantes" (HEIDEGGER, 2015, p. 215).

entende pelos termos em questão.[12] Aplicando essas três dimensões a um objeto específico, o texto, a diferença entre explicar, compreender e interpretar talvez apareça com contornos mais fortes. Vejamos.

Desde o *Fedro*, de Platão, costuma-se entender por texto o discurso fixado pela escrita[13] – ou seja, a escritura corresponde à fixação material da fala, dando suporte ao discurso –, de modo que o conceito de interpretação seria introduzido na relação entre escrita e leitura. Assim, em contato com o texto, o leitor, de posse de uma inteligência hermenêutica "que decifra, ou seja, que retoma para si o sentido, ao mesmo tempo que cresce com o sentido que ela

---

12 Não podemos negligenciar o fato de que, enquanto Dilthey considera a interpretação uma forma derivada da compreensão, Ricoeur defende que interpretar é servir-se tanto da explicação quanto da compreensão. Sobre a arte de compreender e interpretar empregada pelas ciências humanas, diz Dilthey: "Certamente as ciências humanas têm em relação a toda forma de conhecimento da natureza a vantagem de que o seu objeto não é uma dada aparição nos sentidos – um simples reflexo de algo real na consciência –, mas sim uma realidade interna imediata mesmo, e precisamente tal realidade como uma configuração vivenciada a partir de dentro. [...] Assim, denominamos 'compreender' o processo em que, a partir de sinais dados pelos sentidos, reconhecemos uma realidade psíquica da qual eles são expressão. Este compreender abrange desde a apreensão do balbuciar infantil até a de Hamlet ou a da crítica da razão. O mesmo espírito humano nos fala a partir de pedras, mármore, tons em forma musical, de gestos, palavras e escrita, de comportamentos, ordens e situações econômicas – e necessita da interpretação. [...] O compreender mostra graus diversos. Estes são em primeiro lugar determinados pelo interesse. Se o interesse é limitado, então também a compreensão o é. Quão impacientemente ouvimos muitas discussões; delas apenas registramos algum ponto importante para nossa prática, sem ter interesse na vida interior da pessoa que fala. Em outros casos, pelo contrário, buscamos com esforço penetrar no interior da pessoa que fala através de cada feição de seu rosto e de cada palavra. Mas mesmo a atenção mais esforçada só pode se tornar uma arte de compreender, na qual é alcançado um grau controlável de objetividade, quando a manifestação da vida está fixada [por exemplo, pela escrita] e podemos, portanto, voltar sempre de novo a ela. Chamamos exegese ou interpretação a uma certa arte de compreender as manifestações vitais fixadas de um modo durável" (DILTHEY, 1999, p. 13-15). Observação: adaptamos um pouco a tradução utilizada em busca de maior clareza.

13 Na definição do termo "texto", Ricoeur levanta todo um debate acerca da fala e da escrita, remontando à linguística de Ferdinand de Saussure. Ainda neste capítulo, recuperaremos brevemente tal debate. Por ora, vale apenas indicar que a discussão é conduzida no ensaio "O que é um texto?" e depois recuperada no ensaio "O modelo do texto: a ação sensata considerada como um texto", ambos publicados em *Do texto à ação* (1986). Vale também consultar o artigo "Filosofia e linguagem", de 1978, em que Ricoeur aprofunda o debate sobre a fala ou o discurso em contraposição à língua.

[a inteligência hermenêutica] decifra" (RICOEUR, 1996a, p. 269), efetuaria a parte subjetiva da operação de interpretar, que consiste no compreender. Porém, a compreensão, para Ricoeur, não trabalharia sozinha, pois contaria com o auxílio de um procedimento objetivo, a explicação, que contribuiria na mesma medida para a interpretação do leitor. A explicação é a operação que lida com a parte estática e objetiva do texto, com sua estrutura semiótica, sua articulação interna; justamente por isso ela mobiliza a inteligência objetiva que decodifica o sistema textual e não demanda do receptor nenhum empenho subjetivo de apropriação daquilo que lê.[14] Mesmo que o método explicativo a princípio pareça dispensar a participação externa de qualquer elemento além do próprio texto – caucionando, portanto, sua autonomia semântica –, ele pavimenta alguns degraus do processo de interpretação ao desenvolver analiticamente a compreensão e, desse modo, contribui sobremaneira para que a subjetividade do leitor se aproprie do texto, donde a máxima ricoeuriana "explicar mais é compreender melhor" (*Id.*, 1986, p. 22). A interpretação – que emerge da teoria diltheyana como uma província particular da compreensão, ao passo que para Ricoeur consiste na alternância de fases de compreensão com fases de explicação ao longo de um arco hermenêutico – necessita, desse modo, da colaboração indispensável da explicação.[15] Com efeito,

---

14 No texto de 1963 dedicado a uma comparação entre estrutura e hermenêutica, a presença ou a ausência de um receptor ativamente partícipe dos dois modelos de inteligibilidade em questão dá o tom das definições de Ricoeur de explicação e de interpretação. O filósofo define: "A explicação estrutural tem por objeto (1) um sistema inconsciente (2) que é constituído por diferenças e oposições (por separações significativas) (3) independentemente do observador. A interpretação de um sentido transmitido consiste em (1) uma retomada consciente (2) de um fundo simbólico sobredeterminado (3) por um intérprete que se posiciona no mesmo campo semântico daquilo que ele compreende e assim entra no 'círculo hermenêutico'" (RICOEUR, 1996a, p. 288).

15 Para Ricoeur, a compreensão integra a interpretação junto com a explicação, mas só esta última pode ser rigorosamente considerada um método. Diz o filósofo no ensaio "Explicar e compreender": "Sobre o plano epistemológico, primeiramente, direi que não há dois métodos,

para bem compreender e bem interpretar, o leitor deverá conciliar duas posturas distintas: reivindicar sua ação sobre o texto e deixá-lo agir por si mesmo. Ricoeur salienta:

> [...] explicar é identificar a estrutura, isto é, as relações internas de dependência que constituem a estática do texto; interpretar é tomar o caminho de pensamento aberto pelo texto, partir em direção ao oriente do texto. Somos convidados por esta observação a corrigir nosso conceito inicial de interpretação e a buscar, além da operação subjetiva de interpretação como uma ação *sobre o* texto, uma operação objetiva de interpretação que seria a ação *do* texto. (RICOEUR, 1986, p. 156)

É fácil perceber, então, por que Ricoeur demonstrou certa simpatia pela prática estrutural. Para o filósofo, o grande feito do estruturalismo – por meio das contribuições da linguística, expressão máxima do procedimento explicativo aliado às ciências humanas – consiste, portanto, em preservar a autonomia semântica do texto, capaz de significar por si mesmo. Sua fragilidade, entretanto, está em escamotear a pré-compreensão de códigos culturais praticada pelo autor e em não descortinar o rico mundo que se abre na interação do texto com o leitor. Pensemos, por exemplo, em um texto narrativo. O arco hermenêutico que engloba as ações *do* e *sobre o* texto pode ser dividido em três partes. Na primeira delas, o mundo do autor: quando este decide criar uma narrativa, há todo um universo cultural já consolidado, com seu sistema de signos, sua própria língua, suas metáforas e analogias familiares, com seus códigos éticos,

---

o explicativo e o compreensivo. Falando-se estritamente, apenas a explicação é metódica. A compreensão é, antes, o momento não metódico que, nas ciências da interpretação, se compõe com o momento metódico da explicação. Esse momento precede, acompanha, fecha e assim envelopa a explicação. Em contrapartida, a explicação desenvolve analiticamente a compreensão. Essa ligação dialética entre explicar e compreender resulta em uma relação muito complexa e paradoxal entre as ciências humanas e as ciências naturais" (RICOEUR, 1986, p. 181).

suas ações e seus valores específicos a representar. Além disso, esse escritor está mergulhado em condições psicológicas e sociológicas que por qualquer descuido podem emergir de seus escritos. Em segundo lugar, o mundo do texto: a textura da narrativa existente por si só, sua autonomia semântica, o paradigma de distanciação na comunicação responsável por executar uma dupla ocultação – a do leitor, que não está presente quando o discurso é escrito, e a do autor, ausente no ato de leitura. Graças a essa autonomia, a narrativa de uma obra literária transcende as condições psicológicas e sociológicas de quem a escreve, visando atingir um número ilimitado de leitores situados em diferentes contextos socioculturais. Por último, o mundo do leitor: o texto sendo apropriado e aplicado à situação de vida de quem o lê, quando a narrativa atinge um sentido mais completo e é restituída ao tempo da ação no plano empírico ou concreto, desdobrando-se na temporalidade específica do leitor. No vocabulário utilizado por Ricoeur, a distanciação opera no mundo do texto como uma espécie de dispositivo de objetivação, ao passo que a apropriação trabalha no mundo do leitor como um índice de subjetivação. O que faz a prática estruturalista é legitimar apenas o primeiro fenômeno, o que descredencia o desenvolvimento do último pilar do arco hermenêutico, cuja etapa final consiste no mecanismo de apropriação do texto por parte de seu receptor, como supôs Ricoeur. Se nessa discussão habilitarmos com a mesma agudeza os dois modelos de inteligibilidade, explicação e interpretação, observaremos que o arco hermenêutico contempla ambos com equivalente legitimidade, ao passo que o estruturalismo, como sabemos, preza pela explicação.

No arco hermenêutico proposto por Ricoeur, a explicação estaria associada ao mundo do texto e a interpretação, evidentemente, seria garantida pela ação promovida pelo mundo do leitor, sem, contudo, dispensar o auxílio da análise estrutural, imprescindível para uma melhor compreensão do texto.[16] Embora longa, vale a pena citar uma passagem em que Ricoeur problematiza o modo como o estruturalismo de Lévi-Strauss concebe a função dos mitos, partindo destas palavras do etnólogo: "Trata-se [o mito] de uma espécie de ferramenta lógica, destinada a operar uma mediação entre a vida e a morte" (LÉVI-STRAUSS, 2008, p. 238). Vejamos o excerto da obra *Do texto à ação*:

> No fundo do mito, há uma questão que é de suma importância, uma questão sobre a vida e a morte: "Nasce-se de um só ou de dois?". Mesmo formalizada sob a figura *o mesmo nasce do mesmo ou de outro*, essa questão é aquela da angústia sobre a origem: de onde vem o homem, nasce ele da terra ou de seus pais? Não haveria contradição, tampouco tentativa de resolvê-la, se não houvesse perguntas significativas, proposições de sentido sobre a origem e o fim do homem. Ora, é essa função mesma do mito,

---

16 Note que a hermenêutica não neutraliza nem deslegitima a análise estrutural. Para Ricoeur, a compreensão das estruturas é uma intermediária necessária para se passar da ingenuidade simbólica à inteligência hermenêutica. No artigo "Estrutura e hermenêutica", o filósofo reforça: "[...] não há análise estrutural, dizíamos, sem inteligência hermenêutica da transferência de sentido (sem 'metáfora', sem *tanslatio*), sem essa doação indireta de sentido que institui o campo semântico, a partir do qual podem ser discernidas homologias estruturais. Na linguagem de nossos simbolistas medievais – linguagem provinda de Santo Agostinho e de Dionísio e apropriada às exigências de um objeto transcendente – o que é primeiro é a translação, a transferência do visível para o invisível pela interpretação de uma imagem tomada de empréstimo às realidades sensíveis, o que é primeiro é a constituição semântica em forma de 'semelhante-dessemelhante', na raiz dos símbolos ou dos figurativos. A partir disso, pode ser elaborada abstratamente uma sintaxe dos arranjos de signos em múltiplos níveis. Mas, por outro lado, tampouco há inteligência hermenêutica sem a substituição de uma economia, de uma ordem nas quais a simbólica significa. Tomados em si mesmos, os símbolos são ameaçados por sua oscilação entre o empastamento no imaginativo ou a evaporação no alegorismo; sua riqueza, sua exuberância, sua polissemia expõe os simbolismos ingênuos à intemperança e à complacência. O que Santo Agostinho já chamava, no *De doctrina christiana*, '*verborum translatorum ambiguitates*', o que chamamos simplesmente equivocidade, diante da exigência de univocidade do pensamento lógico, faz com que os símbolos não simbolizem senão em conjuntos que limitam e articulam suas significações. Doravante, a compreensão das estruturas não é exterior a uma compreensão que teria como tarefa pensar a partir dos símbolos; ela é hoje a intermediária necessária entre a ingenuidade simbólica e a inteligência hermenêutica" (RICOEUR, 1996a, p. 293-294).

> como relato das origens, que pretendemos colocar entre parênteses. A análise estrutural não chega a eludir essa função, somente a posterga. O mito não é um operador lógico entre uma proposição qualquer, mas entre proposições que apontam para situações-limite, a origem e o fim, a morte, o sofrimento, a sexualidade. A análise estrutural, longe de abandonar esse questionamento radical, restitui-o em um nível de maior radicalidade. Não seria, então, função da análise estrutural recusar uma semântica da superfície, aquela do mito relatado, para fazer surgir uma semântica profunda que é, ouso dizer, a semântica viva do mito? Estou inclinado a acreditar que, se essa não fosse a função da análise estrutural, esta se reduziria a um jogo estéril, a uma combinação derrisória, e o mito seria privado da função que o próprio Lévi-Strauss lhe atribuiu quando declarou que o pensamento mítico procede da tomada de consciência de certas oposições e tende à sua mediação progressiva. Essa tomada de consciência é aquela das aporias da existência, em torno das quais gravita o pensamento mítico. Eliminar essa intenção significativa seria reduzir a teoria do mito a uma necrologia dos discursos insignificantes da humanidade. Se, ao contrário, tem-se a análise estrutural como uma etapa – e uma etapa necessária – entre uma interpretação ingênua e uma interpretação crítica, entre uma interpretação superficial e uma interpretação profunda, então parece possível situar a explicação e a interpretação em um único arco hermenêutico e integrar as atitudes opostas de explicação e de compreensão em uma concepção global da leitura como retomada do sentido. (RICOEUR, 1986, p. 154-155)

O mito, pertencente à ordem da linguagem, é exemplo da necessidade de articular no universo narrativo os dois modelos de inteligibilidade, explicação e interpretação. Embora nas análises de Lévi-Strauss ganhem densidade as explicações estruturais – a saber, modelos topológicos, análises causais (associadas a leis) e inter-relações funcionais (do tipo: a função do mito é...) –, Ricoeur advoga que o aspecto interpretativo do mito não pode ser negligenciado, sob pena de reduzi-lo a um jogo estéril da linguagem e de fazer da teoria do mito uma "necrologia dos discursos insignificantes da humanidade", pois esse tipo de *récit* – enquanto expressão do espírito humano – confere, ao abrigo da interpretação, um sentido subjetivo ao mundo, à vida e à humanidade. Desse modo, o mito não pode ser inscrito apenas no estatuto de um operador lógico atuante através de doutrinas gerais e anônimas, tendo em vista que demanda uma reflexão radical de situações-limite (a origem, o fim, a vida, a morte etc.), cuja magnitude evoca a atribuição de um sentido subjetivo ao mundo, sentido este constituído graças a uma interpretação crítica e profunda que tem como aliada a análise das estruturas. Em contraposição à logicização dos mitos, então considerados entes linguísticos, eclodem subjetividades que interpretam a narrativa, revestindo-a com a singularidade daqueles que dela se apropriam no ato de interpretar; subjetividades que, por intermédio do relato, capturam à sua maneira o sentido do mundo. Aliás, são os sujeitos mesmos que protagonizam a cena da busca pelo sentido, o que só realça o papel das subjetividades nesse processo, amainadas por análises enclausuradas na estrutura. Então, para Ricoeur, o dinamismo do sentido consistiria precisamente em ser administrado conforme a visão do agente que agrega sentido ao *récit* e que, assim, fundamenta uma compreensão subjetiva. No trecho a seguir, o professor Ivan Domingues, autor de um trabalho monumental sobre a epistemologia das ciências humanas, evidencia o protagonismo do sujeito e o coloca na raiz da diferenciação entre o explicar – expediente típico da investigação dos fenômenos naturais – e o interpretar – expediente aderido aos negócios humanos –, em sintonia com a teoria de Ricoeur.[17]

---

17 Ricoeur é mencionado por Ivan Domingues em um breve panorama que o autor apresenta do tratamento destinado pelos filósofos às diferenças entre explicar e compreender: "Tendo

> [...] quem pergunta pelo sentido das coisas e do mundo é o próprio homem ou sujeito, o qual em seu esforço de entender os enigmas do universo é levado a inquirir o "porquê" e "para quê" das coisas, pela origem e pelo fim, fim que pode ser interno ou externo ao mundo. Tal foi, aliás, o caso de Newton, conduzido em sua resposta a interpretar seu sistema mecânico em termos providencialistas ao invocar o Deus bíblico, pondo-o na origem e no fim do universo. E também de Laplace, ele mesmo um newtoniano, porém que não vê nenhuma necessidade de invocar Deus e acredita que para explicar as coisas e interpretar o mundo, conferindo-lhe sentido, basta a ideia de uma natureza mecânica autorregulável (a lembrar que Laplace, instado por Napoleão a dizer qual era o lugar de Deus na economia de seu universo, respondeu-lhe simplesmente: "*Je n'ai pas besoin de cette hypothèse*"). (DOMINGUES, 2004, p. 122)

Ivan Domingues mostra como a interpretação de Laplace sobre o mundo se alicerça em uma perspectiva diferente da de Newton. Malgrado se considere um newtoniano, Laplace discorda, num tom científico mais próximo do assumido pela ciência praticada atualmente, da interpretação dada por Newton acerca de seu próprio

---

feito do sujeito, isto é, do homem, a fonte do sentido (antes era Deus), imagina-se que, aliando o 'porquê' e o 'para quê' (motivo) ao 'quem' (sujeito), com a ajuda de técnicas adequadas (questão de método), o sentido das coisas seria capturado e seu 'mistério' decifrado – tal é a ideia de Dilthey, de Weber e de Simmel, e o ponto que os une. O ponto que os separa, não só eles, mas também Heidegger, Gadamer, Ricoeur e Betti, conhecidos (junto com eles) como ligados direta ou indiretamente à escola hermenêutica, incide tanto sobre questões de doutrina como sobre questões de método, pivoteadas em torno das relações entre a explicação, a interpretação e a compreensão. Assim, Dilthey dissocia explicação e compreensão, seguindo em sua primeira fase o caminho de uma hermenêutica subjetivante. Heidegger e Gadamer entendem que a compreensão vem primeiro, e a explicação = intepretação, depois. Diferentemente de Dilthey, Gadamer pretende que explicação e compreensão são uma coisa só. Weber procura articular explicação e compreensão, assimila compreensão e interpretação e segue o caminho de uma hermenêutica objetivante. Ricoeur propõe a interpretação como abarcante e toma a explicação e a compreensão como seus dois pólos. Betti preconiza uma teoria geral da interpretação, indiferente à distinção entre compreensão e explicação. Contudo, é com Weber e Betti que a hermenêutica adquire o *status* de disciplina científica, à diferença das técnicas exegéticas e das filosofias hermenêuticas. Donde o privilégio da categoria de sentido e da ideia de interpretação em suas análises dos fenômenos jurídicos e histórico-sociais" (DOMINGUES, 2004, p. 124).

sistema mecânico.[18] Isso deixa patente que as interpretações variam não só segundo a subjetividade dos sujeitos, mas também de acordo com o contexto cultural vivido pelos intérpretes, sendo que Laplace teria usufruído de certo conforto para refletir e se posicionar em uma cultura fruto da Revolução Francesa, por isso a segurança na resposta laicizada oferecida a Napoleão. Um exemplo retomado por Domingues para elucidar essa questão é o de Joana d'Arc[19], cuja história foi diferentemente interpretada ao longo dos séculos, tendo gerado, segundo o espírito de cada época, uma profusão de Joanas, por vezes contraditórias entre si: a bruxa, a impostora, a santa e a heroína (DOMINGUES, 2004, p. 135). A interpretação, portanto, parece marcada por uma condição itinerante que encontra no sujeito e no espírito da época sua pedra de toque. Daí a ponderação de Domingues sobre a índole flutuante do sentido:

> [...] nada é mais difícil do que capturar e decifrar o sentido, que por índole é flutuante e jamais se estabiliza no que quer que seja, nem nas coisas, nem nos homens. No mundo da natureza, a abertura, a equivocidade e a plurivo-

---

18 Poderíamos aqui questionar se cabe efetuar um processo interpretativo tendo como objeto uma teoria das ciências naturais. Ivan Domingues responde à nossa objeção: "Acreditamos que, entre os elementos envolvidos na abordagem dos fenômenos humano-sociais em seus aspectos descritivo, explicativo, interpretativo (compreensivo) e prescritivo, o candidato com maior chance de ter a primazia no método e de conduzir a análise, tendo por fio o sentido, é o elemento interpretativo. O argumento é ele ser, de todos, o mais abrangente e o único autorreferente ou autoaplicável. Podemos interpretar as prescrições, interpretar as explicações, interpretar as descrições e interpretar as próprias interpretações. Não podemos, diretamente, fazendo economia do sentido e da interpretação, prescrever, explicar e descrever interpretações, nem prescrever prescrições, explicar explicações e descrever descrições: simplesmente, os elementos sobre os quais operam – os dados, as normas, as relações: causais, funcionais, finalísticas – pressupõem o sentido, que é coextensivo à interpretação e é por ela decifrado, ao perguntar pelo sentido da norma, da relação, do dado e do próprio sentido, em suas mais variadas situações: pregnância do sentido, colapso do sentido, falta de sentido etc." (DOMINGUES, 2004, p. 135).

19 Lembremos que Joana d'Arc, nascida em 1412, é hoje considerada uma heroína na França, mas sua biografia inclui ter sido queimada viva em 1431 sob a acusação de heresia. Contradizendo seu destino na Idade Média, em 1909, foi beatificada e, onze anos mais tarde, canonizada.

> cidade do sentido eram alimentadas pelo mistério do mundo, mistério que nunca foi inteiramente desfeito, malgrado os esforços das ciências naturais. No mundo dos homens, tal abertura e flutuação é maior ainda, alimentada pelo enigma do próprio homem, que além de objeto é o sujeito das indagações, indagações que incidem sobre o sentido, sentido que é gerado pelo homem ou o sujeito, porém que, ao serem as perguntas respondidas e o sentido decifrado, dão lugar a outras perguntas, bem como a novas camadas de sentido a decifrar, e assim sucessivamente. (*Ibid.*, p. 124-125)

Se considerarmos a ponderação de Domingues, concluiremos que o caráter flutuante do sentido decorre não da estrutura estática de uma narrativa, de uma história que nos é transmitida ao longo do tempo, mas da subjetividade interpretativa que incide sobre essa estrutura, fazendo-a navegar conforme os ventos da época, como ocorreu com a história de Joana d'Arc.

Paremos para refletir por um instante. Nosso leitor talvez tenha ficado confuso: o que a narratividade teria a ver com a explicação e a interpretação tratadas como metodologias das ciências humanas tal como procedera Ivan Domingues? Quando um antropólogo estrutural se depara com uma narrativa mítica, transformada em seu objeto de estudo, a atitude dele diante do relato é inquisitiva no sentido de identificar meticulosamente a estrutura que emerge das proposições desse mito, servindo-se inclusive de contribuições da linguística a fim de deduzir leis gerais. Em outras palavras, o método do antropólogo trata de identificar objetivamente um sistema inconsciente que é constituído por diferenças e oposições (como as separações entre fonemas), sem abrir flanco para os sujeitos que participam do discurso, os quais, segundo Ricoeur, se presentificam tanto no ato originário de narrar (autor) como no ato de apropriar-se do relato durante a recepção (leitor). Em uma célebre discussão entre Paul Ricoeur e Claude Lévi-Strauss publicada na edição de novembro de 1963 da revista *Esprit*, em resposta a um questionamento de Ricoeur sobre a ampliação da compreensão de si mesmo e das coisas por meio do sentido, Lévi-Strauss denuncia precisamente a conexão entre as noções de discurso narrativo e de sujeito:

> Parece-me que você [Ricoeur] liga a noção de discurso à noção de pessoa. Mas em que consistem os mitos de uma sociedade? Eles formam o discurso dessa sociedade, e um discurso para o qual não há emissor pessoal: um discurso, portanto, que se coleta do mesmo modo como um linguista estuda uma língua mal conhecida, e da qual tenta fazer a gramática, sem se preocupar em saber quem disse o que foi dito. (LÉVI-STRAUSS, 1963, p. 640)

Para Lévi-Strauss, a linguística moderna – desenvolvida, entre outros, por Ferdinand de Saussure, Antoine Meillet e Roman Jakobson –, ao trabalhar com os contrastes entre fonemas que adquirem significação quando combinados, permitiu formular com êxito relações necessárias e leis gerais capazes de evidenciar a estrutura de sistemas fonológicos concretos. Inspirado nesse modelo bem-sucedido, o antropólogo sugere estender a aplicabilidade do método fecundo da linguística para as ciências sociais em geral e para a antropologia em particular, adaptando, neste último caso, a noção de sistema já utilizada no estudo de fonemas às relações de parentesco.[20] Ao sistematizar as formas de parentesco com

20 Sustenta Lévi-Strauss em *Antropologia estrutural I*: "No conjunto das ciências sociais, ao qual ela indiscutivelmente pertence, a linguística ocupa um lugar excepcional: não é uma ciência social como as outras, mas aquela que, de longe, realizou os maiores progressos; é certamente a única que pode reivindicar o nome de ciência e que conseguiu ao mesmo tempo formular um método positivo e conhecer a natureza dos fatos que lhe cabe analisar. Dessa situação privilegiada decorrem certas obrigações: a linguística verá com frequência pesquisadores de disciplinas vizinhas, mas diferentes, inspirar-se em seu exemplo e tentar seguir seus passos. *Noblesse oblige*, uma revista como a *Word* não pode se limitar à demonstração de teses e pontos de vista estritamente linguísticos, devendo acolher também os psicólogos, sociólogos e etnógrafos desejosos de aprender com a linguística moderna o caminho que leva ao conhecimento positivo dos fatos sociais. Como escrevia já há vinte anos Marcel Mauss, 'a sociologia

base em princípios e métodos da linguística, Lévi-Strauss procurou atribuir cientificidade à etnografia, garantindo, assim, uma espécie de objetividade à antropologia estrutural.[21] Decerto ainda muito influenciado pelas aspirações de Auguste Comte e Émile Durkheim, Lévi-Strauss entreviu no modelo linguístico a possibilidade de traspor métodos característicos da matemática para as ciências sociais, e isso por duas razões: 1) porque os comportamentos linguísticos se situam no nível do pensamento inconsciente, uma vez que ao nos comunicarmos não temos consciência nem das leis sintáticas e morfológicas da língua, nem dos fonemas utilizados para diferenciar os sentidos das palavras que falamos, nem das oposições que permitem analisar os traços contrastivos de cada fonema; e 2) porque não há uma apreensão intuitiva mesmo quando formulamos regras gramaticais ou fonológicas do idioma que adotamos. Tais fatores impedem a fusão de conhecimentos teóricos sobre a língua (leis sintáticas e morfológicas, regras gramaticais ou fonológicas etc.) com a experiência do sujeito falante, que a utiliza no nível do pensamento inconsciente; e assim neutralizam a ação

estaria certamente muito mais avançada se sempre tivesse procedido a exemplo dos linguistas'. A estreita analogia de método entre essas duas disciplinas lhes impõe um dever especial de colaboração" (LÉVI-STRAUSS, 2008, p. 43).

21 Sobre uma aproximação metodológica entre a linguística e a antropologia, Lévi-Strauss explica: "No estudo dos problemas de parentesco (e certamente também no estudo de outros problemas), os sociólogos se veem numa situação formalmente análoga à dos linguistas fonólogos: como os fonemas, os termos de parentesco são elementos de significação; como eles, só adquirem essa significação se integrados em sistemas; os 'sistemas de parentesco', assim como os 'sistemas fonológicos', são elaborados pelo espírito no estágio do pensamento inconsciente; e finalmente, a recorrência, em regiões afastadas do mundo e em sociedades profundamente diferentes, de formas de parentesco, regras de casamento e atitudes igualmente prescritas entre certos tipos de parentes etc., leva a crer que, num caso como no outro, os fenômenos observáveis resultam da operação de leis gerais, mas ocultas. O problema pode, portanto, ser formulado do seguinte modo: numa outra ordem de realidade, os fenômenos de parentesco são fenômenos do mesmo tipo que os fenômenos linguísticos. Poderiam os sociólogos, utilizando um método análogo quanto à forma (senão quanto ao conteúdo) ao que é utilizado pela fonologia, levar sua ciência a um progresso análogo ao que acaba de se dar nas ciências linguísticas?" (*Ibid.*, p. 46).

dessa subjetividade. Por isso, no plano do pensamento científico, o modelo preconizado imobiliza o pesquisador, que é impedido de modificar o objeto de estudo que é foco de sua atenção (LÉVI-STRAUSS, 2008, p. 68-69). É como se estivéssemos tratando de um conhecimento matemático, completamente indiferente às subjetividades. Não é estranho, portanto, que Lévi-Strauss aproxime o modelo linguístico ao modelo cibernético, que substitui a inteligência humana pelo automatismo das máquinas, como atesta a seguinte passagem:

> Numerosas questões linguísticas remetem às máquinas de calcular modernas. Se conhecêssemos a estrutura fonológica de uma língua qualquer e as regras que presidem ao agrupamento das consoantes e das vogais, uma máquina estabeleceria facilmente não só a lista das combinações de fonemas que formam as palavras de *n* sílabas existentes no vocabulário como de todas as demais combinações compatíveis com a estrutura da língua, tal como previamente definida. Uma máquina que recebesse as equações que determinam os diversos tipos de estrutura conhecidos em fonologia, o repertório de sons que o aparelho fonador humano pode produzir e os menores limites diferenciais entre tais sons, previamente determinados por métodos psicofisiológicos (com base em um inventário e uma análise dos fonemas mais próximos) poderia fornecer um quadro exaustivo das estruturas fonológicas de *n* oposições (*n* podendo ser determinado com o valor mais alto que se desejar). Obter-se-ia, desse modo, uma espécie de tabela periódica das estruturas linguísticas, comparável à dos elementos, que a química moderna deve a Mendeleiev. Bastaria então localizar na tabela as línguas já estudadas, marcar a posição e as relações com as demais línguas, daquelas cujo estudo direto ainda é insuficiente para nos fornecer um conhecimento teórico a seu respeito, e seria inclusive possível descobrir a localização de línguas extintas, futuras ou simplesmente possíveis. (*Ibid.*, p. 69-70)

O desacordo de Ricoeur em relação à antropologia estrutural transparece ao considerar insuficiente um modelo linguístico governando o sentido das narrativas míticas. Esse gesto anuncia que a objetividade da análise estrutural não basta para assegurar uma interpretação mais extensiva dos mitos, os quais dependem, afinal, da apropriação do leitor para completar seu sentido. Portanto, para Ricoeur, a compreensão oferecida pela análise estrutural seria apenas o prelúdio de algo maior que encontraria nos interlocutores uma espécie de desfecho. Em se tratando de narrativas (entre elas, a mítica), defender um modelo semelhante ao linguístico (também matemático e cibernético) é, como sabemos, neutralizar tanto a pré-compreensão daquele que narra quanto a compreensão daquele que ouve ou lê, sob o risco de trocar a inventividade e o potencial humanos por um funcionamento automático e inconsciente.

1.1.4. A historicidade imanente

Questionemos uma segunda vez: o que a narratividade teria a ver com a explicação e a interpretação tratadas como modelos de inteligibilidade das ciências humanas? Para Ricoeur, por um lado, ao narrarmos um mito cujo sentido compõe a trama da história de nossas próprias vidas, apresentamos nesse ato não só um discurso que nos foi transmitido pelos antepassados e que é dotado de sistemas fonológicos e de parentesco, mas também a nossa própria subjetividade, isto é, a subjetividade de alguém disposto a ler o mundo cultural que o circunda, intérprete cujo ser é inextrincavelmente constituído, modificado e orientado por tradições. Por outro lado, quando nos defrontamos com uma narrativa mítica enquanto leitores, apropriamo-nos dela e entranhamo-la em nossa própria existência, desdobrando-a em nossa temporalidade específica, o que possibilita completar o arco hermenêutico do *récit*. Seguindo esse diapasão, explicar, compreender e interpretar seriam requisitados não só para acessar as narrativas empíricas, pois constituiriam também condição *sine qua nom* para se chegar a si mesmo através dos relatos então interiorizados, o que analisaremos pormenorizadamente no próximo tópico deste livro.

Segundo Ricoeur, a divisa "explicar mais é compreender melhor" pode ser adotada para qualquer *récit* existente, tendo em vista que as diferentes narrativas trazem uma inovação semântica (isto é, algo de inédito que surge na linguagem) presidida pela invenção de uma intriga, cujo mecanismo sintético da imaginação produtiva reúne, no ato configurante, uma nova diversidade de objetivos, causas e acasos em torno da unidade temporal de uma ação total e completa (a história narrada), posteriormente desdobrada na temporalidade específica do intérprete/leitor. Nesse caminho, Ricoeur adverte, no prólogo de *Tempo e narrativa*, que compreender é:

> [...] voltar a captar a operação que unifica numa ação inteira e completa a diversidade constituída pelas circunstâncias, pelos objetivos e pelos meios, pelas iniciativas e pelas interações, pelas reviravoltas da fortuna e por todas as consequências não desejadas decorrentes da ação humana. O problema epistemológico levantado, quer pela metáfora, quer pela narrativa, consiste em grande medida em ligar a explicação empregada pelas ciências semio linguísticas à compreensão prévia que decorre de uma familiaridade adquirida com a prática linguageira, tanto poética como narrativa. (RICOEUR, 2010a, p. 3)

Como dissemos anteriormente, a imaginação produtiva põe em marcha uma infinidade de obras tão variáveis quanto as mudanças pelas quais os homens e as sociedades passam no curso da história, além, sem dúvida, de variarem conforme a pluralidade de questões subjetivas que atravessam cada escritor ao longo da vida. Nessa paisagem, como falar de transculturalidade sendo que a narrativa carece de um autor e de um leitor, mergulhados em contextos históricos, para abrir e fechar seu circuito hermenêutico? Trocando em miúdos, as formas empíricas assumidas pela narrativa requerem uma historicidade prenhe de tradições, quer para estas serem replicadas, quer para serem rompidas pelo autor, bem como culminam numa apropriação interpretativa responsável por desdobrar a temporalidade do mundo do texto na temporalidade do mundo do leitor. Pensando assim, a transculturalidade ficaria mesmo restrita a uma lógica ideal das narrativas possíveis, ao passo que no campo da narratividade empírica imperaria o registro da tradição, da cultura, da historicidade, donde o recurso à compreensão como modo de inteligibilidade da narrativa: "Compreender uma história é compreender ao mesmo tempo a linguagem do 'fazer' e a tradição cultural da qual procede a tipologia das intrigas" (*Ibid.*, p. 100).

No texto "Uma retomada da *Poética* de Aristóteles" (1992) , Paul Ricoeur (1996a, p. 329-343) nos dá uma conclusão sobre a inviabilidade de aplicar a ordem transcultural à dimensão empírica da narrativa. No trabalho apreciado, o filósofo retoma suas análises da *Poética* de Aristóteles desenvolvidas no primeiro volume de *Tempo e narrativa* e tenta encontrar limites de aplicação do modelo narrativo extraído da obra aristotélica, o qual se baseia em três condições quase transcendentais: síntese do heterogêneo, ficcionalidade e temporalização.[22] Vale citar um longo trecho, já que um estudo apurado dessas condições só será realizado em tópicos posteriores.

22 Tais condições, extraídas do modelo narrativo da *Poética* de Aristóteles, serão oportuna e adequadamente tratadas, pois, se analisadas neste momento, acabariam por nos desviar do assunto central: a transculturalidade da narrativa.

> As três condições que presidiram a formação do modelo narrativo [saído da *Poética* de Aristóteles] não tendem a dar a este um caráter transtemporal, que permite identificar como narrativas formas literárias tão diferentes quanto o conto de fadas e o romance do século XIX? Poder-se-ia falar a esse respeito de tipo ideal, no sentido weberiano, entendo com isso não uma essência objetiva, mas uma ideia diretora que preside a pesquisa, a descrição e a reunião das realizações históricas disparatadas, que não saturariam o tipo ideal. Quando se fala em síntese do heterogêneo (primeira condição), em ficcionalidade (segunda condição), em temporalização (terceira condição), trata-se cada vez de condições que podemos qualificar de quase-transcendentais em relação às formas empíricas assumidas pela narrativa. Uma dúvida, no entanto, nos assola: o estatuto de tipo ideal, de invariante, de transcendente que a narrativa tem não seria mais apropriado à lógica narrativa dos estruturalistas – a narratologia –, que eu sempre disse constituir uma racionalização, uma logicização de segundo grau em relação à compreensão narrativa? O estatuto de invariante parece, por outro lado, pouco apropriado à compreensão narrativa e ao seu estilo próprio de historicidade, no qual se conjugam de modo original tradicionalidade e inovação. Ali onde a narratologia instala modelos propriamente atemporais, acrônicos, a inteligência narrativa parece se estruturar encadeando-se historicamente. (RICOEUR, 1996a, p. 339-340)

Para que nossa exposição não deixe demasiados fios soltos, vale comentar que a síntese do heterogêneo mencionada como uma das condições que presidem o modelo narrativo consiste na capacidade da imaginação produtiva de transformar, durante o ato configurante, acontecimentos múltiplos e fatores heterogêneos em uma história coesa, isto é, de realizar a síntese de uma diversidade de episódios, personagens, objetivos, resultados inesperados etc. tendo em vista um eixo comum, a intriga. Esse saber envolvido na composição da trama é chamado de inteligência narrativa e se distingue da racionalização e da logicização contidas nos procedimentos explicativos dos estruturalistas, impregnados, como sabemos, de uma inteligência objetiva. Ricoeur coloca sob holofotes o fato de que a síntese do heterogêneo é quase uma condição transcendental em relação às formas empíricas adquiridas pela narrativa, ou seja, qualquer narrativa, independentemente de fatores culturais, deve passar por tal síntese. Ora, em sintonia com argumentos apresentados linhas atrás, essa síntese só pode de fato ocorrer se assimilar conteúdos pertencentes a determinada cultura, sem os quais a narrativa estaria desprovida do sopro que lhe dá vida, exigindo, assim, que narrativas empíricas assumam uma identidade cultural, uma historicidade. Sob esse ângulo, a transculturalidade – entendida na primeira acepção, de independência em relação a uma cultura em particular – pertenceria ao estatuto da estrutura narrativa invariante, mas se tornaria distante ou ilusória tão logo fossem convocadas a tradicionalidade e a inovação para conferir ânimo a narrativas empíricas.

Em resumo, o dilema outrora por nós colocado entre, de um lado, a lógica transcultural da narratividade e, de outro, a demanda das narrativas empíricas por um tempo específico, por historicidade, dilema traduzido na contraposição entre o estruturalismo e a hermenêutica, entre o explicar e o compreender (ou o interpretar), é parcialmente dissipado quando Ricoeur conclui pela necessidade de tradições culturais operando no interior de narrativas empíricas. E, mesmo que essas tradições eventualmente venham a ser questionadas e rompidas na constituição do *récit*, o que daria margem para conceber apenas uma transculturalidade na segunda acepção – isto é, de convivência entre as culturas de sedimentação e de inovação –, permanece inabalável a necessidade da experiência cultural humana para que se constitua a história de uma narrativa em particular. Todavia, Ricoeur não chega a abolir o conceito de transculturalidade, sempre explícito em sua teoria narrativa. Porém, quando dele lança mão, talvez queira sobretudo sinalizar que não existe cultura alguma que desconheça a ação de narrar – por exemplo, ao tratar da existência de uma correlação, sob a forma de uma necessidade transcultural, entre a atividade de narrar uma história e o caráter temporal do existir humano. E certamente a mais adequada explicação para isso é que o modo narrativo manifestamente assumido pela temporalidade humana supera a especificidade das culturas, pois é da ordem universal do humano e caracteriza-se como uma necessidade transcultural, o que não entra em conflito com o fato de que, para uma narrativa existir na efetividade, ela necessita de uma tradição viva que lhe transmita alma.

Não nos surpreenderia, aliás, se a vivacidade da tradição dependesse justamente do sujeito e da ação de interpretar códigos culturais por ele executada. E de fato parece ser isso o que acontece quando a imaginação produtiva, aliada ao expediente de interpretar o mundo da ação, erige seus novos palácios com os cascalhos da tradição. Sobre uma espécie de movimento inovador que dá vida à tradição, vale citar, como desfecho deste tópico, uma belíssima passagem de *O conflito das interpretações*:

> Ora, nós temos o sentimento – que permanece sentimento enquanto não é bem fundamentado – de que estas duas temporalidades [tempo de transmissão e tempo de interpretação] se apoiam uma sobre a outra, se pertencem mutuamente. Sentimos que a interpretação tem uma história e que essa história é um segmento da própria tradição; não se interpreta de nenhuma parte, mas para explicitar, prolongar e assim manter viva a própria tradição na qual nos mantemos. É assim que o tempo da interpretação pertence de algum modo ao tempo da tradição. Mas em troca a tradição, mesmo entendida como transmissão de um *depositum*, permanece tradição morta, se não é a interpretação contínua desse depósito: uma "herança"

não é um pacote fechado que se passa de mão em mão sem o abrir, mas antes um tesouro que tiramos às mãos cheias e que renovamos na própria operação de o esgotar. Toda a tradição vive graças à interpretação; é por este preço que ela dura, isto é, permanece viva. (RICOEUR, 1978, p. 28)[23]

1.2. A narrativa como mediação da compreensão do mundo e de si

Ao se deterem na estrutura dos mitos visando dela extrair um sistema, os antropólogos estruturais concentram-se em seu elemento anônimo, postura de análise que acaba por turvar a compreensão do amplo espectro abarcado pelo arco hermenêutico das narrativas. Podemos imaginar o antropólogo como um cientista embrenhado em uma mata densa e que, ocupando-se de observar a nervura das folhas, deixa escapar a visão da floresta. Com efeito, tais cientistas conseguem, mediante a observação das nervações e pela aplicação de leis gerais já estabelecidas, identificar os grupos taxonômicos das plantas ali presentes; perdem, todavia, outros estratos de um fecundo diálogo que a leitura mais abrangente daquele rico ecossistema poderia encetar. Paul Ricoeur, tendo em vista as limitações do estruturalismo, denunciou a atitude daqueles que, diante de uma narrativa, furtam-se de considerar as subjetividades envolvidas no processo de constituição de seu sentido. Como dissemos anteriormente, no encalço dos sujeitos que completam o sentido das intrigas – seja em se tratando da pré-compreensão do mundo do autor, seja no que se refere à apropriação interpretativa conduzida pelo leitor –, Ricoeur contraditou a redução da narrativa

23 Este trecho é um dos parágrafos acrescentados à versão original do trabalho "Estrutura e hermenêutica", versão publicada por Ricoeur na revista *Esprit* em 1963, como já mencionamos.

aos métodos objetivados da linguística e da antropologia estrutural. Nosso intento nesta etapa é mostrar como, para Ricoeur, a reabilitação das subjetividades nas narrativas depende das mediações operadas pelo *récit*, levando em conta, ainda, o que o autor designou como autonomia semântica do texto. Para tanto, abordaremos as mediações efetuadas narrativamente em três níveis: do leitor com o mundo, do leitor com a obra e do leitor consigo mesmo. Em nossa investigação, veremos primeiro como a mediação é efetuada pelo discurso – que é, para Ricoeur, o dizer ou a essência da linguagem –, em seguida pelo texto e, por último, pela narrativa propriamente.

1.2.1. A instância do discurso

No artigo "Filosofia e linguagem", publicado em 1978, em consonância com a virada, nas ciências sociais, da era estruturalista para uma era às voltas com o reconhecimento do sujeito[24], Ricoeur analisa a linguagem levando em consideração a famosa distinção entre língua (*langue*) e fala (*parole*) operada por Ferdinand de Saussure:

24 O historiador François Dosse assim ressalta a eclosão do sujeito autônomo como uma das causas do declínio do paradigma estruturalista: "O encaminhamento de Barthes, Todorov e Foucault para uma problematização do sujeito, a partir de meados dos anos 1970, traduz um movimento profundo que arrasta as ciências sociais para longe das paragens em que elas acreditavam ter firmado sua cientificidade, as do sistema, da estrutura. É o grande retorno do recalcado, o sujeito, que se julgara ser possível evitar. Sob nomes diversos, contendo metodologias igualmente diversas, são os indivíduos, os agentes, os atores, que retêm a atenção no momento em que as estruturas se apagam do horizonte teórico" (DOSSE, 2018b, p. 477). Outro importante pensador mencionado por Dosse e que contribuiu para fortalecer esse processo é o linguista Émile Benveniste: "Se é verdade que se desenhou uma crise progressiva do paradigma estruturalista após seu apogeu em 1966, ela está em relação direta com a tomada do seu lugar pelo gerativismo, com o êxito das teses desconstrucionistas de Derrida, mas também com a progressão de uma linguística da enunciação que tinha sido até então rechaçada. Nesse domínio, Benveniste terá desempenhado um papel ao mesmo tempo importante e subterrâneo até 1968. Terá sido um iniciador no seio do próprio campo estruturalista mas, num primeiro tempo, e apesar de sua notoriedade, reconhecida por todos, ele pregará no deserto, uma vez que se atravessa um período em que se pensa a linguagem abstraindo-se do sujeito" (*Ibid.*, p. 69).

> Do lado da fala, ele [Saussure] coloca a execução psicofisiológica, a performance individual e as livres combinações do discurso. Do lado da língua, ele coloca as regras constitutivas do código, a instituição válida para a comunidade linguística, o conjunto das entidades entre as quais se opera a escolha das livres combinações do discurso. Então um objeto homogêneo é isolado: a língua. (RICOEUR, 1978b, p. 450)

Como sabemos, os estudos de Saussure no *Curso de linguística geral* transformaram a língua em um objeto específico da ciência, constituindo, então, a linguística moderna. Segundo a ideia mestra desse autor, a língua é decodificada em um sistema de signos sem ancoragem subjetiva, sendo que tais signos são tratados objetivamente como diferenças num sistema. Ao analisar esse registro, Ricoeur considera que o estatuto da língua tal como concebera Saussure (isto é, possuindo homogeneidade na comunidade linguística, ou seja, não variando segundo os sujeitos falantes) atua subordinando o da fala, certamente variável.[25] Por isso, para Saussure, o estudo científico da linguística deveria se basear na língua, em si despsicologizada, e não na fala.[26] Segundo Ricoeur, o linguista supunha, ainda, o primado

25 Com efeito, Saussure atribui à língua o primeiro lugar no estudo da linguagem, justificando que a língua, por ser um instrumento criado pela coletividade (um conjunto de convenções adotadas por um corpo social), constitui a unidade da linguagem. A língua é, pois, tomada como um sistema de signos de natureza homogênea. Nas palavras do autor, "A língua existe na coletividade sob a forma duma soma de sinais depositados em cada cérebro, mais ou menos como um dicionário cujos exemplares, todos idênticos, fossem repartidos entre os indivíduos. Trata-se, pois, de algo que está em cada um deles, embora seja comum a todos e independa da vontade dos depositários" (SAUSSURE, 2006, p. 27). Prossegue o linguista estabelecendo um contraponto com a fala: "De que maneira a fala está presente nessa mesma coletividade? É a soma do que as pessoas dizem, e compreende: a) combinações individuais, dependentes da vontade dos que falam; b) atos de fonação igualmente voluntários, necessários para a execução dessas combinações. Nada existe, portanto, de coletivo na fala; suas manifestações são individuais e momentâneas. [...] Por todas essas razões, seria ilusório reunir, sob o mesmo ponto de vista, a língua e a fala" (*Ibid.*, p. 27-28).

26 Sobre a despsicologização proposta pela linguística estrutural, Ricoeur afirma: "Suprimindo da definição de signo toda referência a um real extralinguístico, os postulados da linguística estrutural implicam uma crítica radical tanto do sujeito como da intersubjetividade. Na língua, pode-se dizer, ninguém está falando. A noção de sujeito, voltada para o lado da fala, deixa de

do funcionamento sincrônico do sistema da língua, que não estava à mercê de processos histórico-temporais, buscando garantir à estrutura da linguagem princípios de regularidade diante das mudanças de signos provocadas pela passagem do tempo. Assim, o aspecto diacrônico, concernente às transformações pelas quais a língua passa ao longo da história, estaria subordinado ao sincrônico, enfatizando a abstração da historicidade no estudo científico proporcionado pela linguística. Subjetividade e historicidade seriam, então, de certo modo exiladas pelas análises dos linguistas.

Divergindo dessa hierarquia, Ricoeur rompe com a subordinação da diacronia em relação à sincronia, reivindicando a historicidade dos processos linguísticos. Além disso, à língua como *leitmotiv* da teoria sobre a linguagem, o filósofo contrapõe a antecedência e primazia da fala, da *parole*, ou a função primeira da linguagem, que é a de dizer: "Ora, [o ato de dizer] é a essência da linguagem, propriamente falando, sua destinação" (RICOEUR, 1978b, p. 454). Tal movimento é realizado tendo como inspiração os dois volumes de *Problemas de linguística geral* (1966 e 1974), escritos por Émile Benveniste, que deslocava o foco da língua para o discurso – entendido sobretudo como o produto da enunciação de um locutor dirigido a um interlocutor, sendo a enunciação o ato que diz respeito à relação do locutor com a língua –, em busca de traços da subjetividade nas formas linguísticas.[27] Nesse sentido, Benveniste foi o grande

---

ser uma questão linguística para voltar-se para a psicologia. A despsicologização radical da teoria do signo no estruturalismo conjugou aqui seus efeitos com todos os outros críticos do sujeito reflexivo, de origem nietzschiana ou freudiana, e se inscreveu no grande movimento que por vezes se denominou como crise, mesmo morte do sujeito. Nesse sentido, se pode falar de um desafio estruturalista, endereçado a toda tradição da filosofia do sujeito após Descartes, passando por Kant até Husserl" (RICOEUR, 1978b, p. 452).

27 Sobre a enunciação, conceitua Benveniste: "A enunciação é este colocar em funcionamento a língua por um ato individual de utilização" (BENVENISTE, 1989, p. 82). Em seguida, explica como a língua, por meio da enunciação, é efetivada ou atualizada em instância do discurso, considerando ainda a subjetividade do locutor: "O ato individual pelo qual se utiliza a língua introduz em primeiro lugar o locutor como parâmetro nas condições necessárias da

mestre que fez ingressar o sujeito no interior do horizonte teórico dos linguistas (DOSSE, 2018b, p. 70-79), o que de modo algum poderia ter passado desapercebido para Ricoeur. Em sua autobiografia intelectual, Ricoeur resgata o período de sua trajetória entre o fim dos anos 1960 e a década de 1970 – quando publicara o artigo "Filosofia e linguagem" –, colocando lado a lado o enfrentamento da antropologia estrutural e da linguística de Saussure, e sublinha a importância de Benveniste para suas reflexões:

> Os limites [da análise estrutural] me pareciam os mesmos que os da noção de signo, enquanto unidades diferenciais que operam dentro de um sistema cujas relações seriam todas imanentes, como é exemplarmente o caso do sistema fonético de uma língua natural. Saussure o havia dito: em um sistema de signos só há diferenças. O que me parecia fora de foco é o que Émile Benveniste, pelo contrário, havia reconhecido perfeitamente, a saber, o fato de que a primeira unidade de sentido da linguagem não é o signo lexical, mas a frase, que é a chamada instância do discurso. Saussure evitou facilmente a explicação usando o título de fala, da qual só via o caráter de acontecimento fugitivo, e não a constituição complexa. A frase, ensinava Benveniste, contém pelo menos o ato sintético de predicação. Baseando-me igualmente em Roman Jakobson, propus a definição seguinte de discurso: alguém diz algo a alguém sobre alguma coisa segundo regras (fonéticas, lexicais, sintáticas, estilísticas). Além da relação fregeana entre sentido (dizer algo) e referência (sobre alguma coisa), a fórmula me parecia marcar a implicação de um locutor (alguém) e de um interlocutor (a alguém). Constituía-se uma polaridade interessante entre a semântica, no sentido de Benveniste, e a semiótica, no sentido de Saussure. Dessa

---

enunciação. Antes da enunciação, a língua não é senão a possibilidade da língua. Depois da enunciação, a língua é efetuada em uma instância de discurso, que emana de um locutor, forma sonora que atinge um ouvinte e que suscita uma outra enunciação de retorno" (*Ibid.*, p. 83-84).

polaridade de base viria a derivar as demais polaridades constitutivas de um conflito de interpretações que afetam todo o império das significações. Mais nitidamente que entre a psicanálise e a fenomenologia ou a filosofia reflexiva, percebia, mais além do momento de antagonismo, o de mediação. A passagem pelo ponto de vista objetivo e sistemático da semiótica se convertia em uma estadia obrigatória para uma compreensão de si cada vez mais indireta e cada vez mais submetida ao regime das longas mediações. (RICOEUR, 1995b, p. 35-39)

A semântica de Benveniste não pôde prescindir da visão dialógica que mescla, no uso da linguagem, a subjetividade e a cultura, o eu e o outro, o indivíduo e a comunidade, fazendo do discurso a manifestação atualizada da língua na comunicação viva, semântica esta que difere de uma semiótica que acomoda apenas a virtualidade da língua, considerada como um conjunto de signos formais combinados em estruturas e sistemas.[28] Com isso, vemos que Benveniste fornece subsídios para que Ricoeur recorra contra a interdição promovida por Saussure e pelos estruturalistas de se apoiar na ordem extralinguística. E, na medida em que Ricoeur propõe a concepção segundo a qual o discurso consiste em dizer algo a alguém sobre alguma coisa, não só a subjetividade de quem discursa é reabilitada, mas também a do interlocutor, o que indica a restituição concomitante da intersubjetividade na instância do discurso. Desse modo, o discurso parece ocupar uma posição intermediária entre dois polos de um arco que se inicia na subjetividade do locutor e se completa

28 Segundo as palavras de Benveniste: "A noção de semântica nos introduz no domínio da língua em emprego e em ação; vemos desta vez na língua sua função mediadora entre o homem e o homem, entre o homem e o mundo, entre o espírito e as coisas, transmitindo a informação, comunicando a experiência, impondo a adesão, suscitando a resposta, implorando, constrangendo; em resumo, organizando toda a vida dos homens. É a língua como instrumento da descrição e do raciocínio. Somente o funcionamento semântico da língua permite a integração da sociedade e a adequação ao mundo e, por consequência, a normalização do pensamento e o desenvolvimento da consciência" (BENVENISTE, 1989, p. 229).

na do interlocutor, donde a importância da ideia de mediação. A função mediadora exercida pela linguagem, para Ricoeur, encontra seu ponto nodal, assim como para Benveniste, no discurso, e não na língua. Vejamos como se dá essa mediação:

> Para nós que falamos a linguagem não é um objeto, mas uma mediação. E isso em um triplo sentido: ela é de início mediação entre um homem em direção ao mundo; dito de outro modo, é por meio dela que nós expressamos a realidade, nós a representamos. A linguagem é ainda mediação entre o homem e o homem. É na medida em que nós nos referimos juntos às mesmas coisas que nós nos constituímos como comunidade linguística, como um "nós". O diálogo, dizemos ainda, é como um jogo de pergunta e resposta, a última mediação entre uma pessoa e outra. Finalmente, a linguagem é mediação de si a si. É por meio do universo dos signos, dos textos, das obras de cultura, que nós compreendemos a nós mesmos. Dessa maneira, a linguagem não é um objeto, mas mediação. Falar é o ato pelo qual a língua se transpõe como signo em direção ao mundo, ao outro e a si. (*Id.*, 1978b, p. 454-455)

Destaquemos novamente aquela que Ricoeur enxerga como a intenção primeira da linguagem: alguém diz algo a alguém sobre alguma coisa com base em regras fonéticas, lexicais, sintáticas e estilísticas. Ricoeur aprendeu com Benveniste que a condição de intersubjetividade é o que torna possível a comunicação linguística[29], por isso o filósofo francês prefere tratar a linguagem não como

---

29 Consultemos a explicação de Benveniste: "Do tempo linguístico indicamos a sua emergência no seio da instância de discurso que o contém em potência e que o atualiza. Mas o ato de fala é necessariamente individual; a instância específica de que resulta o presente é cada vez nova. Em consequência disso, a temporalidade linguística deveria se realizar no universo intrapessoal do locutor como uma experiência irremediavelmente subjetiva e impossível de ser transmitida. Se narro o que 'me aconteceu', o passado ao qual me refiro não é definido senão em relação ao presente de meu ato de fala, mas como o ato de fala parte de mim e ninguém

um objeto à maneira da língua, mas como uma tripla mediação: do homem com o mundo, do homem com outro homem e do homem consigo mesmo. É essa função mediadora que faz o homem sair de sua interioridade em direção ao exterior e à alteridade, a fim de posteriormente retornar a si mesmo e compreender-se melhor. Quando em 1969, no livro *O conflito das interpretações*, Ricoeur apresentou a ideia de "via longa"[30] que nortearia toda a sua concep-

pode falar por minha boca, da mesma forma que não pode ver por meus olhos ou experimentar o que eu sinto, é unicamente a mim que este 'tempo' se relaciona e é unicamente à minha experiência que ele se restringe. Mas este argumento é falso. Algo singular, muito simples e infinitamente importante se produz realizando algo que parecia logicamente impossível: a temporalidade que é minha quando ela organiza meu discurso é aceita sem dificuldade por meu interlocutor. Meu 'hoje' se converte em seu 'hoje', ainda que ele não o tenha instaurado em seu próprio discurso, e meu 'ontem' em seu 'ontem'. Reciprocamente, quando ele falar em resposta, eu converterei, tornando-me receptor, sua temporalidade na minha. Esta parece ser a condição de inteligibilidade da linguagem, revelada pela linguagem: ela consiste no fato de que a temporalidade do locutor, ainda que literalmente estranha e inacessível ao receptor, é identificada por este à temporalidade que informa sua própria fala quando ele se torna, por sua vez, locutor. Um e outro se acham assim de acordo sobre a duração da onda. O tempo do discurso nem se reduz às divisões do tempo crônico nem se fecha em uma subjetividade solipsista. Ele funciona como um fator de intersubjetividade, o que de unipessoal ele deveria ter o torna onipessoal. A condição de intersubjetividade é que torna possível a comunicação linguística" (BENVENISTE, p. 77-78).

30 Ricoeur considera duas maneiras de fundamentar a hermenêutica na fenomenologia, a via curta, escolhida por Martin Heidegger, e a via longa, escolhida por ele. Justificando por que propõe seguir o caminho mais desviado, que é preparado por considerações linguísticas e semânticas, o filósofo escreve: "A via curta é a de uma *ontologia da compreensão* porque, rompendo com os debates de *método*, se aplica imediatamente no plano de uma ontologia do ser finito, para aí encontrar o *compreender*, já não como um modo de conhecimento, mas como um modo de ser. Não se entra pouco a pouco nesta ontologia da compreensão; não se chega a ela gradualmente, aprofundando as exigências metodológicas da exegese, da história ou da psicanálise: transportamo-nos até ela através de uma súbita inversão da problemática. A questão: em que condição um sujeito que conhece pode compreender um texto ou a história? é substituída pela questão: o que é um ser cujo ser consiste em compreender? O problema hermenêutico torna-se assim uma província da Analítica desse ser, o *Dasein*, que existe ao compreender. [...] A via longa que proponho tem também como ambição levar a reflexão ao nível de uma ontologia; mas fá-lo-á gradualmente, seguindo os requisitos sucessivos da semântica, depois da reflexão" (RICOEUR, 1978a, p. 8). Para Ricoeur, confrontando os escritos de Heidegger, a hermenêutica não atua contra a ontologia, mas é uma via de acesso necessária para esta. Sugerindo a importância do plano da linguagem para estabelecer uma compreensão derivada, Ricoeur coloca duas objeções visando substituir a via curta de Heidegger pela via longa: "[...] Heidegger não quis considerar nenhum problema particular a respeito da compreensão de tal ou tal ente: ele quis reeducar o nosso olho e reorientar o nosso olhar; ele quis que subordinássemos o conhecimento histórico à compreensão ontológica, como uma forma derivada de uma

ção hermenêutica, ele queria precisamente endossar a importância da função mediadora da linguagem para a compreensão que o sujeito tem de si mesmo:

> Por um lado, compreender o mundo dos signos, é o meio de se compreender; o universo simbólico é o meio da auto-explicação. Com efeito, já não haveria problema de sentido se os signos não fossem a via, o meio, o veículo, graças ao que um existente humano procura situar-se, projetar-se, compreender-se. Em sentido inverso, por outro lado, esta relação entre desejo de ser e simbolismo significa que a via curta da intuição de si por si está fechada; a apropriação do meu desejo de existir é impossível pela via curta da consciência, só a via longa da interpretação dos signos está aberta. Tal é a minha hipótese de trabalho filosófico: chamo-lhe a reflexão concreta, isto é, o *cogito* mediatizado por todo o universo dos signos. (RICOEUR, 1978a, p. 259)

Nesse trecho, Ricoeur está abordando mais de perto o discurso psicanalítico, ou melhor, a psicanálise à luz da semiologia, mas nem por isso a noção de signo precisa ser inteiramente redefinida, uma vez que se trata de considerar os efeitos de sentido que podem ser decifrados com base em uma espécie de discurso onírico, tendo em vista que a experiência analítica, enquanto obra da fala, requer

---

forma originária. Mas não nos dá nenhum meio de mostrar em que sentido a compreensão propriamente histórica é derivada dessa compreensão originária. Não vale mais, por consequência, partir das formas derivadas da compreensão, e mostrar nela os sinais da sua derivação? Isto implica que se parta do próprio plano em que a compreensão se exerce; isto é, do plano da linguagem. Esta primeira notação conduz à segunda: para que a transposição do compreender epistemológico para ser que compreende seja possível seria preciso que se pudesse primeiro descrever diretamente – sem cuidado epistemológico prévio – o ser privilegiado do *Dasein*, tal como ele é constituído nele mesmo, e encontrar em seguida a compreensão como um desses modos de ser. A dificuldade de passar do compreender, como modo de conhecimento, ao compreender como modo de ser, consiste nisto: a compreensão que é um resultado da Analítica do *Dasein* é a mesma através de quê e em quê esse ser se compreende como ser. Não é, ainda mais uma vez, na própria linguagem que é preciso procurar a indicação de que a compreensão é um modo de ser?" (*Ibid.*, p. 12).

comunicabilidade, ou melhor, um duelo entre a fala e a escuta.[31] É digno de nota que, se considerarmos estritamente o universo dos signos, não sairemos do domínio semiótico. Para adentrarmos o plano semântico, precisaríamos levar em conta a instância do discurso e sua construção pautada em frases.[32] Só assim viria à tona a intencionalidade discursiva subjacente à ação de dizer algo sobre alguma coisa a alguém. A respeito da limitação do signo à semiótica, pondera Ricoeur:

> Com base no ato predicativo, a intenção do discurso visa a um real extralinguístico que é seu referente. Enquanto o signo se refere apenas a outros signos na imanência de um sistema, o discurso é sobre as coisas. O signo *difere* do signo, o discurso *se refere* ao mundo. A diferença é semiótica, a referência é semântica. (RICOEUR, 1978b, p. 456)

Essência da linguagem, discurso, fala e frase, tudo isso remete, para Ricoeur, à intenção de dizer algo sobre alguma coisa a alguém, ao ato predicativo. São a instância do discurso, a fala e a frase que introduzirão na ordem do dia a intencionalidade e, com ela, o horizonte de uma compreensão semântica, transformando a virtualidade da língua em um acontecimento da linguagem a ser decifrado. Mais que isso, a instância do discurso promove a tripla mediação a

---

31 Especificamente sobre o discurso psicanalítico, vale conferir o vasto estudo de Ricoeur sobre Freud (*Da interpretação*, publicado em 1965), do qual trataremos no segundo capítulo deste livro. À propósito da comunicação, vale consultar o artigo "Discurso e comunicação", de 1973.

32 Para prosseguir a discussão, Ricoeur recorre à noção de frase: "A frase não é uma palavra mais longa ou mais complexa, é uma entidade nova da linguagem. Ela poder ser decomposta em palavras; mas as palavras são algo diferente de uma frase mais curta. Uma frase é feita de signos, mas não é um signo. Por quê? Porque o signo [...] tem apenas uma função de discriminação: cada signo tem o que o diferencia de outros signos; para o signo, ser distintivo e ser significativo são a mesma coisa. A frase, em contrapartida, tem uma função de síntese. Seu caráter específico é ser um predicado" (RICOEUR, 1978b, p. 455). Ricoeur leva em consideração a distinção feita por Benveniste segundo a qual a unidade da língua é o signo, ao passo que a unidade do discurso é a frase.

que Ricoeur se refere, conectando de maneira linguística o sujeito ao mundo, à alteridade e a si mesmo. Vemos aí a teoria de Ricoeur sendo tributária do conceito cardinal de intencionalidade oferecido pela fenomenologia de Husserl e posteriormente enriquecido pela filosofia analítica.[33] De acordo com a escola fenomenológica, da qual nosso filósofo inegavelmente é herdeiro, a linguagem é uma mediação que permite ao sujeito se dirigir à realidade. No ato de dizer algo sobre alguma coisa, estabelece-se um movimento intencional de referir-se ao mundo. A linguagem, nesse sentido, é o veículo por meio do qual o sujeito compreende o mundo e nele se apresenta. Se, como sabemos, para Ricoeur, a essência da linguagem é o discurso, tendo em vista que este é o ato pelo qual o sistema virtual da língua se transforma em acontecimento atual da fala, verifica-se que o discurso terá a prerrogativa de conectar o sujeito com o mundo. Na obra *O conflito das interpretações*, conclui Ricoeur:

> Para nós que falamos, a linguagem não é um objeto, mas uma mediação; é esse através de que, por meio de que, nós nos exprimimos e exprimimos as coisas. Falar é o ato pelo qual o locutor supera a clausura do universo dos signos, na intenção de dizer alguma coisa sobre alguma coisa a alguém; falar é o ato pelo qual a linguagem se excede como signo em direção à sua referência e em direção ao seu em face. (*Id.*, 1978a, p. 86)

Ocorre que o discurso só pode fazer referência ao mundo e contar algo sobre ele porque, antes, o locutor pôde ter a experiência do mundo. Em razão disso, o discurso faz referência ao mundo na mesma intensidade com que reflete a experiência subjetiva do

---

33 Embora nossa análise esteja focada no conceito de intencionalidade herdado da fenomenologia, não devemos negligenciar o fato de que Ricoeur enriqueceu esta abordagem com base em teorias da filosofia analítica, sobretudo as de Elizabeth Anscombe e Peter Geach. Cf. *Id.*, 1973, p. 43-48; *Id.*, 2012a, p. 69-77.

locutor. Conforme se lê em *O si-mesmo como outro*, "[...] a situação de interlocução só tem valor de acontecimento na medida em que os autores da enunciação são postos em cena pelo discurso em ato e, com os enunciadores de carne e osso, *sua* experiência do mundo, *sua* perspectiva sobre o mundo não *pode* ser substituída por nenhuma outra" (RICOEUR, 2014, p. 29-30). Dito de outro modo, o discurso remete à voz de um "eu": "Na qualidade de expressão do sentido visado por um sujeito falante, a voz é o veículo do ato de enunciação na medida em que remete ao 'eu', centro de perspectiva insubstituível sobre o mundo" (*Ibid.*, p. 38). Assim, não se pode desprezar o fato de que um discurso que conta algo sobre o mundo também conta algo a respeito daquele que discursa.

Ademais, segundo Ricoeur, o discurso cumpre também a função elucidativa de conduzir ao reconhecimento de si, pois é um mecanismo que viabiliza ao sujeito formular uma melhor compreensão de si mesmo, ao propiciar-lhe o contato com sua própria identidade no ato de fala, ato que designa reflexivamente seu locutor. Em resumo, ao contar algo sobre o mundo, o sujeito conta algo sobre si mesmo e, ao abrir os olhos para esse algo de si que o discurso conta, o sujeito, por consequência, pode empreender uma melhor compreensão de si mesmo. É como o poeta que vê algo a respeito de si ao olhar para o mundo e só pode conquistar a consciência disso por meio de sua própria poesia. É como o poeta que, ao se voltar para um mundo caduco, decide não cantar um mundo futuro e constata, através de sua poesia, que "O tempo é a minha matéria, o tempo presente, os homens presentes,/ a vida presente" (ANDRADE, 2003, p. 80).

Falta dizer que, no desenvolvimento dessa compreensão, a alteridade envolvida na comunicação intersubjetiva exerce papel fundamental, pois a designação do si é afetada diretamente pela fala que lhe é direcionada, havendo entre o si e o si uma mediação efetuada pela figura do outro. Ricoeur defende que é possível afirmar o "eu sou" somente na medida em que o outro me faz ser e em função dele. Como comenta Olivier Mongin, "[Ricoeur] fala, com efeito, de uma ontologia *impliquée*, *brisée*, de uma ontologia que se coloca sob o signo da alteridade" (MONGIN, 1994, p. 45). Mas isso não ocorre apenas no nível de uma constituição ontológica do sujeito, ou seja, no nível de um sujeito que se constitui e compreende seu próprio ser a partir da fala do outro. No livro *O si-mesmo como outro*, Ricoeur mostra como a voz do outro é interiorizada também sob a dimensão ética da injunção:

> Quando o rosto de outrem se eleva diante de mim, não é um aparecer que eu possa incluir no círculo de minhas representações que são minhas; sem dúvida, o outro aparece, seu rosto o faz aparecer, mas o rosto não é um espetáculo, é uma voz. Essa voz me diz: "Não matarás". Cada rosto é um Sinai a proibir o homicídio. E eu? É em mim que o movimento que parte do outro conclui sua trajetória: o outro me constitui responsável, ou seja, capaz de responder. Assim, a fala do outro vem colocar-se na origem da fala pela qual imputo a mim mesmo a origem de meus atos. (RICOEUR, 2014, p. 397-398)

Para concluir a discussão deste tópico, vejamos, a título ilustrativo, um curioso caso oferecido a nós pela literatura e que parece – preservadas as diferenças, já que o caso apresentado delimita somente predicados físicos – confirmar a teoria de nosso filósofo. No romance *Um, nenhum e cem mil*, de Luigi Pirandello, o personagem Vitangelo Moscarda, enquanto analisa detidamente o interior de sua narina, se surpreende com o olhar a um só tempo preciso e displicente da esposa, que mesmo num átimo foi capaz de flagrar na face do companheiro uma característica para ele até então desconhecida: a curvatura de seu nariz. Após essa descoberta repentina, Moscarda ainda se depara com inúmeras outras: sobrancelhas como acentos circunflexos, uma orelha mais saliente que a outra, um dedo mindinho imperfeito, uma perna mais arqueada. E nessas descobertas dá-se o questionamento a respeito de si mesmo: se ele não era para os outros o que imaginava ser para si mesmo, o que seria de fato? O breve romance de Pirandello ilustra bem o caso de um sujeito que descobre – ou sai em busca de – sua identidade corpórea a partir da observação revelada pelo outro, preenchendo sua autoimagem conforme as inscrições sublinhadas pela alteridade. Poderíamos dizer que para Moscarda a visualidade do próprio reflexo produzido na superfície do espelho não foi tão eficiente para levá-lo a produzir sua autoimagem quanto o foi a situação comunicativa com sua esposa. Nesse caso, a comunicação intersubjetiva pautada no discurso desponta como a via régia de compreensão da própria identidade física – conclusão que poderia muito bem ter sido forjada com o apoio de Ricoeur. Citemos o romance de Pirandello:

> – O que você está fazendo? – perguntou minha mulher ao me ver demorar estranhamente diante do espelho.
>
> – Nada, – respondi – só estou olhando aqui, dentro do meu nariz, esta narina. Quando aperto, sinto uma dorzinha.
>
> Minha mulher sorriu e disse:
>
> – Pensei que estivesse olhando para que lado ele cai.
>
> Virei-me para ela como um cachorro a quem tivessem pisado o rabo.
>
> – Cai? O meu nariz?
>
> E minha mulher respondeu, placidamente:
>
> – Claro, querido. Repare bem: ele cai para a direita.
>
> Eu tinha 28 anos e sempre, até então, havia considerado o meu nariz, se não propriamente belo, pelo menos bastante decente, assim como todas as outras partes de minha pessoa. (PIRANDELLO, 2001, p. 19)

Passemos a investigar a tripla mediação operada na textura de frases designada pelo termo "texto", que consiste, como já mencionamos no primeiro segmento deste capítulo, no discurso fixado pela escrita.

1.2.2. A instância do texto

Noções como as de leitura e interpretação estavam ausentes quando examinávamos a tripla mediação operada pelo discurso, mesmo porque são de ordens diferentes as relações entre o dizer/responder e o escrever/ler, como elucidaremos mais adiante. Quando se trata de investigar a modalidade de discurso fixada pela escrita, que é propriamente o texto, o funcionamento dos expedientes de leitura e interpretação carece de análise.[34] Em razão disso, será no nível textual que considerações sobre a hermenêutica assumirão tonalidades mais fortes: "Se definirmos a hermenêutica como a ciência das regras de interpretação de textos, é com efeito em uma interpretação que consiste a arte de desvendar aquilo que eu chamarei doravante de 'mundo do texto'" (RICOEUR, 1978b, p. 460). Antes de entrarmos de fato nas investigações de Ricoeur acerca do tema, sugiro pensarmos em que sentido um texto se coloca como uma espécie de desafio para quem o lê. Melhor di-

---

34 Vale mencionar que Ricoeur admite, sem contudo desenvolver a ideia, que a mediação pelos textos restringe a esfera da interpretação à escrita e à literatura, em detrimento das culturas orais (cf. RICOEUR, 1986, p. 31). Sobre a interpretação evocada na relação escrever/ler e ausente na relação dizer/responder, o filósofo explica: "Com efeito, a relação escrever/ler não é um caso particular da relação dizer/responder. Não é uma relação de interlocução; não é um caso de diálogo. Não é suficiente dizer que a leitura é um diálogo com o autor por meio de sua obra; é preciso dizer que a relação do leitor com o livro é de uma natureza totalmente outra; o diálogo é uma troca de perguntas e de respostas; não há uma troca dessa espécie entre o escritor e o leitor; o escritor não responde ao leitor; o livro separa bem em dois lados o ato de escrever e o ato de ler, que não se comunicam; o leitor está ausente na escritura; o escritor está ausente na leitura. O texto produz, assim, a dupla ocultação do leitor e do escritor; é dessa maneira que ele substitui a relação de diálogo que liga imediatamente a voz de um ao ouvir do outro" (*Ibid.*, p. 139).

zendo, de que modo o leitor pode captar o mundo que é desvelado pelo texto e quais obstáculos fazem frente a essa apreensão. Certamente muitos autores já levantaram questões de tal natureza e as responderam de maneira precisa. Como nos falta a elegância de tantos deles, convidamos à leitura da reflexão de Alfredo Bosi sobre o assunto.

> Se os sinais gráficos que desenham a superfície do texto literário fossem transparentes, se o olho que neles batesse visse de chofre o sentido ali presente, então não haveria forma simbólica, nem se faria necessário esse trabalho tenaz que se chama interpretação.
>
> Acontece, porém, que as palavras não são diáfanas. Ainda quando miméticas ou fortemente expressivas, elas são densas até o limite da opacidade. Esse fenômeno é estrutural. O processo em que se gesta a escrita percorre campos de força contraditórios, em parte subtraídos à luz de uma consciência vigilante e sempre dona de si própria.
>
> Na invenção do texto enfrentam-se pulsões vitais profundas (que nomeamos com os termos aproximativos de desejo e medo, princípio do prazer e princípio de morte) e correntes culturais não menos ativas que orientam os valores ideológicos, os padrões de gosto e os modelos de desempenho formal.
>
> A cultura, porque é trabalho e projeto, transforma, conservando, o ímpeto que levaria à efusão imediata dos afetos. Assim sendo, como poderia ser translúcido o resultado de um percurso cuja natureza lembra menos a rota batida que o labirinto?
>
> A palavra que eu leio (*lego*: colho), na sua ingrata renitência sobre a página do livro, desafia-me como a pergunta da Esfinge. A resposta pode variar ao infinito, mas o enigma é sempre o mesmo: *o que quero dizer*?
>
> Ler é colher tudo quanto vem escrito. Mas interpretar é eleger (*ex-legere*: escolher), na messe das possibilidades semânticas, apenas aquelas que

> se movem no encalço da questão crucial: o que o texto quer dizer? (BOSI, 2003, p. 461-462)

Interpretar é dispor de um fio que nos conduza no interior do labirinto textual. Na tarefa desafiadora de encontrar um caminho, o leitor tem que se haver com os obstáculos interpostos nos corredores desse labirinto, os quais dificultam a apreensão do sentido do texto. O primeiro deles consiste na opacidade dos sinais gráficos desenhados na superfície textual. O que as palavras querem dizer? A que elas se referem? A dúvida surge porque há uma diferença entre o sentido e sua referência. O sentido é o que as palavras dizem e a referência é o movimento intencional que faz elas se referirem ao mundo. Como vimos anteriormente, a referência é semântica. O segundo obstáculo, mais relevante para nossas análises, concerne ao querer dizer do autor, ao querer dizer do texto e à forma como o leitor os interpreta. Por um lado, existe a intencionalidade autoral, que é a de dizer algo sobre alguma coisa a alguém.[35] Por outro, existe o leitor que, ao se defrontar com o texto, dele se apropria de maneira assaz subjetiva, confidenciando-lhe algo de seu. Apesar da pertinência de ambos os lados, deve-se divisá-los com cuidado. Ricoeur alerta que o alvo da interpretação do leitor não é a intencionalidade do autor, e sim o mundo do texto desvelado durante a leitura. O filósofo concebe assim o equívoco da hermenêutica romântica do século XIX (Friedrich Schleiermacher e Wilhelm Dilthey, entre outros) em tentar compreender o gênio que se oculta entre as linhas do discurso, em vez de se debruçar na autonomia semântica do próprio texto. Pondera Ricoeur ainda no ensaio sobre filosofia e linguagem:

35 O querer dizer do autor e a intencionalidade aí imiscuída são elementos presentes no ato da escrita, no instante em que o discurso (dizer algo sobre alguma coisa para alguém) é fixado tornando-se texto. Contudo, a partir do momento em que o texto ganha a superfície do papel e adquire autonomia, "a intenção do autor e a intenção do texto cessam de coincidir" (RICOEUR, 1986, p. 187).

> O que se deve compreender em um discurso, em um texto, em uma obra, não é a princípio o sujeito que se exprime e que está de alguma forma escondido atrás do texto, mas o mundo que o texto revela de algum modo diante dele. Este foi o erro da hermenêutica romântica do século XIX de ligar o destino da interpretação ao esforço de um gênio para se fazer contemporâneo de outro gênio. Em vez de focar o mundo do texto como revelação de um novo ser no mundo, nós preparamos um retorno ao sujeito que seja exatamente mensurado pelo reconhecimento da função hermenêutica primeira, que é a de dizer o mundo do texto, antes de dizer seu sujeito. (RICOEUR, 1978b, p. 462-463)

Nessa direção, embora a teoria fenomenológica da intencionalidade[36] – segundo a qual a linguagem, ao estabelecer um movimento

36 Embora não renuncie de todo à teoria fenomenológica da intencionalidade, Ricoeur descarta a possibilidade de sua hermenêutica aderir à ideia de que interpretar é desvendar a intenção subjetiva de um autor que está oculta no texto. Distanciando-se do idealismo de Husserl, explica o filósofo: "A questão não é mais de definir a hermenêutica como uma investigação sobre as intenções psicológicas que se escondem sob o texto, mas como a explicitação de um ser-no-mundo revelado pelo texto. O que se tem a interpretar em um texto é uma proposição de mundo, o projeto de um mundo que eu possa habitar e onde eu possa projetar meus possíveis mais próprios. [...] Qual é o impacto contra o idealismo husserliano dessa hermenêutica focada sobre a coisa do texto? Essencialmente este: a fenomenologia, que foi na verdade o resultado da descoberta do caráter universal da intencionalidade, não seguiu o conselho de sua própria descoberta, a saber, que a consciência tem seu sentido fora dela mesma. A teoria idealista da constituição do sentido na consciência assim resultou na hipóstase da subjetividade. O preço dessa hipóstase são as dificuldades evocadas [...] pelo paralelismo entre a fenomenologia e a psicologia. Essas dificuldades atestam que a fenomenologia corre sempre o risco de se reduzir a um subjetivismo transcendental. A maneira radical de colocar termo a essa confusão que sempre ressurge é deslocar o foco da interpretação da questão da subjetividade para a do mundo. É isso que a teoria do texto impõe fazer, subordinando a questão da intenção do autor à da coisa do texto" (RICOEUR, 1986, p. 53). Apesar dessa divergência, vale comentar que a teoria de Husserl foi útil a Ricoeur na medida em que a fenomenologia se opunha ao solipsismo cartesiano. Se René Descartes afirmava a certeza do ego em oposição à dubitabilidade do mundo, separando radicalmente o "interior" do "exterior", a "imanência" da "transcendência", Husserl, em contrapartida, operou uma espécie de subsunção do "exterior" no "interior", trazendo a transcendência para o domínio da subjetividade, que adquiriu maior estatuto em sua teoria. Para Ricoeur, a subjetividade transcendental pressupõe o distanciamento do solipsismo cético adotado pela via cartesiana e, em razão disso, o filósofo é levado a se filiar parcialmente à fenomenologia idealista de Husserl. Ocorre que, por seu turno, a redução do mundo ao sujeito, de modo que haja o primado do ego, vai de encontro a todo o edifício teórico erigido por Ricoeur em torno do descentramento do eu. Se de um lado o autor de *Tempo e narrativa*

intencional de referência, é a mediação que nos encaminha para a realidade – seja admitida por Ricoeur do ponto de vista da subjetividade original do gênio criador, a compreensão por parte do leitor não pode se hipostasiar nela, já que o texto é dotado de autonomia semântica e é também mediação que guia a subjetividade de quem o lê e dele se apropria. A fim de que o processo de compreensão zele pela autonomia semântica do texto e abarque também a subjetividade do leitor, deve haver um deslocamento no ato de interpretar que considere menos a intenção do autor (por exemplo, suas crenças, seus desejos, suas promessas ou compromissos ao escrever) do que o querer dizer do próprio mundo do texto. Veremos agora como esse mundo se descortina para o leitor na ação de interpretar. Para tanto, nós nos reportaremos principalmente à obra *Do texto à ação*, que é também o lugar privilegiado na teoria ricoeuriana da ideia de mediação pelo texto.

O mundo do texto, como salientamos, é para Paul Ricoeur o domínio no qual fulgura a autonomia semântica do discurso escrito, que fala por si mesmo. A dupla ocultação – a do autor que não está presente quando o texto é lido e a do leitor, ausente durante o ato de escrita – contribui para colocar em primeiro plano o mundo oferecido pelo próprio texto, desarmando as subjetividades do autor e do leitor. Desse modo, apesar de destacar um processo interpretativo catalisado por olhares e apreensões subjetivas, Ricoeur não tropeça em seus próprios argumentos ao considerar a autonomia semântica do texto. Vale recordar, aliás, que o filósofo tinha em alta conta o fato de os estruturalistas preservarem essa autonomia.

---

recusa o solipsismo cético, de outro, também renuncia ao solipsismo transcendental. Entre os textos de Ricoeur direcionados à fenomenologia husserliana, temos a introdução e as notas da tradução do livro *Ideen I* (publicadas em 1950), um conjunto de ensaios reunidos no livro *Na escola da fenomenologia* (1986) e um capítulo da obra *Do texto à ação* (1986), além de breves comentários diluídos em outras obras, incluindo *O si-mesmo como outro* (1990).

Portanto, em primeiro lugar, mesmo que a subjetividade do autor seja considerada no momento de pré-compreensão do texto em que certo repertório cultural é consultado segundo a lente de quem o escreve, não se pode dizer que o gênio criador é ele mesmo decalcado no texto com contornos psicológicos, tampouco se pode reduzir o texto às circunstâncias históricas de sua produção, visto que, ao ser fixado pela escrita, pode ser apropriado por um leitor de qualquer tempo. Em segundo lugar, o pressuposto de que o texto permanece vivo para um leitor atemporal nos fornece evidências suficientes de que a subjetividade de um leitor em específico é incapaz de petrificar o processo interpretativo quase infindável que um texto pode instaurar, processo que coloca o intérprete sempre na condição *in media res*, quer dizer, nunca no início nem no fim da constituição de sentido de um texto. Além disso, destaca-se que o texto, como um prisma, oferece múltiplas vias de acesso para o leitor, que nele penetra por uma de suas faces, pois há certa unilateralidade implicada no ato de ler. Em resumo, nem o autor nem o leitor são capazes de se sobrelevar em relação ao mundo que o próprio texto por si mesmo descortina. Nesse sentido, sublinha Ricoeur em *Do texto à ação*:

> Graças à escritura, o discurso adquire uma tripla autonomia semântica: em relação à intenção do locutor, em relação ao auditório primevo e às circunstâncias econômicas, sociais e culturais de sua produção. É nesse sentido que a escrita se afasta dos limites do diálogo face a face e passa a ser a condição de "tornar-se texto" do discurso. Cabe à hermenêutica explorar as implicações desse "tonar-se texto" para o trabalho da interpretação. (RICOEUR, 1986, p. 31)

Diferentemente do diálogo, que pode com tranquilidade se ajustar à intenção imediatamente dada do locutor, à plateia a que a mensagem é endereçada e ao contexto de produção, o texto, por seu turno, sobrevive à morte de quem o escreveu ao mesmo tempo que ignora a existência de determinado leitor empírico e se liberta das delimitações plasmadas pelas exigências do momento histórico, viabilizando leituras e interpretações empreendidas em circunstâncias completamente distintas: "[...] o texto deve poder, tanto do ponto de vista sociológico como do psicológico, descontextualizar-se de maneira a deixar-se recontextualizar em uma nova situação: é isso que faz precisamente o ato de ler" (*Ibid.*, p. 111). Distinguindo-se do diálogo, a ocultação do autor e do leitor no texto fazem dele o paradigma da distanciação na comunicação. Assim conclui Ricoeur na obra que temos recorrentemente citado:

> [...] o texto é, para mim, muito mais que um caso particular de comunicação inter-humana, ele é o paradigma da distanciação na comunicação; assim sendo, ele revela uma característica fundamental da historicidade mesma da experiência humana, a saber, que ela é uma comunicação na e pela distância. (*Ibid.*, p. 102)

Constitui-se, nessa distanciação, o que Ricoeur denomina autonomia semântica do texto. Como consequência, temos que o mundo descortinado pelo texto requer o caminho da exploração hermenêutica, tendo em vista que há algo ali de nebuloso, de distante e de não imediato, reivindicando o esforço de decifração: é a palavra que nos desafia como a pergunta da Esfinge. A referência ao mundo, ostensiva na relação dialógica, passa a ser, então, eclipsada pelo discurso escrito. Isso implica que o texto embota a transparência da comunicação intersubjetiva estabelecida face a face, tornando opacas as mediações do leitor com o mundo, do leitor com a obra e do leitor consigo mesmo: "O desvio pelos signos e pelos símbolos é ao mesmo tempo amplificado e alterado por essa mediação pelos textos que se afasta da condição intersubjetiva do diálogo" (RICOEUR, 1986, p. 31). Por isso a premência da interpretação ao abordar a mediação operada no plano textual, já que a polissemia do texto se abre para leituras plurais e se afasta de condições imediatas que pudessem, como no diálogo, ser fornecidas quer pela intenção do autor, quer pelo destinatário original, quer pela situação discursiva. Com efeito, durante o ato de leitura, o texto, na mente de quem o interpreta, funciona ao modo de uma partitura musical suscetível a várias execuções.[37] Nessa direção, Ricoeur se pergunta em *Do texto à ação*:

> Uma vez liberada do primado da subjetividade, qual pode ser a tarefa primeira da hermenêutica? Ela é, para mim, buscar no próprio texto, de um lado, a dinâmica interna que preside a estruturação da obra e, de outro, o poder da obra de se projetar fora dela mesma e de engendrar um mundo que será verdadeiramente a "coisa" do texto. Dinâmica interna e projeção externa constituem o que eu chamo de o trabalho do texto. É a tarefa da hermenêutica reconstruir esse duplo trabalho do texto. (*Ibid.*, p. 32)

Na mesma obra, mas em um ensaio posterior, a indagação ressurge:

> Se não podemos definir a hermenêutica pela procura de um outro e de suas intenções psicológicas que se dissimulam por detrás do texto, e se não

37 Para Ricoeur, a leitura se abre à plurivocidade do texto, já que este consiste em uma totalidade encadeada por partes, com uma hierarquia de tópicos primários e secundários, que requerem a reconstituição do leitor durante o ato de leitura. Pondera o filósofo: "[...] há um problema de interpretação não tanto em razão da incomunicabilidade da experiência psíquica do autor, mas em razão da natureza mesma da intenção verbal do texto. Essa intenção é outra coisa que a soma de significações individuais de frases individuais. Um texto é mais do que uma sucessão linear de frases. É um processo cumulativo, holístico. Essa estrutura específica do texto não pode ser derivada daquela da frase. É por isso que a plurivocidade que se adere aos textos enquanto textos é outra coisa que a polissemia de palavras individuais ou a ambiguidade de frases individuais na linguagem ordinária. Essa plurivocidade é típica do texto considerado como totalidade; ela se abre a uma pluralidade de leituras e de construções" (RICOEUR, 1986).

> pretendemos reduzir a interpretação à desmontagem das estruturas, o que resta para interpretar? Respondo: interpretar é explicitar certo estar-no-mundo implantado diante do texto. (*Ibid.*, p. 114)

As duas respostas, apesar de apresentarem diferentes redações, querem comunicar essencialmente as mesmas ideias. Em primeiro lugar, a interpretação não pode se reduzir à análise da estrutura do texto, pois difere do procedimento explicativo proposto pelos estruturalistas, tampouco perfaz isoladamente o caminho de compreensão que visa resgatar a intencionalidade subjetiva do autor, como pretendera a hermenêutica romântica, pois pleiteia ao mesmo tempo o olhar atento sobre a dinâmica interna do texto. Interpretar é, como comentamos outrora, conciliar os dois modelos de inteligibilidade, explicação e compreensão. Em segundo lugar, a trama textual, ao ser interpretada, projeta o leitor para fora dela mesma, levando-o a constituir um novo mundo. É esse segundo aspecto que importa analisar agora, pois o novo mundo constituído no ato de interpretar, um emaranhado entre o texto e a subjetividade de quem o lê, possibilitará ao leitor compreender a si mesmo. Segundo Ricoeur, "o que de fato deve ser interpretado em um texto é uma proposição de mundo, de um mundo tal como eu possa habitá-lo para nele projetar um de meus possíveis mais próprios" (*Ibid.*, p. 115). Esse mundo proposto é um mundo do qual a minha subjetividade leitora se apropria à sua maneira, dado que o texto não é um mundo fechado em si mesmo, mas um horizonte sempre aberto à leitura e, como diz Ricoeur, "ler é vincular um novo discurso ao discurso do texto" (*Ibid.*, p. 152). Novo discurso que, por sua vez, passa a portar algo de mim, visto que nele me projeto, conferindo àquelas palavras os contornos de que minhas lentes são capazes. Ali no texto me enxergo melhor, seja para reconhecer características minhas, seja para realizar autocríticas, desfazendo pré-compreensões e desconstruindo preconceitos. Daí a centralidade do conceito de apropriação nas investigações de Ricoeur sobre o interpretar, porque apropriar-se, nesse sentido, é transformar um texto que me é estranho em algo que me é próprio, projetando nele algo de meu, um de meus possíveis mais próprios. Por isso o professor canadense Jonathan Roberge aproxima em Ricoeur os conceitos de apropriação e reconfiguração (ou refiguração no ato de leitura): "Reconfigurar é configurar uma segunda vez e por conta própria, por si. Trata-se na verdade de um retorno à subjetividade depois de um desvio pela objetividade [do texto]" (ROBERGE, 2008, p. 182). Prossegue o comentador, agora aproximando os conceitos de apropriação e tradução mobilizados por Ricoeur:

> Apropriar-se e traduzir um texto consiste em refazer seu caminho de pensamento, em restituir o sentido e a referência em modalidades que sejam precisamente compreensíveis e que, por esta última razão, exijam certa dose de interpretação. E isso de novo e sempre para o benefício do si. "Tal ou tal coisa do texto é plausível e aceitável para mim?"; "Posso eu me imaginar vivendo essa situação?"; "O que eu faria se...?". É impulsionado por esse tipo de questionamentos que o leitor avança no texto, que ele o traduz, e traduz seu mundo e o si em vista desse mundo sem o qual não pode ficar. Se, então, "compreender é traduzir", é também se autotraduzir e se autorreconfigurar numa apropriação que devemos então dizer "crítica". (*Ibid.*, p. 182)

Ao abrigo da autonomia semântica do texto, que lhe garante certo distanciamento da intencionalidade do autor, a apropriação feita pelo leitor impede que sua subjetividade seja totalmente inebriada por outras, das quais não se torna refém. Nesse processo, o leitor se apropria de uma proposição de mundo que não se oculta ao modo da intenção do autor, mas que a ele se exibe mediante o texto, colocando face a face o mundo do texto e o mundo do leitor, de sorte que:

> [...] compreender-se é compreender-se diante do texto. Não para impor ao texto sua própria capacidade finita de compreensão, mas para expor ao texto e dele receber um si mais vasto, que será a proposição de existência respondendo da maneira mais apropriada à proposição de mundo. A compreensão é, então, o completo oposto de uma constituição na qual o sujeito será a chave. Seria mais justo, a propósito disso, dizer que o si é constituído pela "coisa" do texto. (RICOEUR, 1986, p. 117)

Assim, de novo entra em cena a subjetividade do leitor, reabilitando no texto uma das características essenciais do discurso, que é a de ser endereçado a alguém.[38] Entretanto, essa subjetividade não apenas age sobre o texto, depositando nele algo de seu, como também é convidada a transformar-se durante a leitura. Tal subjetividade é, portanto, simultaneamente constituinte do texto interpretado e constituída por ele. Na mesma medida em que o texto se deixa interpretar, ele amplia a compreensão que o leitor tem de si,

---

38 Já vimos que há uma aproximação do texto em relação ao discurso no ato de escrever, quando o tornar-se texto das ideias do autor está revestido de intencionalidade e visa a um público que é seu interlocutor. No mundo do texto tomado em si mesmo essa aproximação é suspensa, mas pode ser retomada de maneira semelhante quando o texto está sendo lido e interpretado (ou apropriado). Explica Ricoeur: "[...] ao caracterizar a interpretação como apropriação, pretende-se sublinhar o caráter 'atual' da interpretação: a leitura é como a execução de uma partitura musical; ela marca a efetuação, o tornar-se ato, das possibilidades semânticas do texto. [...] vitória sobre a distância cultural, fusão da interpretação do texto com a interpretação de si mesmo. Com efeito, essa característica de efetuação própria à interpretação revela um aspecto decisivo da leitura, a saber, que ela completa o discurso do texto em uma dimensão semelhante àquela da fala [*parole*]. O que é aqui retido da noção de fala não é que ela seja proferida, mas sim que ela seja um acontecimento, um acontecimento do discurso, a instância do discurso, como disse Benveniste. As frases do texto significam *hic et nunc*. Assim o texto 'atualizado' encontra uma atmosfera e um público; ele retoma seu movimento, interceptado e suspenso, de referência em direção a um mundo e a sujeitos. Esse mundo é aquele do leitor; esse sujeito é o próprio leitor. Na interpretação, digamos, a leitura se torna como uma *parole*" (RICOEUR, 1986, p. 153).

o que pode suscitar no sujeito ações visando alguma mudança de comportamento ou mesmo apenas um desejo de reorientar suas experiências. Quando se apropria do texto, é este movimento que ocorre internamente no intérprete: "Por apropriação quero dizer isso, que a interpretação de um texto termina na interpretação de si de um sujeito que agora se compreende melhor, se compreende de outra forma, ou mesmo começa a se compreender" (RICOEUR, 1986, p. 152). Desse modo, a melhor compreensão de si se torna para o sujeito motor de autotransformação. Por isso Ricoeur entende que o leitor é o polo final do arco hermenêutico, pois é no leitor que o texto se transforma em um acontecimento atualizado e presentificado, viabilizando um novo discurso, uma nova compreensão de si e um novo mundo. É no leitor que o sentido do texto se completa e, graças a ele, o alcance do mundo do texto vai além, adentrando o mundo da ação. Vale encerrar a discussão ora apresentada com estas belas palavras de Ricoeur:

> Quando o leitor submete suas expectativas às que o texto desenvolve, ele irrealiza a si mesmo na mesma proporção da irrealidade do mundo fictício para o qual emigra; a leitura torna-se então um lugar igualmente irreal onde a reflexão faz uma pausa. Em contrapartida, quando o leitor incorpora – consciente ou inconscientemente, pouco importa – os ensinamentos de suas leituras à sua visão de mundo, para aumentar sua legibilidade prévia, a leitura é para ele algo diferente de um *lugar* onde ele para; ela é um *meio* que ele atravessa. (*Id.*, 2010c, p. 308)

1.2.3. A instância da narrativa

De certo modo, as considerações precedentes sobre o texto podem ser estendidas à narrativa enquanto obra. Todavia, tendo em vista que o conceito de obra encerra questões que convocam tradições culturais – como a própria discussão a respeito de gêneros –, não basta simplesmente transladar as análises anteriores para a órbita da narrativa. É necessário, antes, circunscrever a abordagem para que reconheçamos bem nosso objeto de investigação. Estamos cientes de que a teoria de Paul Ricoeur versa sobre uma concepção abrangente de narratividade, englobando desde os relatos criados pelo inconsciente pessoal (sonhos) ou coletivo (mitos transmitidos oralmente) até caudalosos romances erigidos pela consciência de um grande gênio criador. A amplitude abarcada pela concepção de Ricoeur sobre a narratividade lembra-nos a teoria de outros tantos estudiosos do tema. Citaremos aqui, a título de ilustração, uma compreensão semelhante empreendida pela professora austríaca Monika Fludernik, por conseguir com muita nitidez nos certificar da estreita relação que a narrativa mantém com a vida. Escreve Fludernik no livro *Uma introdução à narratologia* (2006):

> Quando falamos de narrativa hoje, nós inevitavelmente a associamos com o tipo literário de narrativa, o romance ou o conto. A palavra narrativa, entretanto, está atrelada ao verbo narrar. A narrativa está à nossa volta, e não apenas no romance ou nos escritos históricos. A narrativa está sobretudo associada ao ato de narrar e pode ser encontrada em qualquer situação em que alguém nos conte algo: um locutor na rádio, um professor na escola, um amigo de escola no pátio, um passageiro ao nosso lado no trem, um jornaleiro, um companheiro durante um jantar, um repórter de televisão, um colunista de jornal ou o narrador no romance que gostamos de ler antes de dormir. Nós todos somos narradores em nossas vidas diárias, em nossas conversas com os outros, e às vezes somos até mesmo narradores profissionais (no caso de sermos, digamos, professores, assessores de imprensa ou comediantes). Eventualmente, chegamos até a assumir o papel de narradores: por exemplo, quando lemos histórias de ninar para crianças pequenas. Narrar é, portanto, a atividade difundida e muitas vezes

> inconsciente da linguagem falada que pode ser vista como incluindo uma série de diferentes tipos de texto (como o jornalístico ou o didático), além de frequentemente confundirmos o narrar como um tipo específico de narrativa, nomeadamente a narrativa literária como uma forma de arte. (FLUDERNIK, 2009, p. 1)

Neste tópico, trata-se de examinar especificamente as narrativas escritas que fazem parte do aparato cultural da humanidade, aquilo que Fludernik chama de "narrativas literárias como uma forma de arte". Por isso, a investigação das mediações que ocorrem na instância narrativa requer suplantar a noção de texto e ater-se ao conceito de obra. Nem a unidade da língua (o signo) nem a do texto (a frase) atendem à dimensão da obra, que demanda unidades mais extensas do que a frase. Além disso, uma obra tem regras específicas de composição que fazem dela uma narrativa ficcional, um poema, um ensaio, um discurso historiográfico, uma autobiografia etc. Então partamos do primordial: definir o que é a narrativa enquanto obra para Paul Ricoeur.

No primeiro dos volumes de *Tempo e narrativa*, Ricoeur retoma um dos escritos mais emblemáticos da cultura ocidental sobre o fazer poético, a saber, a *Poética* de Aristóteles, servindo-se com familiaridade da tradução francesa comentada por Roselyne Dupont-Roc e Jean Lallot e das traduções para o inglês comentadas por Gerald Else, Donald Lucas e O. B. Hardison Jr. O filósofo revela que são dois os motivos que o levaram a lançar mão da *Poética* em *Tempo e narrativa*. Em primeiro lugar, Ricoeur, na condição de intérprete, vê nessa obra a concordância triunfar por meio de uma atividade eminentemente verbal: o ato poético ou a composição do poema trágico. E essa concordância seria a chave para o filósofo entender a reparação promovida pelo ato de narrar, que tende a solucionar a discordância manifesta na experiência temporal humana, dilacerada entre o passado, o presente e o futuro. Em segundo lugar, Ricoeur aponta que o conceito de atividade mimética (*mimesis*) conduziu-o a refletir sobre a intriga como imitação criativa da experiência temporal viva. Entretanto, o filósofo admite que esta última leitura que faz da *Poética*, evocando a temporalidade da experiência viva, extrapola de certo modo as fronteiras do texto aristotélico, pois não pode ser expressamente encontrada na obra em questão:

> Com efeito, a *Poética* nada diz sobre a relação entre a atividade poética e a experiência temporal. A atividade poética como tal não tem nem mesmo alguma característica temporal marcada. O silêncio total de Aristóteles sobre esse ponto não deixa, contudo, de ter vantagens, na medida em que coloca nossa investigação, desde o começo, a salvo da acusação de circularidade tautológica, instaurando, assim, entre as duas problemáticas do tempo e da narrativa, a distância mais favorável para uma investigação das operações de mediação entre a experiência viva e o discurso. (RICOEUR, 2010a, p. 56-57)

Percebemos por essas palavras que Ricoeur não se ilude quanto ao caráter exorbitante de suas investigações em relação ao modelo aristotélico e até mesmo tenta se beneficiar com o fato de associar a atividade poética à experiência temporal, desvencilhando-se da possível acusação de que a tese exposta em *Tempo e narrativa* incorreria em circularidade tautológica – vale recordar a tese: "[...] o tempo torna-se tempo humano na medida em que está articulado de modo narrativo, e a narrativa alcança sua significação plenária quando se torna uma condição da existência temporal" (*Ibid.*, p. 93). De acordo com essa acusação, a experiência temporal humana, por se articular de maneira narrativa, induziria uma circularidade viciosa entre dois planos que sempre se reencontrariam, o do tempo e o da narrativa. É digno de nota que Ricoeur assente com o caráter circular de sua tese, mas, para ele, é um círculo saudável – e não vicioso, como julgariam alguns – que se estabelece entre a narratividade e a temporalidade, cujos argumentos propostos, seja na vertente da narrativa, seja na vertente do tempo, reforçam-se mutuamente, como veremos mais à frente no tópico que reúne os debates sobre o tempo em Agostinho e sobre a narrativa em Aristóteles (RICOEUR, 2010a, p. 124-130).

Mas voltemos aos dois motivos que fizeram Ricoeur se valer da *Poética*. Quando, no primeiro motivo, o autor diz que no texto aristotélico em questão a concordância triunfa por meio da composição da intriga, ele está se referindo ao conceito de *mythos*, ao passo que, no segundo motivo, quando trata da atividade mimética, remete, evidentemente, ao conceito de *mimesis*. Assim, ao resgatar o texto do filósofo grego em *Tempo e narrativa* – obra que tem como fim estabelecer um liame entre a experiência temporal humana e a ação de narrar –, os dois motivos que lhe interessam nessa empreitada estão contidos nas noções de composição da intriga e de atividade mimética, que, segundo Ricoeur, conjugam-se no par conceitual *mimesis-mythos*. Ricoeur se vale do conceito de *mythos* para caracterizar a operação de compor a intriga, a qual consiste, para Aristóteles, no agenciamento dos fatos. Esse mesmo conceito é intimamente articulado por Ricoeur ao de *mimesis* (a atividade mimética, isto é, o processo ativo de imitar ou representar), por isso o filósofo se reporta frequentemente ao par *mimesis-mythos* utilizando a expressão "célula melódica". Para o autor de *Tempo e narrativa*, há uma forte correlação entre os dois termos, fazendo da imitação ou representação da ação uma operação atrelada ao agenciamento dos fatos. Ocorre que, embora exista uma familiaridade ou certa correspondência entre os conceitos, não se pode tratar *mythos* como equivalente de *mimesis*. Em sua teoria narrativa, Ricoeur propõe uma renovação do conceito de *mimesis*, expandindo-o por meio de três processos distintos (*mimesis* I, *mimesis* II e *mimesis* III), sendo que a composição da intriga (*mythos*) se refere apenas à função central, que é a segunda parte desse processo (*mimesis* II ou *mimesis*-invenção), como veremos detalhadamente no decorrer desta exposição.

Para Ricoeur, a *mimesis* aristotélica, que embasará sua teoria acerca da narrativa, deve ser compreendida não na chave de cópia, de réplica ao idêntico – entendimento que tivera Platão –, mas na de imitação ou representação "em seu sentido dinâmico de composição da representação, de transposição em obras representativas" (*Ibid.*, p. 59). Dito de outro modo, a *mimesis* deve ser compreendida como "uma atividade mimética na medida em que produz algo, ou seja, precisamente o agenciamento dos fatos pela composição da intriga" (*Ibid.*, p. 61). Nesse sentido, "enquanto a *mimesis* platônica afasta em dois graus a obra de arte do modelo ideal que é seu fundamento último, a *mimesis* de Aristóteles tem um único espaço de desdobramento: o fazer humano, as artes da composição" (*Ibid.*, p. 61-62).[39] Notemos que, no caso em questão, Ricoeur, enquanto leitor de Aristóteles, dá ênfase à atividade, à operação,

---

39 Sabemos que uma severa crítica à arte é feita por Platão no Livro X de *A República*, em resposta a Górgias, que elogia a arte de enganar empregada pelo pintor e pelo artista. Platão considera que uma obra de arte está em dois graus afastada do que é verdadeiro, no sentido de que as coisas imitam as ideias e as obras de arte imitam as coisas. Sobre a diferenciação entre a *mimesis* platônica e a *mimesis* aristotélica, cf. KNOLL, 1996, p. 61-81; *Id.*, 2012, p. 17-62. Vale transcrever parte da explicação dada por Victor Knoll: "Encontramos, de início, nos textos platônicos, e, logo em seguida, nos aristotélicos, a palavra *mimesis*, que a tradição historiográfica traduziu pelo termo 'imitação'. Cumpre desde logo salientar que esse termo desempenhou papel diverso no interior dos textos de cada filósofo. Mais ainda, pode-se dizer, que em Aristóteles, o termo *mimesis* ganha um alcance conceitual. Se confrontarmos a passagem sobre a *techné* tratada no Livro X de *A República* com o peso que é conferido à *mimesis* na *Poética*, vemos a distância que separa cada um desses autores. Para Platão, *mimesis* detém uma carga negativa: é simulacro. Para Aristóteles, pode-se afirmar, é o próprio fundamento da obra de arte. Para Platão, boa parte do que hoje chamamos e entendemos por obra de arte é destituído de valor; a arquitetura e a música estão a salvo, por força dos compromissos com as matemáticas. Já para Aristóteles, a tragédia é um espelho do espírito humano. Vale a metáfora: uma reflexão sobre o Destino" (*Id.*, 1996, p. 66).

importando-se menos com o produto constituído por esse fazer, e isso tanto no compor a intriga (*mythos*) quanto no imitar ou representar a ação (*mimesis*). Não à toa, Paul Ricoeur tratará da *poíesis* ao mesmo tempo que aborda tais conceitos, quase incorporando um terceiro elemento – a própria atividade poética – ao par que atende pela designação de "célula melódica". Nesse sentido, a noção de *mythos* supera a de intriga, pois não é apenas o resultado da atividade poética, é o próprio "*mise en intrigue*", isto é, o tecer da intriga, o agenciamento dos fatos. Do mesmo modo, a *mimesis* também ocupa o espaço de um fazer humano, pois consiste em representar o mundo da ação, donde o complemento conferido ao termo: *mimesis práxeos*.

É certo que a rigor as considerações de Aristóteles na *Poética* são dirigidas especificamente ao gênero que julga ideal, a tragédia, e, nesse contexto, o conceito de narrativa assume a acepção de modo de representação em que o poeta fala diretamente, narrando as ações das personagens. Ricoeur, contudo, considera o aspecto extensivo da narrativa, tratando-a de maneira englobante como *mythos*. Aliás, a palavra grega *mythos*, em muitos momentos da teoria de Ricoeur, substitui por equivalência o termo "narrativa", que no vocabulário aristotélico dizia respeito somente ao modo diegético de organizar o andamento da trama, dependente, neste caso, de um narrador para desenvolver-se. Por isso, logo nos primeiros parágrafos de seu estudo sobre o texto aristotélico, o filósofo já assinala a necessidade de eliminar certos interditos contidos na *Poética* por priorizar a excelência da poesia trágica no que diz respeito às virtudes estruturais da arte da composição. Desse modo, princípios que regem o trágico, como os de verossimilhança e de necessidade, devem ser enquadrados também na narratividade em geral, que abarca tanto o romance quanto a historiografia. Referindo-se às restrições da *Poética* por ele abolidas, Ricoeur se indaga:

> Como poderia a narrativa tornar-se o termo abrangente se no começo é apenas uma espécie? Teremos de mostrar até que ponto o texto de Aristóteles autoriza a dissociar o modelo estrutural de seu primeiro investimento trágico e suscita, gradativamente, uma reorganização de todo o campo narrativo. Aliás, por maiores que sejam as latitudes oferecidas pelo texto de Aristóteles, o conceito aristotélico de composição da intriga não pode ser para nós mais que o germe de um desenvolvimento considerável. Para conservar seu papel diretor, terá de se submeter à prova de outros contraexemplos singularmente mais temíveis, fornecidos seja pela narrativa moderna de ficção, o romance, digamos, seja pela história contemporânea, a história não narrativa, digamos. (RICOEUR, 2010a, p. 57-58)

Desfazendo a restrição congênita conferida ao termo "narrativa" na *Poética*, Ricoeur comenta que, sem subverter o texto aristotélico, é possível atenuar as diferenças que colocariam de um lado o drama – isto é, o modo de mimetização da tragédia (quando as personagens falam por si mesmas) – e, de outro, a epopeia, dependente de um narrador. Acerca disso, o filósofo explica:

> Será que essa distinção [da atitude do poeta para com suas personagens] nos proíbe reunir epopeia e drama sob o título de narrativa? De forma nenhuma. Em primeiro lugar, não caracterizaremos a narrativa pelo "modo", isto é, a atitude do autor, mas pelo "objeto", porque chamamos de narrativa exatamente aquilo que Aristóteles chama de *mythos*, isto é, o agenciamento dos fatos. Portanto, não nos diferenciaremos de Aristóteles no plano em que ele se coloca, o do "modo". Para evitar qualquer confusão, distinguiremos a narrativa em sentido amplo, definida como o "o quê" da atividade mimética, e a narrativa no sentido estrito de *diégesis* aristotélica, que chamamos doravante de composição diegética. Além disso, a transferência terminológica em nada contraria as categorias de Aristóteles uma vez que este não cessa de minimizar a diferença, seja do lado do drama, seja

> do lado da epopeia. Do lado do drama, diz que tudo o que a epopeia tem (intriga, caracteres, pensamento, ritmo) a tragédia também tem. E o que ela tem a mais (o espetáculo e a música) acaba não lhe sendo essencial. [...] Já pelo lado da epopeia, a relação do poeta com seus personagens no ato de narrar não é tão direta quanto quer a definição. [...] Homero é elogiado mais adiante (Capítulo XXIII da *Poética*) precisamente pela sua arte de se apagar por trás de seus personagens dotados de caracteres, de deixá-los agir, falar em nome próprio, em suma, ocupar a cena. Com isso, a epopeia imita o drama. [...] Portanto, de inúmeras maneiras, Aristóteles atenua a oposição "modal" entre imitação (ou representação) diegética e imitação (ou representação) dramática, oposição que, de qualquer maneira, não afeta o objeto da imitação, ou seja, a composição da intriga. (RICOUER 2010a, p. 65-67)

O conceito de *diégesis* mencionado por Ricoeur nessa passagem fora gestado por Platão no Livro III de *A República* com o intuito de demarcar, na poesia, o uso de um narrador que fala em seu próprio nome e não "toma nenhuma iniciativa para fazer-nos pensar que era outro que falava e não ele próprio" (PLATÃO, 2006, p. 98). A esse uso, classicamente contrapõe-se o drama, que é o modo de mimetização da tragédia, quando o poeta deixa as personagens agirem e falarem por si mesmas, isto é, sem o recurso indireto de um narrador. Essa oposição entre narrativa e drama é consagrada também no Capítulo III da *Poética* de Aristóteles. Contudo, nos capítulos IV, XXIII e XXIV da mesma obra, há considerações que mitigam tal antagonismo. Segundo a leitura de Dupont-Roc e Lallot, cuja tradução comentada da *Poética* foi cuidadosamente acompanhada por Ricoeur, Aristóteles considera a poesia dramática o modelo ideal a ser seguido também pela epopeia – que correntemente emprega o estilo indireto –, tal como fizera o poeta Homero, responsável por organizar a narrativa como um drama – empreitada contrária à antinomia entre narrativa e drama efetuada no Capítulo III da *Poética*. Vejamos o comentário de Dupont-Roc e Lallot:

> Mas a perspectiva de Aristóteles aqui é mais normativa que descritiva: trata-se de fornecer o modelo ideal em direção ao qual a epopeia deve tender. E esse modelo, no fundo, não é outro senão o de Homero; ora, Homero organiza a narrativa como um drama: apagando-se por trás das personagens dotadas de caráter (*êthos*), ele as deixa agir, falar em seu nome, em suma, ocupar a cena, de modo que, para ele, a narração imita, o mais próximo possível, o drama. Quer dizer, ao menos sob essa perspectiva, a epopeia tem como modelo a tragédia. Um dos grandes méritos de Homero é ter, ao praticar o gênero narrativo tal como fizera, preparado a eclosão do drama. (DUPONT-ROC; LALLOT, 1980, p. 371)

Na interpretação que Ricoeur faz desse comentário, exposta na nota quatorze do texto "A composição da intriga" (*Tempo e narrativa*, v. I.), Dupont-Roc e Lallot não hesitam em utilizar as expressões "narrativa diegética" e "narrativa narrativa" para designar a narrativa que é relatada por um narrador, seguindo a definição apresentada no Capítulo III da *Poética*. Para Ricoeur, deve-se também "poder falar de narrativa dramática e atribuir assim ao termo narrativa um caráter genérico com relação a suas duas espécies, dramática e diegética" (RICOUER 2010a, p. 65). De qualquer modo, dramática ou diegética, a narrativa, para Ricoeur, é mais abrangente e está além dessa sintaxe normativa.

Passemos a investigar o que caracteriza uma intriga enquanto obra. Vimos que Ricoeur chama de narrativa aquilo que Aristóteles denomina *mythos*, o agenciamento dos fatos. Uma das camadas que compõem a obra certamente será a do *mythos*, isto é, a da composição da intriga. Inspirado no texto aristotélico, Ricoeur certamente herdará do filósofo grego algumas das regras de composição, sendo que a regra prevalecente será a de que a intriga é um modelo de concordância favorável ao predomínio da unidade na trama narrativa: "É primeiro a concordância que a definição do *mythos* como agenciamento dos fatos sublinha. E essa concordância caracteriza-se por três aspectos: completude, totalidade e extensão apropriada" (RICOEUR, 2010a, p. 69).

Para entendermos os três aspectos mencionados que caracterizam o modelo de concordância, retracemos brevemente a investigação aristotélica repercutida em *Tempo e narrativa*. Segundo Aristóteles, a tragédia imita ou representa uma ação completa, com começo, meio e fim[40], ou seja, o trágico mimetiza, por meio da intriga, uma ação bem estruturada e que não começa ou termina ao sabor do acaso. Para o filósofo grego, a ação bem estruturada tem uma unidade produzida pela atividade do *mythos*. O filósofo grego utiliza, portanto, os conceitos de "tecer a intriga" e de "representar a ação" para conferir ordem (e beleza[41]) à poesia trágica. A unidade da intriga é garantida, consoante Aristóteles, não pela presença de apenas uma personagem na trama, como se isso por si só fosse capaz de condensar as ações em função de um todo coeso, mas por uma ação una em que "as partes, que constituem

40 Aristóteles dá uma definição universal a respeito do que entende por começo, meio e fim: "'Começo' é o que em si não é, por necessidade, antecedido de outro, mas após o qual algo de diferente naturalmente existe ou se manifesta; ao contrário, 'fim' é o que naturalmente é antecedido, por necessidade ou na maior parte dos casos, de outro, mas após o qual nada advém; 'meio' é o que em si vem após outro e após o qual algo de diferente advém" (ARISTÓTELES, 2017, p. 91).

41 Ao tratar do belo ordenado, que tem uma extensão apropriada, Aristóteles compara a beleza de uma ação (e também de uma ação mimetizada) à beleza dos seres viventes: "[...] o belo se encontra na extensão e na ordenação, eis por que um ser vivente não seria belo se fosse muito pequeno (pois a visão se confunde na duração que se constitui de modo imperceptível), assim como também não o seria se fosse muito grande (pois a visão não se constituiria numa única visada, escapando à percepção dos espectadores a unidade e a totalidade), tal como ocorreria no caso de um ser que medisse mil estádios. Segue-se que tal como os corpos e os seres viventes devem ter certa extensão, e esta apreensível num único espectro da visão, assim também os enredos devem possuir certa extensão, e esta bem apreensível pela memória" (*Ibid.*, p. 91-93).

os acontecimentos ocorridos, devem ser compostas de tal modo que a reunião ou a exclusão de uma delas diferencie e modifique a ordem do todo" (ARISTÓTELES, 2017, p. 95). Tanto é que o filósofo grego se oporá linhas à frente ao caráter desarticulado das ações episódicas: "Entendo por 'enredos episódicos' aqueles em que a sucessão de episódios não é determinada nem pela verossimilhança nem pela necessidade" (*Ibid.*, p. 101). Os princípios de verossimilhança e necessidade, nessas circunstâncias, só têm a contribuir para elevar o efeito mimético, pois bloqueiam dissonâncias que tornem a trama inverossímil ou arbitrária. Esse trecho da explicação aristotélica encontrou ressonâncias no interior da teoria ricoeuriana acerca da narrativa, como podemos perceber na seguinte passagem:

> Uma depois da outra é a sequência episódica e, portanto, o inverossímil; uma por causa da outra é o encadeamento causal e, portanto, o verossímil. Não se admite mais nenhuma dúvida: o tipo de universalidade que a intriga comporta deriva de seu ordenamento, que constitui sua completude e sua totalidade. Os universais que a intriga gera não são ideias platônicas. São universais parentes da sabedoria prática, portanto da ética e da política. A intriga gera esses universais quando a estrutura da ação repousa na relação interna à ação e não em acidentes externos. A conexão interna como tal é o esboço da universalização. Uma característica da *mimesis* seria visar no *mythos*, não seu caráter de fábula, mas seu caráter de coerência. Seu "fazer" seria logo de partida um "fazer" universalizante. (RICOEUR, 2010a, p. 74)

Deve-se mencionar que, na *Poética* tal como retomada por Ricoeur, o aspecto ordenador e unificador do *mythos* é provisoriamente rompido pela *peripéteia*, ao entremear discordâncias e provocar inversões no rumo dos acontecimentos da tragédia. Entretanto, a noção de *katharsis* proposta pelo autor da *Poética* restaura ela mesma a ordem momentaneamente subtraída durante a *peripéteia*, que é a primeira parte do processo catártico, tendo em vista que a segunda parte desse processo se serve da ideia restauradora de reconhecimento – quando o espectador da tragédia passa da ignorância ao conhecimento (no caso da tragédia *Édipo*, por exemplo, a confirmação da desdita com o fim do autoengano do rei) –, como examinaremos no segundo capítulo deste livro. Assim, embora a discordância se manifeste na intriga por meio das peripécias envolvidas no processo catártico, ela logo em seguida é assimilada ao jogo da concordância tornando-se uma espécie de concordância discordante. Desse modo, Aristóteles não desconsidera que possa haver discordâncias na intriga trágica, como atestam as inversões bruscas na trama, mas defende que o agenciamento dos fatos consegue reordená-las e fazer prevalecer a concordância. Daí a recuperação de Paul Ricoeur do texto aristotélico, visando salientar e priorizar a compleição concordante da narrativa.

Analisemos agora o conceito de *mimesis*, que sofre uma expansão interna e externa na teoria de Ricoeur. Internamente, porque é dividido em três momentos (*mimesis* I, *mimesis* II e *mimesis* III); externamente, porque deixa de se referir apenas à tragédia grega e passa a abarcar um amplo espectro de narrativas. Essa cisão em tripla *mimesis* é efetuada em consonância com a visão hermenêutica que Ricoeur tem da narratividade, incorporando ao processo narrativo elementos que estão fora da estrutura da intriga e recusando aqueles mesmos interditos que foram lançados pela linguística moderna e pelo estruturalismo contra tudo que é extralinguístico. Se a *mimesis* I (prefiguração da intriga) e a *mimesis* III (refiguração da intriga) trazem à tona elementos exógenos, é a *mimesis* II que se ocupará da estrutura da intriga, além, é claro, de efetuar a mediação entre as duas outras etapas. Se antes falávamos de uma mediação operada pelo discurso e pelo texto entre o sujeito e o mundo, entre o sujeito e o outro e entre o sujeito e si mesmo, passamos agora a transpor a noção de mediação para o interior do conceito de *mimesis*. Sobre tal mediação, resume o comentador Olivier Mongin:

> [...] a retomada de Aristóteles [por Ricoeur] tem menos a ambição de especificar o papel do *mythos* – é sua tarefa tornar possível uma "síntese do heterogêneo", uma configuração (*mimesis* II) – do que a de ligá-lo a uma reflexão mais ampla sobre a ação e a atividade mimética, aquela que está em gestação no círculo da *mimesis*. [...] Sob essas condições, é necessário olhar tanto para montante como para jusante da *mimesis* II, a fim de atrair todos os fios da atividade mimética. Se admitirmos que a *mimesis* II representa a função central, isto é, a fase que corresponde à criação poética, a *mimesis* I remete ao precedente e que torna possível a criação, e a *mimesis* III ao estágio posterior, que representa a ação do espectador ou do leitor. (MONGIN, 1994, p. 140-141)

Paul Ricoeur, em vez de se deixar magnetizar por exames que referendam apenas o tecer da intriga, amplia o ângulo de sua lente e compreende como necessária a investigação do que é precedente ao *mythos* (o que está a montante) e daquilo que lhe é posterior (o que está a jusante). O precedente, a *mimesis* I, refere-se à pré-compreensão do mundo da ação enraizada na intriga, isto é, diz respeito às estruturas inteligíveis do mundo da ação, a seus recursos simbólicos e a seu caráter temporal.[42] É o momento do domínio do

42 Para entender não só o conceito de *mimesis* I, mas também sua posterior transição para *mimesis* II, é imprescindível compreender o modo como ele se associa ao mundo da ação. Ricoeur explica que se uma ação pode ser narrada é porque se articula em torno de signos, regras e normas, ou seja, está simbolicamente mediatizada. É nesse sentido que a narrativa ganhará vida quando somada a um contexto cultural dotado de seu próprio sistema simbólico. Segundo Ricoeur: "[...] o termo símbolo – ou melhor, mediação simbólica – assinala o caráter estruturado de um conjunto simbólico. [...] Antes de ser texto, a mediação simbólica tem uma textura. Compreender um rito é situá-lo num ritual, este num culto e, gradativamente, no conjunto das convenções, das crenças e das instituições que formam a rede simbólica da cultura. Um

real em que se opera com a rede simbólica da cultura, fornecendo insumos para a construção narrativa e irrigando a imaginação do escritor. Pode-se dizer que é a etapa em que a narratividade entra diretamente em contato com o vivido e se conecta ao mundo da cultura para dele extrair o sumo que lhe dará vida, assimilando, por exemplo, o sentido ético atribuído às ações representadas, cujos qualificantes provém de uma realidade prática. Em outras palavras, o escritor, com base em seu patrimônio cultural, confere uma roupagem à narrativa conforme o campo prático por ele experienciado. Desse modo, o mundo da cultura atua como uma alteridade (a exterioridade de um outro) da qual a intriga dependerá para constituir seu sentido, sendo que os próprios mecanismos de construção de uma intriga, tais como as regras de composição do poema trágico, derivam de alguma tradição cultural. Se pensarmos em uma obra literária, é imprescindível conectar-se ao domínio da cultura para que algo seja figurado na textura das frases. Do contrário, as palavras vagariam sem rumo por um conjunto textual desprovido de significação. A *mimesis* I se une, assim, aos argumentos de Ricoeur apresentados na primeira parte deste capítulo, na qual investigamos em que sentido a narrativa pode ser uma necessidade transcultural, fazendo coro com a crítica ricoeuriana à linguística moderna e ao estruturalismo por desconsiderarem os aspectos extralinguísticos que superam a configuração do discurso, entre eles, o mundo da ação habitado pelo autor. Sobre a pré-compreensão do mundo da ação, explica o filósofo:

---

sistema simbólico fornece assim um contexto de descrição para ações particulares. Em outras palavras, é 'em função de...' tal convenção simbólica que podemos interpretar tal gesto como significando isso ou aquilo: o mesmo gesto de levantar o braço pode, segundo o contexto, ser entendido como maneira de saudar, de chamar um táxi ou de votar. Antes de serem submetidos à interpretação, os símbolos são interpretantes internos à ação" (RICOEUR, 2010a, p. 102).

> [...] sob o regime da obra literária, essa pré-compreensão do mundo da ação recua para o lugar de "repertório", para me expressar como Wolfgang Iser, em *Der Akt des Lesens* [*O ato de leitura*], ou para o lugar de "menção", para empregar uma outra terminologia mais familiar à filosofia analítica. Resta o fato de que, a despeito do corte que institui, a literatura seria para sempre incompreensível se não viesse configurar o que, na ação humana, já faz figura. (RICOUER, 2010a, p. 112)

Passemos à próxima etapa da *mimesis*. A *mimesis* II (ou *mimesis*-criação, *mimesis*-invenção), como já mencionamos, refere-se ao que Aristóteles tratava como agenciamento dos fatos, à tessitura da trama, ao "*mise en intrigue*". É o momento em que a tradicionalidade (de gêneros, tipologias de intriga, recursos simbólicos etc.) se articula a uma inovação semântica, dando origem a uma obra singular. Tem-se, portanto, uma alteração do foco em volta do qual orbita a atividade mimética, saindo do eixo paradigmático que levava em consideração a rede conceitual da ação, os modelos éticos e o patrimônio cultural do poeta/escritor (*mimesis* I), em direção ao eixo sintagmático, no qual consta o regime eminentemente estrutural da obra. É a *mimesis* II que confere atualidade e integração à ordem paradigmática, como sublinha Ricoeur:

> Ao passar da ordem paradigmática da ação para a ordem sintagmática da narrativa, os termos da semântica da ação adquirem integração e atualidade. Atualidade: termos que só tinham uma significação virtual na ordem paradigmática, isto é, uma pura capacidade de uso, recebem uma significação efetiva graças ao encadeamento sequencial que a intriga confere aos agentes, ao seu fazer e ao seu sofrer. Integração: termos tão heterogêneos como agentes, motivos e circunstâncias tornam-se compatíveis e operam conjuntamente em totalidades temporais efetivas. (*Ibid.*, p. 100)

Afora toda a relevância no sentido de conceder atualidade e integração aos termos da semântica da ação, a *mimesis* II é principalmente a etapa que institui a literariedade da obra literária. Além disso, executa a mediação entre o mundo prefigurado do autor (*mimesis* I) e o mundo refigurado do leitor (*mimesis* III), donde a centralidade do conceito: "Considero estabelecido que *mimesis* II constitui o eixo da análise; por sua função de corte, ela abre o mundo da composição poética e institui, como já sugeri, a literariedade da obra literária" (RICOEUR, 2010a, p. 94). Como vimos, a *mimesis* II corresponderá ao *mythos*, a atividade de composição da intriga, e, enquanto processo operativo, exercerá a função central de mediação, de modo que o mundo da obra será o instrumento que conectará o mundo da ação ao mundo do leitor.[43] Portanto, indo na esteira das mediações operadas pelo texto, podemos dizer que, em virtude da mediação garantida pela *mimesis* II, executa-se, na instância narrativa, uma tripla conexão do leitor: com o mundo, com a obra e consigo mesmo.

Quando centrado na intriga ou na literariedade da obra, o processo da *mimesis* II rege a dinâmica de mediação sob três aspectos: transforma acontecimentos dispersos em uma história unificada, alinhava fatores heterogêneos e combina dimensões temporais. Em primeiro lugar, a inteligência narrativa em marcha no ato configurante da intriga é capaz de verter uma diversidade de acontecimentos ou incidentes particulares em uma história una e completa, fazendo

43 Ricoeur acentua a vocação operatória da *mimesis* II, tal como fizera com o conceito de *mythos*: "[...] essa função de mediação deriva do caráter dinâmico de *operação de configuração*, que nos levou a preferir o termo construção da intriga ao de intriga e o termo agenciamento ao de sistema. Todos os conceitos relativos a esse nível designam, com efeito, operações. Esse dinamismo consiste no fato de que a intriga já exerce, em seu próprio campo textual, uma função de integração e, nesse sentido, de mediação, que lhe permite operar, mesmo fora desse campo, uma mediação de maior amplitude entre a pré-compreensão e, se me permitirem dizer, a pós--compreensão da ordem da ação e de seus aspectos temporais" (RICOUER, 2010a, p. 114).

de uma simples sucessão uma configuração: "Uma história [...] tem de ser mais que uma enumeração de acontecimentos numa ordem serial, tem de organizá-los numa totalidade inteligível, de modo tal que se possa sempre perguntar qual é o 'tema' da história" (*Ibid.*, p. 114). Em segundo lugar, a mesma inteligência narrativa agencia um conjunto de fatores heterogêneos, como agentes, objetivos, meios, interações, circunstâncias e resultados inesperados, tendo como orientação os princípios de verossimilhança e de necessidade, que Aristóteles considerava governar a poesia trágica. Segundo essas leis, os eventos e fatores heterogêneos são costurados para fornecer inteligibilidade ao encadeamento de acontecimentos e de componentes a princípio dispersos. Por fim, a inteligência narrativa da intriga faz a mediação entre uma dimensão cronológica (ou episódica) do tempo – que caracteriza uma trama feita por acontecimentos – e uma não cronológica – responsável propriamente por configurar a intriga e transformar os acontecimentos em história.

Esses elementos díspares da trama (incidentes individuais, fatores heterogêneos e diferentes dimensões temporais) são coordenados em benefício de uma totalidade una, num processo que reúne o heterogêneo e faz concordar o que é discordante, a chamada síntese do heterogêneo ou síntese concordante-discordante. Por exemplo, a multiplicidade de acontecimentos narrados, quando submetida a essa síntese, é organizada de tal forma que as histórias se alinham ao redor de um eixo comum, seguindo as leis da necessidade e da verossimilhança. Em vez de uma simples associação de relatos episódicos, a composição da intriga costura os acontecimentos em torno de uma história coesa. O mesmo processo ocorre quando se trata de ordenar uma variedade de personagens e de tempos (cosmológico, psíquico, cronológico e histórico). Nitidamente inspirado na *Poética*, Ricoeur afirma que "Compor a intriga já é fazer surgir o inteligível do acidental, o universal do singular, o necessário ou o verossímil do episódico" (RICOEUR, 2010a, p. 74). Essa síntese do heterogêneo determina a particularidade da teoria ricoeuriana, que faz da narrativa perímetro aberto tanto para a discordância quanto para a concordância, sem que a favor desta pese a anulação completa daquela. Segundo o filósofo, a atividade de síntese do heterogêneo, que faz surgir o uno do múltiplo, revela-se na composição da intriga: "[...] a composição da intriga foi definida, no plano mais *formal*, como um dinamismo integrador que tira uma história una e completa *de* uma diversidade de incidentes, ou seja, transforma essa diversidade *em* uma história una e completa" (*Id.*, 2010b, p. 12). Portanto, na distinção proposta por Ricoeur entre *mimesis* I, *mimesis* II e *mimesis* III, a síntese do heterogêneo caberá ao segundo processo, no qual reside o agenciamento dos fatos (*mythos*), o tecer da intriga, a composição propriamente dita da trama narrativa.

Resta, agora, tratarmos da *mimesis* III. Há, com efeito, um ponto de convergência entre *mimesis* I e *mimesis* III pelo fato de se relacionarem a elementos externos à estrutura da narrativa, a elementos extralinguísticos. Entretanto, ambas se diferenciam pelo direcionamento da ação nelas envolvida, ou melhor, se a ação a que remetem é origem ou fim do processo mimético. Enquanto na *mimesis* I o movimento operado vai da ação em direção ao mundo da obra, na *mimesis* III esse direcionamento se inverte: a partir do mundo da obra, há um retorno à ação, fechando o circuito mimético no mundo do leitor. Para Ricoeur, "[...] a narrativa alcança seu sentido pleno quando é restituída ao tempo do agir e do padecer na *mimesis* III" (*Id.*, 2010a, p. 122-123). Com isso o filósofo quer mostrar que, no último estágio, a narrativa deixa de estar circunscrita à estrutura estática e fechada do texto e volta a participar do mundo da ação, facultando que a intriga module a experiência vivida, o que evidencia uma espécie de retorno ao estágio inicial da *mimesis* I, deslocamento então reconhecido por Ricoeur como um "círculo saudável". É precisamente essa interação entre o mundo do texto e o mundo do leitor que desconstrói a suposta oposição entre um "dentro" e um "fora" da estrutura textual. Assim, a narrativa existe, segundo Ricoeur, na interação viva e contínua com seus leitores, podendo reconfigurar o domínio do real por meio do desdobramento de uma ação efetiva. Sobre como a dinâmica da narrativa literária pode impactar a realidade efetiva, Ricoeur chama a atenção, em *Do texto à ação*, para as variações imaginativas que podem ser replicadas no real:

> [...] por meio da ficção, por meio da poesia, novas possibilidades de estar no mundo se abrem na realidade cotidiana; ficção e poesia visam ser, não mais sob a modalidade do ser dado, mas sob a modalidade do poder ser. Por esse mesmo fato, a realidade cotidiana é metamorfoseada em favor do que se pode chamar de variações imaginativas que a literatura opera sobre o real. (*Id.*, 1986, p. 115)

Vimos, no primeiro tópico deste capítulo, que a função sintética da imaginação produtiva é responsável pelas variações que tomam corpo nas narrativas empíricas. Também vimos que a inteligibilidade narrativa, que opera durante a configuração da intriga o que Ricoeur chama de síntese do heterogêneo ou concordância-discordante, responde pelas diferentes obras existentes. Assim, conforme a variabilidade de que está imbuída a imaginação produtiva, mais obras existirão para povoar a história da literatura. Ocorre que, de acordo com Ricoeur, a imaginação produtiva não cessa seu trabalho após a conclusão do ato configurante pelo autor. Para o filósofo, o ato de leitura também põe em marcha a imaginação produtiva, já que o leitor, pelo lado da tradição, entra em cena munido dos paradigmas que estruturam sua expectativa e que o ajudam a reconhecer o gênero ou o tipo executado pela história narrada, e, pelo lado da inovação, atualiza a intriga por meio de uma interpretação subjetiva, completando o sentido da obra. Desse modo, o jogo entre tradição e inovação se manifesta não só na composição da intriga, mas também no ato de leitura. Advoga Ricoeur:

> Se a composição da intriga pode ser descrita como um ato do juízo e da imaginação produtiva é na medida em que esse ato é obra conjunta do texto e de seu leitor, do mesmo modo como Aristóteles dizia que a sensação é obra comum do sentido e daquele que sente.
>
> É ainda o ato de ler que se junta ao jogo da inovação e da sedimentação dos paradigmas que esquematizam a composição da intriga. É no ato de ler que o destinatário brinca com as exigências narrativas, efetua os desvios, participa do combate entre o romance e o antirromance e experimenta o prazer que Roland Barthes chamava o prazer do texto. (RICOEUR, 2010a, p. 131)

Revisitando o conceito de fusão de horizontes cunhado por Hans-Georg Gadamer, Ricoeur defende a intersecção entre o mundo do texto (ou da obra) e o mundo do leitor (ou do ouvinte), tendo como diretriz a ideia, herdada da fenomenologia e da estética da leitura propostas por Wolfgang Iser e Robert Jauss[44], de que "o

---

44 No ensaio "Mundo do texto e mundo do leitor", Ricoeur acrescenta o nome de Roman Ingarden: "Para Ingarden, um texto é inacabado uma primeira vez no sentido de que oferece diferentes 'visões esquemáticas' que o leitor é chamado a 'concretizar'; por esse termo, deve-se entender a atividade *imagética* mediante a qual o leitor se esforça para *figurar para si* os personagens e os acontecimentos narrados pelo texto; é com relação a essa concretização imagética que a obra apresenta lacunas, 'lugares de indeterminação'; por mais articuladas que sejam as 'visões esquemáticas' disponíveis para execução, o texto é como uma partitura musical, suscetível de diferentes execuções. Um texto é inacabado uma segunda vez no sentido de que o mundo que propõe se define como o correlato intencional de uma sequência de frases (*intentionale Satzkorrelate*), das quais ainda resta fazer um todo, para que esse mundo seja visado. Tirando proveito da teoria husserliana do tempo e aplicando-a ao encadeamento sucessivo das frases no texto, Ingarden mostra que cada frase aponta para além dela mesma, indica algo a fazer, abre uma perspectiva. Reconhece-se a protensão husserliana nessa antecipação da sequência, à medida que as frases se encadeiam. Ora, esse jogo de retenções e protensões só funciona

texto só se torna obra na interação entre texto e receptor" (*Ibid.*, p. 132). Constitui-se, pois, uma interdependência entre o mundo do texto e o mundo do leitor, desfazendo a ilusão estruturalista de que a leitura é um acontecimento extrínseco ao texto: "[...] sem leitor que o acompanhe, não há ato configurante em obra no texto; e sem leitor que se aproprie dele, não há nenhum mundo desdobrado diante do texto" (*Id.*, 2010c, p. 280). A fim de ratificar a importância do leitor para completar o sentido da narrativa, Ricoeur conclui seu ensaio "Mundo do texto e mundo do leitor", acoplado ao último volume de *Tempo e narrativa*, asseverando: "[...] embora o problema da refiguração do tempo pela narrativa *se enrede* na narrativa, não encontra nela seu *desenredo*" (*Ibid.*, p. 309). Evidentemente, o desenredo, nesse caso, é encontrado no mundo do leitor, que completa o sentido da obra. A participação do leitor, que concorre para a atribuição de sentido à obra, é assim explicada pelo professor Benedito Nunes, ao comentar a teoria de Ricoeur:

> Interpretar uma obra é, portanto, desdobrar o mundo a que ela se refere, mas na modalidade do como se da ficção, que também se abre, através da linguagem, para as estruturas gerais da existência humana, tais como a tonalidade afetiva ou a disposição anímica, a apropriação projetiva do mundo e a intersubjetividade. São essas estruturas que possibilitam a mimese, garantindo o traspasse da vida cultural e histórica no processo formativo, e que, ativadas pela percepção estética, funcionam enquanto

---

no texto se for assumido pelo leitor, que o acolhe no jogo de suas próprias expectativas. Mas, diferentemente do objeto percepcionado, o objeto literário não vem 'preencher' intuitivamente essas expectativas; pode tão somente *modificá-las*. Esse processo movente de modificações de expectativas constitui a concretização imagética evocada acima. Consiste em viajar ao longo do texto, em deixar 'afundar' na memória, abreviando-as, todas as modificações efetuadas, e em se abrir para novas expectativas tendo em vista novas modificações. Só esse processo faz do texto uma *obra*. A obra, poder-se-ia dizer, resulta da interação entre o texto e o leitor" (RICOEUR, 2010c, p. 286-287).

> esquemas do traspasse do mundo projetado na obra ao leitor, quando o sentido dela é compreendido, de cada vez, numa situação determinada. É interagindo com o leitor que o texto, afinal, se torna plenamente obra. O intérprete opera nesse plano não menos histórico e social do que intersubjetivo, onde se torna concorrente do trabalho geral do conhecimento. (NUNES, 2009, p. 130)

Prossigamos analisando como o mundo do leitor restitui o mundo da ação, numa confirmação da máxima do humanista Erasmo de Roterdã que Ricoeur conhece de cor: *Lectio transit in mores* ("A leitura transfere-se para o comportamento"). Tendo em vista o potencial de transformação da realidade evocado pela leitura dos textos, o mundo da obra, ao ser colocado em movimento pelo mundo do leitor, extravasa a superfície inerte onde as frases são apenas inscrições e adentra o campo da efetividade práxica. Isso quer dizer que de algum modo a tradição narrativa das obras literárias (oriunda daquele instante de prefiguração promovido pelo mundo da cultura) e a inovação semântica (presidida pela configuração da intriga) desempenham a tarefa de reconfigurar o real vivido após passarem juntas pelo filtro da leitura. As obras literárias não se prestam apenas ao papel de imprimir no mundo do texto os sentimentos de uma época, como podem da mesma forma, por meio das rupturas que inspiram nos leitores, provocar um impacto transformador na realidade. Nesse sentido, a leitura das obras literárias, que trazem consigo não só uma tradição narrativa como também inovações semânticas, é determinante para o arranjo e o rearranjo do mundo vivido. Tal conclusão levará Ricoeur a afirmar:

> [...] o mundo é o conjunto das referências abertas por todo tipo de textos descritivos ou poéticos [não descritivos] que li, interpretei e gostei. Compreender esses textos é interpolar entre os predicados de nossa situação todas as

> significações que, de um simples meio ambiente (*Umwelt*), fazem um mundo (*Welt*). Com efeito, é às obras de ficção que devemos em grande medida a ampliação de nosso horizonte de existência. (RICOEUR, 2010a, p. 137)

Regendo a ideia de que a narrativa, enquanto obra literária, amplia nosso horizonte de existência e retorna à realidade vivida ao moldar nossas ações, está a ideia de que a alteridade (nesse caso, a obra como produto da cultura) participa da constituição do si, tema exaustivamente trabalhado por Ricoeur no livro *O si-mesmo como outro* (1990), mas já esboçado na conclusão do terceiro volume de *Tempo e narrativa* (1985) mediante a concepção do conceito de identidade narrativa. Para o filósofo, a identidade narrativa, que constitui a capacidade de sermos nós mesmos e contarmos uma história na qual possamos nos reconhecer, conjuga duas formas de identidade, a identidade-*idem* (ou mesmidade) e a identidade-*ipse* (ou ipseidade). Sabendo que o termo latino *identitas* deriva de *idem*, que significa "o mesmo", deduzimos que a identidade-*idem* se refere à permanência no tempo como um núcleo imodificável (o mesmo). A identidade-*idem* seria como nosso código genético, que é sempre a mesma coisa. Em contrapartida, a identidade-*ipse* comporta a mudança, a mutabilidade, e é por meio dela que o si se conecta ao outro. Mesmo que interpretada na chave de uma estabilidade identitária, a ipseidade não porta o mesmo tipo de permanência de que é revestida a mesmidade persistente do caráter[45], pois sua estabilidade é

---

45 Ao tratar da mesmidade em *O si-mesmo como outro*, Ricoeur usa o termo "caráter" com o sentido herdado da ética aristotélica, em que o caráter remete à aquisição de um hábito, a uma permanência no tempo, à sedimentação interiorizada das características de um indivíduo. Esse assunto será tratado com mais vagar no segundo capítulo de nosso livro, mesmo assim vale destrinchá-lo um pouco aqui. Como dissemos, é da ética aristotélica que Ricoeur toma emprestado o termo "caráter". Em *Ethica Nichomachea*, o filósofo grego define "caráter" como uma disposição ou virtude moral que resulta do hábito, derivação favorecida pela semelhança quase homógrafa entre os termos *êthos* (caráter) e *éthos* (hábito ou costume), como destaca Ricoeur (cf. RICOEUR, 2014, p. 121). Ao argumentar que as virtudes morais não se engendram na-

de outra ordem. O que há de permanência na ipseidade a aproxima da manutenção do si no cumprimento da promessa, que não deixa de inscrever no tempo a possibilidade de mudança, pois os desejos, inclinações e opiniões de fato se modificam ao longo do tempo, o que não impede a perseverança da fidelidade à palavra dada. Tal fidelidade, que não requer a permanência irrevogável no mesmo, é muito bem sintetizada por Ricoeur através desta bela analogia: "Uma coisa é a continuação do caráter; outra, a constância da amizade" (RICOEUR, 2014, p. 124). Resumindo, graças à ipseidade, a identidade narrativa transita pela temporalidade, pela historicidade, movimento cerceado no caso da permanência no mesmo, e é graças a ela que o sujeito pode se constituir a partir do que lê e, assim, transformar seu comportamento, como sustenta a máxima de Erasmo.

Desse modo, Paul Ricoeur defende que a identidade do si, por efeito da ipseidade, evoca o outro na sua própria constituição, nem que seja a alteridade representada pela obra literária. A ideia de uma persistência do si compreendido como mesmidade – um espaço onde se resguardava a individualidade de maneira restritiva (o eu) – é subs-

turalmente, Aristóteles defende que estas são adquiridas por meio de um processo cumulativo em que a repetição de ações pelo hábito torna uma pessoa senhora de sua virtude: é porque primeiro exercitamos e aperfeiçoamos determinadas disposições que, então, poderemos nos tornar justos ou injustos, corajosos ou covardes, temperantes ou intemperantes, tolerantes ou irascíveis – "praticando atos justos, tornamo-nos justos; praticando atos temperantes, temperantes; praticando atos corajosos, corajosos" (ARISTÓTELES, 2008, p. 42). Outro ponto importante a ser mencionado: Aristóteles sublinha nessa obra que, uma vez adquirida certa disposição, ela não deixará de nos pertencer – "[...] aos que se tornaram injustos ou intemperantes, já não lhes é possível não o serem" (*Ibid.*, p. 72). O caráter de uma pessoa, ao menos na *Ethica Nichomachea*, é descrito como uma disposição um tanto estável, sendo até menos dinâmico do que as próprias ações cometidas por essa pessoa, já que Aristóteles não desconsidera, por exemplo, a possibilidade de, sob circunstâncias específicas (por ignorância ou involuntariamente), o justo praticar um ato injusto. É essa maior inércia do caráter que motivará Ricoeur a concebê-lo como um princípio de permanência: "O caráter, diria eu hoje, designa o conjunto de disposições duráveis *pelas quais* se reconhece uma pessoa"; "[...] o hábito confere história ao caráter; mas é uma história na qual a sedimentação tende a sobrepor-se à inovação que a precedeu e, em última instância, a aboli-la. [...] É essa sedimentação que confere ao caráter a espécie de permanência no tempo que interpreto aqui como sobreposição do *idem* ao *ipse*" (RICOEUR, 2014, p. 121).

tituída por Ricoeur por uma integração íntima à alteridade, donde o título da obra *O si-mesmo como outro*, que, longe de estabelecer uma comparação entre o si e o outro, pretende, na verdade, implicar intrinsecamente o si e o outro.[46] Trava-se nesse ponto uma ruptura com o solipsismo cartesiano que assegura por meio do *cogito* a consciência de si e blinda o sujeito em relação à identidade de pessoa histórica integrada à cultura. Sobre essa dinâmica entre o si e o outro, explica o professor Franklin Leopoldo e Silva:

> A ideia de que o sujeito é uma construção, uma tarefa existencial que porventura nunca chegará ao fim, está presente no pensamento de Paul Ricoeur. [...] O sujeito nunca é idêntico a si mesmo, mas constantemente vem a ser, como uma trajetória narrada para si e que se constitui nessa trajetória diferenciada. O sujeito nunca se constituirá totalmente como realidade fechada em si mesma, porque a subjetividade não é mais do que a ação de tornar-se sujeito, constantemente reiterada. E a alteridade faz parte desse processo, porque a ação de tonar-se sujeito inclui a constante *alteração* de si e nunca a repetição do mesmo. (SILVA, 2012, p. 28)

Como a alteridade participa da construção de nossa identidade, Ricoeur entende que nossas leituras de alguma forma nos consti-

46 Ricoeur explica a intenção filosófica incluída no título que deu à sua obra: "[...] a identidade-ipse põe em jogo uma dialética complementar à dialética entre ipseidade e mesmidade, a saber, a dialética entre o *si* e *o outro que não o si*. Enquanto se permanecer nos círculos da identidade-mesmidade, a alteridade do outro que não o si não apresentará nada de original: 'outro', como foi possível observar de passagem, figura na lista dos antônimos de 'mesmo', ao lado de 'contrário', 'distinto', 'diverso' etc. Não ocorrerá o mesmo se utilizarmos o par alteridade e ipseidade. Uma alteridade que não é – ou não é apenas – comparação é sugerida por nosso título, alteridade que possa ser constitutiva da própria ipseidade. *O si-mesmo como outro* sugere logo de saída que a ipseidade do si-mesmo implica a alteridade num grau tão íntimo que uma não pode ser pensada sem a outra, uma passa para dentro da outra, como se diria em linguagem hegeliana. Ao 'como' gostaríamos de atribuir o significado forte, não só de comparação – si-mesmo semelhante a outro –, mas sim de implicação: si-mesmo na qualidade de... outro" (*Ibid.*, p. XIV-XV).

tuem. No caso das obras literárias, o sumo cultural que delas transborda funciona como uma espécie de alteridade constituinte de um "eu" em constante vir a ser, ou seja, de um "eu" que se transforma segundo a dinâmica das relações oscilantes estabelecidas com o outro. É no interior das narrativas da comunidade que o sujeito individual encontra o conhecimento de si, longe da noção narcísica ou solipsista de consciência nos moldes cartesianos. Seja quando se volta para a história do povo e das instituições a que pertence, com base no discurso historiográfico, seja quando amplia as possibilidades de existência com base nas obras de ficção, o indivíduo é convocado por essas narrativas a examinar a história de sua própria vida. O si mesmo está, dessa forma, implicado constitutivamente no outro e a compreensão de si passa necessariamente pela compreensão da alteridade. Salienta Ricoeur na conclusão de *Tempo e narrativa*:

> Essa conexão entre ipseidade e identidade narrativa confirma uma de minhas mais antigas convicções, qual seja, a de que o *si* do conhecimento de si não é o eu egoísta e narcísico do qual as hermenêuticas da suspeita denunciaram tanto a hipocrisia como a ingenuidade, tanto o caráter de superestrutura ideológica como o arcaísmo infantil e neurótico. O si do conhecimento de si é fruto de uma vida examinada, segundo as palavras de Sócrates na *Apologia*. Ora, uma vida examinada é, em grande medida, uma vida depurada, clarificada pelos efeitos catárticos das narrativas tanto históricas quanto fictícias veiculadas por nossa cultura. A ipseidade é portanto a de um si instruído pelas obras da cultura que ele aplicou a si mesmo. (RICOEUR, 2010c, p. 419)

Com essa hermenêutica que deixa de focar exclusivamente o discurso e passa a incorporar o sujeito (a hermenêutica do si mesmo), fica patente a capacidade das obras narrativas de mediar a compreensão de si, colocando o si diante da alteridade da obra, da cultura e do mundo. Em outras palavras, a compreensão que uma pessoa tem de si mesma passa por um desvio necessário pelos signos da cultura, isto é, a autocompreensão depende das referências, modelos e repertórios narrativos acumulados culturalmente, que permitem ao sujeito, de posse desses paradigmas, construir a imagem de si mesmo, ou seja, que viabilizam as ações de autodesignar-se e de construir uma narrativa cujo tema seja sua própria história. A pessoa, portanto, não conhece a si mesma diretamente, senão através dos signos depositados em sua memória e em seu imaginário pela cultura. Compreender-se, para esse leitor da cultura, seria colocar-se diante do texto do mundo e dele receber as condições das quais possa emergir um eu, comprovando a imbricação entre as histórias dos outros e minhas próprias histórias, num tecido narrativo que amarra a trama de nossas vidas à dos outros.

Assim encerramos o circuito da tripla mediação iniciado com o discurso, enriquecido pelo texto e completado pela narrativa. Para finalizar, citamos um trecho que arremata bem essa discussão, extraído de "Filosofia e linguagem", artigo que abriu esta etapa de nossa investigação:

> O último ato, e não o primeiro, é aquele de se compreender a si mesmo, de algum modo diante do texto, diante da obra. O discurso, o texto, a obra são a mediação pela qual nós nos compreendemos. Contrariamente à tradição do *cogito* e à pretensão do sujeito de se conhecer a si mesmo pela intuição imediata, deve-se dizer que nós não nos compreendemos senão pelo grande desvio dos signos da humanidade depositados sobre as obras de cultura. Nesse sentido, é a função suprema da obra poética, suspendendo nossa visão ordinária das coisas e nos ensinando a ver o mundo de outra forma, de colocar também em suspenso nossa maneira usual de nos conhecer a nós mesmos e de nos transfigurar por meio da imagem do mundo aberta pelo verbo poético. (*Id.*, 1978b, p. 463)

1.3. A narrativa de si: o autorretrato e a autobiografia

Como vimos, Paul Ricoeur, baseando-se na *Poética* de Aristóteles, defende que a atividade do *mythos* garante a unidade da narrativa. É a operação do *mythos*, também designada como o tecer da intriga, que configura uma história única ao articular uma heterogeneidade de acontecimentos e de personagens. Neste tópico, veremos como essa unidade narrativa se manifesta tanto no autorretrato – uma espécie de narrativa pictórica que o pintor compõe de si mesmo – como na autobiografia. O nosso objetivo aqui é desenvolver uma ideia que é resultado da reflexão de Ricoeur sobre a narrativa como meio para a autocompreensão, a saber, a ideia de que os indivíduos criam narrativas a respeito de si mesmos com base em interpretações que fazem da própria história por eles vivida. E essas narrativas, em última instância, são apropriadas por espectadores ou leitores que, por meio das histórias de vida do outro, podem se compreender melhor.

Em "Sobre um autorretrato de Rembrandt" (RICOEUR, 1996b, p. 13-15), um breve ensaio escrito em 1987 – posteriormente, portanto, à publicação dos três volumes de *Tempo e narrativa* –, Paul Ricoeur convida a algumas reflexões a partir da reprodução que tem diante de si de um autorretrato de Rembrandt pintado em 1660. Ao se deparar com a imagem estampando um livro, o filósofo se indaga sobre as razões que permitem afirmar que o rosto ali representado é mesmo o de Rembrandt.[47]

---

47 Essa meditação de Ricoeur sobre o autorretrato de Rembrandt talvez tenha sido inspirada no ensaio *Olhar um autorretrato*, escrito em 1986 por Philippe Lejeune, grande especialista em autobiografias a quem Ricoeur se reportou no segundo volume de *Tempo e narrativa*. Nesse texto, Lejeune investiga como podemos reconhecer um autorretrato, isto é, identificar que a personagem representada é quem a pintou. O autor sugere algumas formas, no fim quase sempre frustradas, de desvendar esse mistério. Para tanto, toma o exemplo de obras de artistas da envergadura de Rembrandt, Hogarth, El Greco e Norman Rockwell. Alguns desses casos são

A princípio, tal questionamento aparentemente trivial poderia ser respondido em parte com o simples auxílio de uma legenda inscrita abaixo da reprodução identificando o autor da obra. Outra saída seria visualizar no interior da moldura o nome de Rembrandt e a data de 1660. No entanto, tanto a legenda como a assinatura, por si mesmas, revelariam apenas a autoria da tela, sem nada dizer a respeito da personagem ali representada. Seria preciso, então, reunir outras evidências exteriores à obra para se chegar à constatação de que o homem ali pintado é o mesmo que segura o pincel para pintá-lo. Poderia ser útil, então, um dado biográfico que revelasse o fato de, à época, Rembrandt ter finalizado mais um de seus autorretratos, informação que teria grande serventia se fosse acompanhada do reconhecimento de instituições de Belas Artes atestando tratar-se da mesma obra indicada na biografia do mestre. No entanto, nesses casos de análise de um conjunto de informações objetivas, escapa, como alega Ricoeur, uma abordagem puramente estética, isto é, uma abordagem que ouça tudo aquilo que a obra, tornada órfã, tem a nos confessar. Desconhecendo a identidade da personagem ali decalcada, teríamos de compô-la sem recorrermos a estratégias exógenas, deixando a obra, por ela mesma, defender sua causa.

---

acompanhados de humor, como a tentativa de reconhecer um autorretrato pela mão com que a personagem representada segura o pincel: se o pintor representado na tela segura o pincel com a mão esquerda, trata-se de um autorretrato, pois isso significa que o pintor de carne e osso, posicionado em frente ao espelho que usava para se orientar, empunhava o pincel com a mão direita e o espelho invertera a imagem; mas, de todo modo, sabe-se que existem pintores canhotos e, assim, o mistério continuaria insolúvel. Outros casos mostram fatos curiosos da história da arte que facilmente solucionariam o dilema em questão, como este sobre a prática comum no século XVI de inscrever na tela o nome do modelo: "Passeando no Museu do Prado, decifro no autorretrato de Dürer: '1498/Retrato-me conforme minha aparência/tinha 26 anos de idade - Albrecht Dürer'. Isso é que é ser claro! Na Galleria degli Uffizi, o autorretrato de Holbein traz a seguinte inscrição: 'Hans Holbein da Basileia, autorretratista, aos 45 anos de idade'. [...] Em pouco tempo, infelizmente, os pintores se distanciaram da clareza dos primeiros tempos, deixaram de pôr nomes nos retratos. Por discrição? Para purificar a pintura de toda e qualquer escrita? Passou-se a confiar apenas na etiqueta e a etiqueta se modifica" (LEJEUNE, 2008, p. 242).

Não era precisamente essa autonomia semântica que estava em jogo nas interpretações subjetivistas que não deixavam o texto falar por si mesmo e buscavam desvelar o gênio oculto por trás da obra? O mesmo estatuto que Ricoeur considera válido para o texto pode ser aplicado ao regime pictórico: a tela deve falar por si mesma, evitando enclausurar-se na subjetividade do autor que lhe deu vida e na subjetividade do público que a contempla.

Analisando a narrativa que emerge do discurso pictórico, Ricoeur é impelido a redigir o pequeno ensaio em questão, que abre o terceiro volume de *Leituras*. A fim de amalgamar a identidade das duas figuras ausentes, a da personagem irreal, visada além da materialidade da tela, e a do pintor real, então morto, o filósofo propõe um exercício: refazer por meio da imaginação o trabalho do artista ao pintar a si mesmo. Nesse intento, Ricoeur supõe um pintor de carne e osso dentro de seu ateliê, em frente a um espelho que oferece o reflexo de seu rosto a ser replicado na tela. Conforme a cena imaginada pelo filósofo, no instante da apreensão especular de sua imagem, o mestre encara a si mesmo com postura inquisitiva: "Quem sou eu?". Atitude que diverge do movimento narcísico de quem ama a própria imagem e, ao tentar abraçá-la, vê sua feição sendo levada pela água, mas que se assemelha a um exame socrático lançado sobre o próprio existir. Como resultado material do autoexame, temos o quadro em questão. Em vez de um "exame de consciência", Ricoeur sugere, nesse caso, tratar-se de um "exame de pintura". O artista interpreta a própria imagem que vê no espelho e a recria em outra superfície, onde é possível descrever a si mesmo. Nas palavras do filósofo, "entre o eu visto no espelho, e o si, lido no quadro, inserem-se a arte e o ato de pintar, de se descrever" (RICOEUR, 1996b, p. 15). Estabelecendo uma comparação entre o registro pictórico e o textual, podemos dizer que o pintor se traduz no autorretrato de modo semelhante à descrição que o escritor faz de si mesmo na autobiografia, recorrendo frequentemente a autoexames.

Mas voltemos à pergunta de Ricoeur: como associar especificamente o nome de Rembrandt à mão que pintara o autorretrato de 1660? Para isso, o filósofo sugere entrecruzar o saber biográfico e a análise pictórica. De acordo com um breve apanhado biográfico rastreado por Ricoeur de eventos ocorridos na vida do pintor por volta daquele ano, tem-se que o artista passara por um envelhecimento agudo e, oito anos depois, viria a falecer. Lê-se, ainda, que, na opinião dos contemporâneos de Rembrandt, sua imagem estava em franco declínio, sendo considerado um pintor desacreditado. Outro dado indica dificuldades financeiras para o mestre prover seu sustento, já que, naquele período, teve de vender casa, mobílias, gravuras e desenhos, mas, apesar da sequência de tentativas, acabara sendo forçado a residir num albergue, distanciando-se, então, da família, o que só fizera recrudescer as adversidades. Embora Ricoeur não explicite o movimento que vamos sugerir aqui, é de se esperar que, ao nos munirmos desse saber biográfico, tentemos identificá-lo nos sulcos da face pintada. É o que quase espontaneamente ocorre quando, ao conhecermos determinada história e termos diante dos olhos um registro pictórico do mesmo momento e das mesmas circunstâncias, entrecruzamos o saber biográfico e a análise da pintura. Se nosso leitor observar o autorretrato pintado por Rembrandt em 1660, notará a representação de uma face marcada por sinais de envelhecimento: o queixo duplo, bolsas pesadas sob os olhos e a testa de um franzido fustigante. O olhar eclipsado, a feição paralisada, a boca cerrada como que retendo as palavras e o humor estanque não nos impedem, no entanto, de conferir movimento ao autorretrato. Nas palavras de Ricoeur, "a narrativa de um pedaço da vida se viu condensada no espaço imóvel de um retrato" (*Ibid*, p. 14). Perfazer os detalhes da obra e conjugá-los à história do artista nos faz identificar na pintura a figura do próprio Rembrandt, que se descreve pictoricamente da maneira como ele mesmo se interpreta em face de seus enfrentamentos pessoais.

Diante da descoberta de que tudo aquilo que o pintor pôde perceber em seu autoexame tem o poder de converter meros observadores em leitores de uma narrativa capaz de condensar um pedaço de vida, o discurso pictórico reivindica ser interpretado. Nesse sentido, a autonomia semântica desse autorretrato, como a de uma obra literária, mostra que o nome de quem foi representado na tela é relegado a um plano secundário, pois o essencial está no conteúdo que a obra encerra em si mesma; ou, como prefere dizer Ricoeur, "À imagem especular desaparecida sobrevive um retrato que o pintor deixou de olhar, mas que tem, para sempre, o poder de nos olhar" (RICOEUR, 1996b, p. 15). Assim, a pintura sobrevive à morte do pintor e convida seu público atemporal a experimentar uma multiplicidade de interpretações pictóricas.

Essa polissemia a que a pintura está aberta em face de seus vários observadores potenciais não é gratuita na teoria de Ricoeur. Ela lembra, como admite o filósofo em uma das entrevistas publicadas em *A crítica e a convicção*, a polissemia da metáfora linguística, capaz de produzir novos sentidos. Nesse livro, em resposta a uma indagação sobre a ausência das artes plásticas em suas meditações, Ricoeur comenta a especificidade de seu gosto, que se descola do figurativo na pintura (Pierre Soulages, Alfred Manessier e Jean Bazaine) e na estatuária (Jacques Lipchitz, Hans Arp, Antoine Pevsner e Constantin Brancusi). Revela, em particular, sua admiração pelas esculturas de Henry Moore e cita como exemplo a obra *Atom piece*, de 1964. Essa escultura, instalada em Chicago no mesmo lugar onde houve a primeira reação nuclear em cadeia, consiste, para Ricoeur, "numa esfera explodida que tanto pode representar o crânio de um sábio como um átomo que explode ou a própria Terra" (*Id.*, 2009,

p. 270). Ricoeur trata a escultura em questão como uma narrativa polissêmica que reúne diversos protagonistas (o átomo e o sábio) e diversos acontecimentos (a explosão nuclear e o átomo inerte). Para o filósofo, o exemplo da *Atom piece*, que se liberta dos recursos clássicos do figurativo, nos aproxima da metáfora, como explica:

> Aproximar-nos-íamos assim de certos aspectos densificados da linguagem, como a metáfora, onde vários níveis de significação são mantidos em conjunto numa mesma expressão. A obra de arte [das artes plásticas] pode ter um efeito comparável ao da metáfora: integrar níveis de sentido empilhados, retidos e contidos juntamente.
>
> A obra de arte é, assim, para mim, a ocasião de descobrir aspectos da linguagem, que a sua prática usual e sua função instrumentalizada de comunicação vulgarmente dissimulam. A obra de arte desnuda propriedades da linguagem que, de outro modo, permaneceriam invisíveis e inexploradas. (*Ibid.*, p. 271)

Assim, o termo interpretação, que vem à tona quando se fala em mundo do texto, emerge também quando se trata de ler pinturas e esculturas. Nesse sentido, a polissemia, presumivelmente existente nas metáforas textuais, também revela sua força nas artes plásticas. E essas artes são capazes, ainda, de ir além da tarefa de comunicação, pois permitem desnudar propriedades que permaneceriam invisíveis se contássemos apenas com a função instrumentalizada da linguagem, que é a de comunicar. O espectador que interpreta uma tela ou uma escultura é instado, então, a ultrapassar pela leitura da obra o domínio da mera comunicação.

Mas a interpretação no caso do autorretrato de Rembrandt, nosso primeiro objeto de estudo neste tópico, não se limita à leitura levada a cabo pelo espectador que contempla a obra, pois diz respeito também à leitura que o pintor faz de sua própria ipseidade figurada no testemunho pictórico legado à posteridade. Propomos, incentivados pela teoria de Ricoeur, que o ato de se interpretar ao observar o reflexo da própria imagem e descrevê-la pictoricamente vai além do reconhecimento de características físicas e assegura uma identificação mais estreita entre o artista e a personagem retratada. A identidade dessas duas figuras, uma histórica e outra fictícia, é fundada pelo ato interpretativo que faz Rembrandt se pintar de determinada maneira e não de outra. Vale nos atentarmos para um termo fundamental utilizado por Ricoeur quando, no ensaio em questão, diz que "o puro estudo do quadro me ensina [...] como o humor passageiro do sujeito foi transcendido na instância de um caráter" (RICOEUR, 1996b, p. 14). A palavra "caráter", tomada de empréstimo da ética aristotélica, remete à aquisição de um hábito, a uma espécie de sedimentação interiorizada que leva a pessoa a se reconhecer através de certas disposições valorativas habituais (*Id.*, 2014, p. 122). O caráter, defende Ricoeur, é a instância na qual reside o componente de permanência do eu no mesmo, imune à corrosão do tempo e às flutuações de ânimo provocadas pela dinâmica sociocultural. A essa espécie de fixidez, designada por Ricoeur como mesmidade, contrapõe-se a já mencionada ipseidade, instância do sujeito que é passível de mudança e pode, assim, acompanhar as transformações inevitáveis da vida. Como se portam mesmidade e ipseidade no autorretrato de Rembrandt? Supomos que, por um lado, ao interpretar a própria face e descrevê-la na tela, o artista consegue apreender algo de sua mesmidade, por ver estampadas em si mesmo preferências, apreciações e estimativas que o perseguiram durante sua trajetória de vida, da mesma forma como o código genético lhe confere determinada cor de olhos, certo tom de pele e um tipo de cabelo. Por outro lado, esse mesmo movimento de traduzir-se em pintura possibilita que o artista se defronte com um sujeito em constante mutação, se antes altivo agora pode sentir-se confrontado com a inquietude do fim, bem como seu corpo antes vigoroso pende então para a fragilidade. Quando diz respeito ao aspecto físico, essa reflexão pode ser enriquecida com algumas palavras de Ricoeur em *O si-mesmo como outro*:

> O caráter, como dizíamos, é o si com aparência de mesmidade. Em sentido inverso, o critério corporal não é, por natureza, estranho à problemática da ipseidade, uma vez que o fato de meu corpo pertencer a mim mesmo constitui o testemunho mais forte a favor da irredutibilidade da ipseidade à mesmidade. Por mais semelhante a si mesmo que permaneça um corpo – se bem que não é o que ocorre; basta comparar os vários autorretratos de Rembrandt –, não é sua mesmidade o que constitui sua ipseidade, mas o fato de pertencer a alguém capaz de se autodesignar como aquele que tem seu corpo. (*Ibid.*, p. 131)

A passagem citada visa desfazer o engano corrente de crer na afinidade entre, por um lado, o critério corporal e a mesmidade e, por outro, o critério psicológico e a ipseidade. Para Ricoeur, mesmidade e ipseidade manifestam-se sob os dois registros, como atestam ora o código genético e o caráter, ora o envelhecimento e o humor passageiro. Mas o que exatamente o filósofo quer ressaltar quando afirma que a ipseidade se constitui na capacidade de "se autodesignar como aquele que tem seu corpo"? Disso devem ser destacados dois aspectos: a ipseidade e a capacidade de se autodesignar. Comecemos pela ipseidade, a qual, por possibilitar oscilações no decorrer do tempo, opera em consonância com uma estrutura temporal – diferentemente do permanecer no mesmo, cuja ordem de manifestação é a da substância inalterável. Se retomarmos o quadro de Rembrandt, sobretudo caso estabeleçamos uma comparação com os cerca de quarenta autorretratos por ele pintados ao longo da vida, veremos ali uma ipseidade marcada pela passagem dos anos.

O pintor, ao interpretar-se diante do espelho, nota esse movimento e o registra lançando mão da capacidade de autodesignar-se (ou autodescrever-se), a qual requer uma consciência cooptada pela linguagem (nessa circunstância, pictórica), na medida em que o conhecimento de si só pode ser aquilatado narrativamente, isto é, depende de um "eu" autodiscursivo revelado numa existência temporal. Em resumo, tanto a ipseidade como o autodesignar-se estão subordinados à experiência humana ocorrida no tempo e acessada por meio da narrativa. Ora, se na tela de Rembrandt uma ipseidade é figurada, nada mais esperado que, para Paul Ricoeur, essa pintura seja considerada também uma narrativa a ser lida, interpretada e refigurada pelo leitor que se põe a observá-la.

Invertendo a dinâmica do fluxo do olhar, Ricoeur sublinha que, na verdade, pertence à obra o poder de para sempre nos olhar. Muito além dos fugidios contornos que um corpo mortal reflete no espelho, a ipseidade do artista sobrevive à sua morte e adentra o território menos efêmero da cultura, podendo ser observada por espectadores de outro tempo e, o mais relevante, permitindo que o "eu" do pintor, agora absorvido pelo manancial de obras culturais abertas ao olhar de qualquer espectador vindouro, estabeleça alguma forma de interação com o futuro.

Até aqui, comentamos tanto a interpretação que o observador tem da obra quanto a que Rembrandt tem de si mesmo ao criar o autorretrato, resta-nos mencionar a interpretação que o espectador tem de si mesmo ao observar a tela. Com efeito, quando a obra nos olha, não é para comunicar a intenção do artista, mas para dizer algo em sua própria causa. Ocorre que os fluxos do olhar, da obra em direção ao observador e do observador em direção à obra, não param por aí. Há algo no jogo de espelhos orquestrado pela obra que nos convida a mirar para nós mesmos diante da identidade da pintura – que, no caso do autorretrato, coincide com a do pintor. O poder que a obra tem de fitar-nos, referido por Ricoeur, contribui para observarmos nosso próprio "eu", convertendo o outro em espelho para o si. Esse jogo não é em nada diferente daquele que a narrativa apresenta enquanto obra literária. No tópico anterior, comentamos o poder da narrativa de transportar o leitor para os meandros de sua própria interioridade, podendo despertar nele mudanças de comportamento e levá-lo a agir conforme sua consciência transformada. Nesse sentido, quando Ricoeur afirma que "nós não nos compreendemos senão pelo grande desvio dos signos da humanidade depositados sobre as obras de cultura" (RICOEUR, 1978b, p. 463), certamente o filósofo inclui nesse amplo conjunto designado "obras da cultura" não apenas os mitos, os romances e as narrativas de toda sorte que povoam a história da literatura, mas também as pinturas e as esculturas que nos foram legadas pela história da arte.

Dito isso, passemos às considerações a respeito da autobiografia, que guarda certa familiaridade com o autorretrato.[48] Um relato autobiográfico, bem como um autorretrato, exige a identificação entre o autor da obra e a personagem ali representada. Se o pintor interpreta a si mesmo e elabora uma autodescrição mediante a combinação de cores, tonalidades e traços, o recurso utilizado pelo escritor, em empreitada semelhante, será o da concatenação de frases. Baseando-nos no exemplo discutido por Ricoeur acerca de Rembrandt, a analogia servirá também caso pensemos na mescla entre história documental e ficção operada pelo autorretrato. No autorretrato, o pintor de carne e osso – isto é, com existência histórica – traduz-se na superfície da tela e ali expõe uma personagem verídica, mas também dotada de elementos ficcionais oriundos de

48 Mais análises sobre o entendimento de Ricoeur a respeito da autobiografia podem ser encontradas no segundo capítulo deste trabalho, no tópico "Os limites da concordância narrativa: a suposta perda do caráter".

sua imaginação criativa. Do mesmo modo, a autobiografia, ao ser redigida, poderá reunir, de um lado, aspectos historiográficos que dizem respeito às vivências documentais do escritor e, de outro, imagens fictícias construídas sobre si mesmo e incorporadas à descrição do narrador protagonista.[49] No relato autobiográfico, o escritor primeiro realiza uma autoleitura, como se estivesse diante de um espelho, e, em seguida, grava sobre o papel suas interpretações acerca de si mesmo, o que faz dele simultaneamente intérprete e escritor de sua própria vida.

É na autobiografia que podemos perceber de modo contundente o entrosamento entre vida e narratividade, já que esse tipo

---

49 Como estamos aqui tratando da conjunção entre história documental e ficção na autobiografia, vale tecer alguns breves comentários sobre o lugar de ambas na teoria de Ricoeur. Como se sabe, a primeira parte do primeiro volume de *Tempo e narrativa* não estabelece nenhuma bifurcação entre os dois campos, divisão que é feita somente a partir da segunda parte, toda ela dedicada à historiografia. Nessa segunda parte, a tese de Ricoeur "repousa sobre a asserção de um vínculo indireto de derivação mediante o qual o saber histórico procede da compreensão narrativa sem nada perder de sua ambição científica" (RICOEUR, 2010a, p. 152). O filósofo defende, portanto, a tese de derivação indireta do saber histórico a partir da inteligência narrativa. Na autobiografia, essa espécie de saber diz respeito às vivências documentais do escritor. Assim, a narratividade, para Paul Ricoeur, não se restringe à ficcionalidade, abarcando também a historiografia. E, embora a narrativa seja o terreno do "como se", ou seja, da verossimilhança de um discurso que mimetiza ações, ela dispensa aspirar à verdade factual, pois não está em questão se as ações mimetizadas efetivamente ocorreram. Resumindo, não condiz com a amplitude do domínio da narratividade que ela seja reduzida nem pelo descompromisso com a verdade factual, como é o caso da ficção, nem pela pretensão de criar uma narrativa verídica, como é o caso da historiografia. Vale frisar que, quando Ricoeur se refere à ficcionalidade como condição do modelo narrativo de fundamento aristotélico, ele tem em mente o plano do "como se". Declara o filósofo: "Com *mimesis* II abre-se o reino do *como se*. Poderia ter dito o reino da *ficção*, de acordo com um uso corrente em crítica literária. Privo-me no entanto das desvantagens dessa expressão totalmente apropriada à análise de *mimesis* II, para evitar o equívoco que o emprego do mesmo termo em duas acepções diferentes criaria: uma primeira vez, como sinônimo das configurações narrativas, uma segunda vez, como antônimo da pretensão que a narrativa histórica tem de construir uma narrativa 'verídica'. A crítica literária não conhece essa dificuldade, na medida em que não leva em conta a cisão que divide o discurso narrativo em duas grandes classes. Pode então ignorar uma diferença que afeta a dimensão *referencial* da narrativa e limitar-se aos caracteres *estruturais comuns* à narrativa de ficção e à narrativa histórica. A palavra ficção fica então disponível para designar a configuração da narrativa cujo paradigma é a construção da intriga, sem levar em consideração as diferenças que concernem apenas à pretensão à verdade das duas classes de narrativa" (*Ibid.*, p. 112-113).

de narrativa é, antes de tudo, o relato de uma vida – ao mesmo tempo biológica, social e, por vezes, fictícia. Para Paul Ricoeur, como declara nas primeiras linhas de sua autobiografia intelectual, a autobiografia é um gênero literário[50] invariavelmente tendencioso, dado seu caráter seletivo, mas que se baseia no distanciamento entre o ponto de vista retrospectivo do ato de escrever, de registrar o vivido, e o desenvolvimento cotidiano da vida, o que a distingue de um diário, por exemplo.[51] Esse afastamento entre a ocorrência dos fatos, protegidos pela memória, e o curso mais atualizado do viver não é, todavia, suficiente para de todo sufocar o que há de comum entre o passado e o presente: uma existência que preserva algo de si ao longo do tempo e que, por isso, é a mais autorizada a falar retrospectivamente de si mesma. Na autobiografia emerge, assim, uma relação de proximidade identitária muito mais incisiva do que qualquer ofuscamento causado pela distância temporal entre o vivido e o narrado. De acordo com Ricoeur, uma autobiografia se apoia "na identidade e, portanto, na ausência de distanciamento entre a personagem principal da narrativa, que é si mesmo, e o narrador, que diz 'eu' e escreve na primeira pessoa do singular" (RICOEUR, 1995b, p. 11). Como diria Philippe Lejeune, "o que define a autobiografia para aquele que lê é antes de tudo um contrato de identidade que é selado pelo nome próprio" (LEJEUNE, 2008, p. 33). A autoridade que legitima a veracidade de uma história autobiográfica é, dessa maneira, superior à de qualquer biografia, cujo narrador e o protagonista são pessoas diferentes.

50 Nesse aspecto, Paul Ricoeur concorda com a teoria enunciada em 1975 por Philippe Lejeune na obra *O pacto autobiográfico*, que defende a autobiografia como gênero literário. Contudo, há estudiosos que dizem o contrário, como Paul de Man: "Tanto empírica quanto teoricamente, a autobiografia se presta mal a uma definição genérica; cada exemplo específico parece ser uma exceção à norma; as próprias obras parecem sempre obscurecer-se em gêneros vizinhos ou mesmo incompatíveis e, talvez o mais revelador de tudo, as discussões de gênero, que podem ter um valor heurístico tão poderoso no caso da tragédia ou do romance, permanecem terrivelmente estéreis quando está em jogo a autobiografia" (DE MAN, 2012, p. 3).

51 Cf. RICOEUR, 1995b, p. 11.

Se a autobiografia adere a um discurso como o historiográfico – adesão que, por sinal, concede a ela maior autenticidade e legitimidade –, não deixa, porém, de fundir elementos da ficcionalidade, e certamente mesmo a mais fiel aos fatos executa tal fusão, dado o distanciamento entre a vivência dos acontecimentos e a interpretação subjetiva que se atribui a eles. Entretanto, diferentemente da ficção literária, na autobiografia a tensão entre a ação e a personagem pode ser mais facilmente superada pela coincidência entre protagonista, narrador e autor, o que favorece o estabelecimento da sincronia entre a personagem e os acontecimentos do enredo. Nesse caso, as identidades da personagem, do narrador e do enredo – sendo este último concebido por um autor que é também personagem e narrador – tendem a coincidir, contribuindo, em tese, para o equilíbrio da narrativa. Se permanece uma tensão entre o enredo e o protagonista, Ricoeur responsabiliza sobretudo o lado ficcional da autobiografia por nutri-la. Declara o filósofo no terceiro volume de *Tempo e narrativa*:

> [...] poder-se-ia dizer que, na troca de papéis entre a história e a ficção, o componente histórico da narrativa sobre si mesmo atrai esta última para o lado de uma crônica submetida às mesmas verificações documentárias que qualquer outra narração histórica, ao passo que o componente ficcional a atrai para o lado das variações imaginativas que desestabilizam a identidade narrativa. [...] Uma pesquisa sistemática sobre a autobiografia e o autorretrato confirmaria sem nenhuma dúvida essa instabilidade principal da identidade narrativa. (RICOEUR, 2010c, p. 422)

A identidade narrativa, como o próprio termo denota, é construída narrativamente.[52] Dá-se essa qualificação à identida-

52 É digno de nota que a identidade narrativa não acena apenas para o horizonte da arte

de porque o tempo humano, em contraposição ao cósmico, está articulado de maneira narrativa, o que se manifesta nitidamente nas criações literárias e pictóricas. Quando Rembrandt pinta seu autorretrato, transpõe para a obra uma identidade narrativa, assim como o faz Agostinho nas *Confissões* ou Machado de Assis quando cria Capitu. Ocorre que neste último caso, do romance de Machado de Assis, a não coincidência entre o autor, a personagem Capitu e a própria obra, *Dom Casmurro*, dá margem a uma tensão polissêmica que se angula de acordo ora com a lente do autor, ora com a da obra, ora com a da personagem. Tendo em vista que na autobiografia o autor, o protagonista e a intriga são sincronizados por uma identidade única, a tensão entre a ação e a personagem tende a se dissipar. Quanto mais estreita for a relação entre essas categorias, maior equilíbrio existirá na narrativa, o que pode ser conquistado por um relato mais comprometido com a história documental e menos adepto à ficção. Ao passo que, se a dimensão ficcional da autobiografia for colocada em relevo, maior será a possibilidade de, na narrativa, entrar em colapso a articulação entre autor, protagonista e enredo. Como aponta Ricoeur, são as variações imaginativas próprias do componente ficcional que, em se tratando da autobiografia, desestabilizam a identidade narrativa. Em resumo, a identidade de um enredo autobiográfico repleto de ficção tende a se afastar da identidade do autor, na medida em que a história de vida deste se distancia dos acontecimentos então narrados, o que coloca em jogo a estabilidade da correspondência entre as três identidades, a do autor, a da personagem e a do enredo.

(como nos casos da autobiografia e do autorretrato). De acordo com Ricoeur, do mesmo modo que é assumida por uma personagem ou por um enredo, a identidade narrativa pode ser assumida por uma pessoa diante da história de sua vida.

História documental e ficção, eixos fundamentais da composição autobiográfica, se conjugam em virtude do procedimento elementar atuante na tarefa mesma de tecer esse tipo de intriga, a saber, o procedimento de abordar episódios verídicos com base em um ponto de vista particular aberto à imaginação. Apesar de não aprofundar o tratamento dispensado ao tema "autobiografia", Ricoeur sugere pontualmente a reunião, na autobiografia, entre o real e o imaginário, como notamos na citação anterior, extraída do terceiro volume de *Tempo e narrativa*. No segundo volume da mesma obra, que trata especificamente da ficção, o filósofo já tocara no tema e advertiu:

> Não se tratará, pois, aqui da autobiografia. Não será proibido falar dela na perspectiva de uma refiguração do tempo operada conjuntamente pela história e pela ficção. É o melhor lugar que pode ser atribuído à autobiografia pela estratégia de *Tempo e narrativa*. (RICOEUR, 2010b, p. 154)

Nessa nota explicativa, Ricoeur reforça a pertinência de abordar o tema autobiográfico no interstício entre história documental e ficção. Embora tenha jogado pouca luz sobre o assunto, retomará a mesma questão alguns anos mais tarde no livro *O si-mesmo como outro*, em que sugere a integração da natureza híbrida do discurso autobiográfico na própria compreensão que uma pessoa tem de si mesma. Segundo o filósofo, a ficcionalidade, e não somente a história documental, colocaria em marcha as interpretações construídas por um sujeito a respeito de si. Nesse sentido, a história de uma vida poderia ser classificada como uma história fictícia ou uma ficção histórica. Vale citar:

> [...] a compreensão do si é uma interpretação; a interpretação de si, por sua vez, encontra na narrativa, entre outros signos e símbolos, mediação

privilegiada; esta última se abebera na história tanto quanto na ficção fazendo da história de uma vida uma história fictícia ou, digamos, uma ficção histórica, entrecruzando o estilo historiográfico das biografias ao estilo romanesco das autobiografias imaginárias. (*Id.*, 2014, p. 112-113)

Tributária tanto da história documental quanto da ficção, a autobiografia é emoldurada não só por fatos reais, como também por eventos imaginários, e são estes que Ricoeur julga perturbar a sincronia entre a ação e a personagem, como dissemos. Se o tempo da narrativa autobiográfica consiste no tempo humano de interiorização de eventos e fenômenos, a participação da imaginação é, portanto, esperada, já que as interpretações da experiência temporal passam por um filtro psicológico que varia de pessoa para pessoa, eliminando a possibilidade de um discurso plenamente objetivo e abrindo caminho para a construção de imagens fictícias de si mesmo. Desse modo, história documental e ficção participam não só da autodescrição que um autor efetiva em sua autobiografia, mas também da maneira como ele mesmo se interpreta no domínio real da vida. Nem sempre recepcionamos ou construímos imagens diurnas de nós mesmos, pois há aspectos noturnos de nossa existência que nos são obscuros e dependem de métodos psicanalíticos para vir à tona, outros desses aspectos nunca poderão ser convertidos em linguagem, mantendo-se para sempre na zona da incompreensão, como mostraremos no segundo capítulo deste livro. São nesses casos noturnos, nos quais a narratividade encontra zonas obscuras que o discurso não pode decifrar, que a identidade de uma autobiografia padece de maior instabilidade. Não à toa, Ricoeur defende que as autobiografias nas quais a identidade da personagem está prestes a sucumbir ultrapassam as fronteiras da narrativa e se aproximam do ensaio (*Ibid.*, p. 157). Por ser mais uma tentativa desordenada de autodesvelamento do que uma pretensão de sistematização da verdade, o gênero ensaístico talvez melhor comporte as autobiografias cuja identidade narrativa da protagonista é instável. Entre as obras autobiográficas que colocam em risco a identidade, Ricoeur menciona a de Michel Leiris, referindo-se certamente ao livro *L'âge d'homme*, publicado em 1939, no qual o autor coloca lado a lado fatos verídicos, sonhos e narrativas mitológicas.[53]

Como o autorretrato, a autobiografia sugere três módulos de interpretação: a interpretação do autor a respeito de si mesmo, a interpretação do leitor da autobiografia e a interpretação que o leitor faz de si mesmo baseado na leitura da obra. Faltou abordarmos, nesta análise da autobiografia, as duas últimas formas de interpretação, que, na verdade, não representam para nós nenhuma novidade. Valem, para elas, as mesmas considerações que levantamos no tópico "A instância narrativa", visto que a autobiografia consiste em um gênero particular de narrativa. A seguir, dando prosseguimento à discussão sobre *mythos* e autobiografia e acrescentando uma investigação sobre a temporalidade, trataremos das *Confissões* de Agostinho, obra que está na base da construção de *Tempo e narrativa*.

---

53 Curiosamente, Michel Leiris, apesar do detalhamento onírico que constitui as imagens construídas em sua autobiografia, o que nos remete a um intenso trabalho da imaginação, insiste na ideia de que sua autobiografia *L'âge d'homme* foi escrita com base em um rigoroso compromisso com a verdade factual. Vejamos o que declara o etnólogo no prefácio desse livro: "Por diversas razões [...] eu havia rompido com o surrealismo. O fato, porém, é que continuava impregnado dele. Receptividade em relação ao que nos parece dado sem que o tenhamos buscado (na forma do ditado interior ou do encontro casual), valor poético atribuído aos sonhos (considerados ao mesmo tempo como ricos em revelações), amplo crédito concedido à psicologia freudiana (que põe em jogo um material sedutor de imagens e, por outro lado, oferece a cada indivíduo um meio cômodo de se alçar a um plano trágico, tomando-se por um novo Édipo), repugnância em relação a tudo o que é transposição ou arranjo, ou seja, compromisso falacioso entre os fatos reais e os produtos da imaginação [...]: eis algumas das grandes linhas de força que continuavam a me atravessar, quando tive a ideia deste livro no qual se acham confrontados lembranças da infância, relatos de acontecimentos reais, sonhos e impressões efetivamente experimentados, numa espécie de colagem surrealista ou, melhor, de fotomontagem, já que nenhum elemento nela é utilizado que não seja de uma veracidade rigorosa ou que não tenha valor documental" (LEIRIS, 2003, p. 20).

1.4. A discordância e os paradoxos da existência temporal humana

Vimos até aqui como a concordância, sob a condução do conceito aristotélico de *mythos*, insere-se na teoria ricoeuriana acerca do narrar. Não que Paul Ricoeur tenha se abdicado de tratar de índices de discordância, já que o filósofo, com base na poesia trágica, destacou a presença de fatores heterogêneos ou discordantes dando vida à intriga: "O modelo trágico não é puramente um modelo de concordância, e sim de concordância discordante" (RICOEUR, 2010a, p. 75).[54] De todo modo, sempre que a discordância surge como possibilidade na teoria de Ricoeur ela é logo cooptada por uma função unificadora e sintética que restaura a concordância no seio da discordância, tal como procede a inteligência no ato de configurar a intriga. Não à toa, toda vez que vemos os termos "concordância" e "discordância" associados é sempre em razão de o segundo ter se tornado qualificante do primeiro (nunca se vê, por exemplo, o uso da expressão "discordância concordante", apenas o inverso, "concordância discordante"), o que acaba por evidenciar a centralidade que a concordância adquire no livro de Ricoeur e, por consequência, o lugar privilegiado do conceito mediador de composição da intriga, responsável por operar tal concordância: "[...] o argumento do livro [*Tempo e narrativa*] consiste em construir a mediação entre tempo e narrativa demonstrando o papel mediador da composição da intriga no processo mimético" (*Ibid.*, p. 95). Sabendo disso, defendemos que, para Ricoeur, o aspecto concordante da narrativa tende a triunfar a despeito de todo esfor-

54 A etapa da *peripéteia* no processo catártico, da qual trataremos no tópico "A força da discordância na dialética concordante-discordante" do segundo capítulo deste livro, ilustra bem a presença da discordância na teoria de Ricoeur acerca da narrativa.

ço empreendido pelo filósofo para sublinhar a imprescindibilidade da discordância.

De qualquer maneira, apresentaremos aqui o debate promovido por Ricoeur em torno do modelo de discordância oferecido pelo tempo, para o qual o filósofo elege a expressão agostiniana *distentio animi*, extraída das *Confissões*, como réplica invertida da noção aristotélica de *mythos*.[55] A *distentio animi* agostiniana será o emblema da discordância escolhido para fazer frente à noção aristotélica de *mythos*, fomentadora da concordância. Nossa hipótese é a de que, na reflexão de Ricoeur, a discordância opera como um pano de fundo que conecta a teoria narrativa à complexidade da experiência vivida, muito embora não seja a ideia diretora que rege o desenvolvimento da maneira narrativa de o ser humano experienciar o tempo. Por

---

55 Ricoeur não se alonga ao apresentar as razões que o levaram a escolher precisamente as *Confissões* de Agostinho como fonte de suas análises do tempo e da discordância. A ausência de uma explanação mais detalhada nesse sentido pode levar sua escolha a soar como arbitrária caso consideremos que o estudo das *Confissões* é realizado em contraposição ao estudo da *Poética*, obra com a qual aquela não apresenta nenhuma proximidade histórica e/ou temática. Na verdade, oferecendo munição contra suas próprias teses, o filósofo aponta que na *Poética* não há nenhuma preocupação em lidar com a questão do tempo e que, nas *Confissões*, os paradoxos do tempo nada devem à narrativa. O filósofo, todavia, utiliza esse mesmo cartucho que poderia munir seus antagonistas para justificar a escolha acertada pelos dois autores: "A escolha desses dois autores tem uma dupla justificação. Primeiramente, eles nos propõem duas entradas *independentes* no círculo de nosso problema: uma, pelo lado dos paradoxos do tempo, a outra, pelo lado da organização inteligível da narrativa. A independência delas não consiste apenas no fato de as *Confissões* de Santo Agostinho e a *Poética* de Aristóteles pertencerem a universos culturais profundamente diferentes, separados por muitos séculos e por problemáticas que não podem ser superpostas. O que é mais importante para nosso intuito é que um inquire a natureza do tempo, aparentemente sem se preocupar em fundar nessa inquirição a estrutura narrativa da autobiografia espiritual desenvolvida nos nove primeiros livros das *Confissões*. O outro constrói sua teoria da intriga dramática sem considerar as implicações temporais de sua análise, deixando para a *Física* o cuidado de se ocupar com a análise do tempo. É nesse sentido preciso que as *Confissões* e a *Poética* oferecem dois acessos independentes entre si para nosso problema circular" (RICOEUR, 2010a, p. 10). Tal justificativa é feita tendo em vista possíveis leitores que acusem a tese exposta em *Tempo e narrativa* de circularidade tautológica. Nesse sentido, ao escolher dois pontos de partida tão distantes um do outro, Ricoeur busca eludir possíveis objeções. A segunda justificativa consiste no fato de os dois autores permitirem opor as noções de tempo e discordância às noções de narrativa e concordância. Por fim, somando a estes motivos, resta-nos aventar que tais obras foram escolhidas pelo que representam para a cultura ocidental.

isso, ao decidirmos discutir primeiro a narratividade, o que foi feito no tópico anterior, propusemos inverter a ordem de apresentação dos argumentos em relação àquela que foi oferecida por Ricoeur. Em *Tempo e narrativa*, primeiro o filósofo desenvolveu um estudo sobre o tempo no Livro XI das *Confissões* de Agostinho para só depois guiar uma investigação da narrativa segundo os princípios da *Poética* de Aristóteles, coroando com a concordância narrativa o exame baseado na díade que dá nome à obra. Julgamos que, ao efetuarmos uma inversão no tratamento dos temas, realçamos, na teoria ricoeuriana sobre a narratividade, o papel complementar da dissonância do tempo em proveito do protagonismo exercido pela concordância do *mythos*, de modo que, em vez do epíteto que a obra de fato recebeu, faria jus ao conteúdo do livro a substituição de seu título por *Narrativa e tempo*.[56] Aqui, talvez o leitor nos contradite com o argumento de que o tempo evoca uma precedência em relação à narrativa, visto que o tempo do mundo é anterior à estruturação temporal conduzida pelo ser humano por meio da narrativa. Ora, mas essa lógica não seria diversa da que rege a constituição de *Tempo e narrativa*? Desde o estudo das *Confissões*, apresentado no início de sua trilogia, Ricoeur se desvencilhou das oportunidades nas quais poderia se ocupar do tempo cosmológico, pois seu interesse consistia em abordar como o ser humano internaliza o tempo psicológica e narrativamente. A mesma atitude é notada nas investigações até o fim do segundo volume. É apenas no terceiro deles, em esparsos momentos, que o tempo se descola do exame da narratividade; e é apenas na conclusão desse volume que Ricoeur

56 Não pretendemos, com essa defesa, reforçar a acusação de circularidade tautológica contra a qual Ricoeur frequentemente se colocou. Não entendemos que exista uma correspondência reducionista entre a experiência temporal e a experiência narrativa. Muito pelo contrário, os problemas do tempo como paradigma da discordância e da narrativa como modelo da concordância só acentuam a irredutibilidade e a dissimetria entre as duas instâncias, afastando a possibilidade de o ato de narrar e o ser temporal encerrarem uma circularidade morta.

realmente se redime com um breve texto sobre a aporia da inescrutabilidade do tempo. Aliás, o próprio Ricoeur posteriormente percebeu que sua tentativa de manter o tempo dentro das delimitações da narrativa não fora bem-sucedida, já que o tempo escapa da pretensão de unificar as leituras de viés cosmológico e de viés psicológico. Em entrevista concedida cerca de uma década depois da publicação de *Tempo e narrativa*, Ricoeur recobra a redação dos três volumes e confessa que, no momento em que relia sua obra para escrever a conclusão da trilogia, foi rondado por um espírito autocrítico que reconheceu o limite de seu empreendimento.

> Reli-me, levantando a questão: onde reside o limite do empreendimento? Em que é que o tempo, finalmente, se subtrai à narrativa? Eu partiria de uma espécie de homologação mútua entre um tempo estruturado e uma narrativa temporal, era-me, pois, necessário fazer, no final, o balanço da razão por que o tempo regressa a si mesmo, escapa ao empreendimento da narrativa. Se, no meu discurso, tivesse conseguido manter o tempo cativo nas redes do narrativo, teria voltado a posições idealistas, contra as quais não deixei de lutar: a saber, que o sujeito dominaria o sentido, que ele manteria na narrativa todas as significações de que o tempo é suscetível. Ora, o tempo do mundo, o tempo cósmico, é estruturado segundo a própria produção do mundo, e não segundo a produção da narrativa. Fazer esta confissão era talvez uma espécie de homenagem final a Heidegger.
>
> Continuo a pensar que existirão sempre duas leituras do tempo: uma leitura cosmológica e uma leitura psicológica, um tempo do mundo e um tempo da alma. E que o tempo escapa à pretensão da unificação. O que me conduz diretamente ao tema kantiano da inescrutabilidade do tempo: o tempo avança, corre, e até o fato de dele se falar só através de metáforas mostra que não temos domínio sobre ele, não apenas prático evidentemente, ou instrumental, como também conceitual. (RICOEUR, 2009, p. 143-144)

Mas voltemos à comparação entre o estudo de Aristóteles e o de Agostinho. Sobre a divergência entre ambos, Ricoeur adverte na apresentação da primeira parte de sua trilogia:

> Elas [as análises de Aristóteles na *Poética* e de Agostinho no Livro XI das *Confissões*] não se limitam a convergir para a mesma interrogação a partir de horizontes filosóficos radicalmente diferentes: cada uma gera a imagem invertida da outra. Com efeito, a análise agostiniana dá do tempo uma representação na qual a *discordância* não cessa de desmentir o anseio de *concordância* constitutivo do *animus*. A análise aristotélica, em contrapartida, estabelece a preponderância da concordância sobre a discordância na configuração da *intriga*. Foi essa relação inversa entre concordância e discordância que me pareceu constituir o maior interesse da confrontação entre as *Confissões* e a *Poética* – confrontação que pode parecer ainda mais incongruente na medida em que vai de Agostinho a Aristóteles, desconsiderando a cronologia. Mas pensei que o encontro entre as *Confissões* e a *Poética*, na mente do mesmo leitor, ficaria mais dramático se fosse da obra em que predomina a perplexidade provocada pelos paradoxos do tempo para aquela em que, ao contrário, prevalece a confiança na capacidade do poeta de fazer triunfar a ordem sobre a desordem. (*Id.*, 2010a, p. 10-11)

Nessa passagem, notemos que Ricoeur sublinha expressamente que a *Poética*, por meio do conceito de *mythos*, confia no triunfo da ordem sobre a desordem. Em certa medida, é esse mesmo triunfo que vemos emergir da teoria de Ricoeur quando considera preponderar a concordância da narrativa sobre a discordância do tempo. Todavia, seríamos injustos com nosso filósofo se não abstraíssemos de seu discurso o tom dramático de triunfo da ordem para dar espaço ao caráter dialético da concordância discordante: "[...] enquanto pusermos de maneira unilateral a consonância apenas do lado da narrativa e a dissonância apenas do lado da temporalidade, como o argumento sugere, deixaremos de notar o caráter propriamente dialético da relação" (RICOEUR, 2010a, p. 125). Do lado da temporalidade em Agostinho, Ricoeur desconstrói uma visão unilateral quando assevera que o tempo não se reduz à mera discordância, como destacou ao analisar a noção agostiniana de *intentio*, que apresentaremos mais adiante. Por seu turno, do lado da narratividade em Aristóteles, "o caráter de consonância da narrativa, que ficamos tentados a opor de modo não dialético à dissonância de nossa experiência temporal, também deve ser temperado. A composição da intriga nunca é o mero 'triunfo' da ordem" (*Ibid.*, p. 125-126). Quando Ricoeur zela pelo caráter dialético das relações entre narrativa e tempo ou entre concordância e discordância, o filósofo, a nosso ver, não deixa de manifestar certa predileção pela ordem que organiza a intriga tornando-a acompanhável para o leitor. Seu intento é o de registrar que a discordância, própria da dinâmica do existir humano, não deixa de operar onde reina a concordância, o que talvez até mesmo eleve a vocação concordante da narrativa, destacando seu potencial de reunir o heterogêneo e o discordante em benefício de um todo coeso. É certo, no entanto, que negligenciar a presença da discordância na experiência humana é subtrair da vida sua dimensão trágica e conflituosa, própria de nossa finitude e falibilidade, e assumir que nossas experiências não estão submetidas aos paradoxos do tempo.[57] É admitir que não nos

57 Quando Ricoeur trata dos paradoxos do tempo, ele tem em mente os paradoxos da temporalidade enunciados por Agostinho. Um desses paradoxos se refere à aporia do ser e do não ser do tempo: o tempo não tem ser na medida em que o passado já não é mais, o presente desaparece e o futuro ainda não é. Outro paradoxo consiste em como se pode medir o que não é. É na alma que se encontra a resposta para essa aporia, pois nela o passado é presentificado na forma de memória e o futuro, na forma de expectação. Nesse sentido, há um triplo presente: um presente das coisas passadas, que corresponde à presença de imagens-vestígios que permanecem fixadas na alma pela memória e, assim, podem ser medidas; um presente das coisas futuras, que corresponde à presença de imagens-sinais que são fixadas na alma pela expectativa e, assim, também comportam mensuração; e, por fim, um presente das coisas presentes.

perdemos entre um passado que não é mais, um presente fugidio e um futuro que ainda não é. Significa colocar nossas experiências em uma espécie de eternidade sempre estável e concordante.

Assim, temos que a teoria narrativa de Paul Ricoeur é devedora, sobretudo, de duas reflexões radicalmente dissemelhantes: a discussão sobre o tempo no Livro XI das *Confissões* de Agostinho e a investigação sobre a tragédia na *Poética* de Aristóteles. Como enfatiza o próprio Ricoeur, não bastassem os mais de seis séculos que as separam, em contextos culturais radicalmente discrepantes, as duas obras mobilizam conceitos em franca oposição: uma trata da discordância da experiência temporal, ao passo que a outra se serve da concordância expressa na experiência narrativa. Com a junção de obras de autores que representam contextos culturais tão díspares, vale para o leitor de *Tempo e narrativa* a mesma advertência feita por Ricoeur aos leitores de *A memória, a história, o esquecimento*: "Convoco um autor ou outro de acordo com a necessidade do argumento, sem atentar para a época. Este me parece ser o direito de todo leitor diante do qual todos os livros estão abertos ao mesmo tempo" (*Id.*, 2007, p. 19). Assim, talvez possamos dizer que a necessidade criada pela tese que articula temporalidade e narrativa orienta a convocação seja de Aristóteles, seja de Agostinho. Seria esperado de Ricoeur, na condição de intérprete da história da filosofia, mobilizar as obras que lhe aprouvessem a fim de sustentar seus argumentos, mesmo que os filósofos por ele escolhidos para erguer uma mesma tese fossem atravessados por problemáticas distintas e estivessem historicamente separados por um longo período. Em resumo, poderíamos supor que, em *Tempo e narrativa*, não foram as reflexões de Aristóteles e de Agostinho que deram subsídios para forjar a tese de Ricoeur, mas o contrário: foi a tese mesma que, para ser bem ancorada, criou a necessidade de se reportar à *Poética* e às *Confissões*.

Contrariando a ordem cronológica, Agostinho, em vez de Aristóteles, é o primeiro solicitado por Ricoeur na discussão promovida no primeiro volume de *Tempo e narrativa*, com o intuito de expor a prevalência na alma do aspecto divergente do tempo. Para tanto, Ricoeur recupera o conceito agostiniano de *distentio animi*, a saber, a tensão presentificada no espírito entre, em sentidos opostos, um passado escoado e um futuro eminente, ou, dizendo de outro modo, o embate, no espelho do presente, entre as ações incongruentes da memória e da expectação. Ricoeur interpreta a *distentio animi* como a expressão da "esgarçadura da alma privada da estabilidade do eterno presente" (RICOEUR, 2007, p. 50) (a eternidade divina), como a "pressão existencial da discordância" (*Ibid.*, p. 56) exercida em nossa interioridade psíquica e manifesta na experiência temporal humana, que é dilacerada entre passado, presente e futuro. Segundo a professora Jeanne Marie Gagnebin, baseando-se na interpretação de Ricoeur do Livro XI das *Confissões*:

> [...] essa distensão caracteriza nossa existência temporal, portanto nunca plena de si mesma numa beatitude que só cabe a Deus, mas dilacerada numa incessante e dolorosa não-coincidência consigo mesma, nesse desacerto, nesse desassossego que nos faz sofrer – e, inseparavelmente, procurar, inventar, desmanchar, construir e reconstruir sentido(s). (GAGNEBIN, 1997, p. 78)

Ao analisar o texto agostiniano, Ricoeur se concentra no aspecto discordante da experiência temporal humana, tão bem captado por Gagnebin quando descreve nosso dilaceramento interno. Ricoeur age assim não só por enxergar no Livro XI das *Confissões* a prevalência da discordância, o que reitera a finitude falha do ser humano em relação à perfeição divina, mas também porque, ao ater-se a esse aspecto, ilustra e ajuda a compor o argumento necessário para viabilizar uma contraposição ao modelo concordante extraído da teoria aristotélica. Sabemos que, para Agostinho, a alma distendida na multiplicidade de modalidades do tempo – o passado ora inexistente, o presente fugidio e o futuro incerto – fica exposta a uma existência temporal internamente discordante, o que representa a desordem da finitude humana decaída, em oposição à beatitude da eternidade divina, marcando, assim, a deficiência ontológica da temporalidade humana. É como nos versos de José Saramago: "Eu fui. Mas o que fui já não me lembra", "Eu sou. Mas o que sou tão pouco é", "Falta ver, se é que falta, o que serei" (SARAMAGO, 1982, p. 38). Com efeito, numa existência que vacila entre três modalidades do tempo, tantas seriam as tristezas de um espírito volátil sem conseguir unir-se a qualquer coisa que não fosse índice de sua finitude, como a doença, a morte e a queda. Para Agostinho, esse ser que vaga disperso em copiosa indigência, consumido em tristeza, recluso no cativeiro de lágrimas onde agoniza entre os paradoxos do tempo, entre um passado que já não é, um presente que desaparece e um futuro que não é ainda, não vê diante de si nada senão o transitório, senão imagens fugidias de um ser em ruínas e exilado em sua vulnerável finitude, até que finalmente, como prêmio por sua devoção, possa confluir com o divino (AGOSTINHO, 2017, p. 334). É justamente nesse aspecto paradoxal da *distentio animi* que Ricoeur se fixará, pois é ele que permitirá ao filósofo divisar a realidade trágica e conflituosa de nosso existir finito. A falha e a não coincidência entre as três modalidades da ação – memória (do passado), atenção (do presente) e expectação (do futuro) – ajudará nosso filósofo a incorporar em sua teoria sobre a narratividade a discordância a que fatalmente o ser humano está condenado em razão de sua finitude e da qual a análise de Ricoeur não poderia de maneira alguma se furtar.

Conhecendo a obra de Paul Ricoeur, podemos afirmar que na década de 1980, com a publicação de *Tempo e narrativa*, o autor se valeu do conceito de *distentio animi* em consonância com a teoria sobre o homem falível apresentada por ele duas décadas antes. O dilaceramento, ressaltado do ponto de vista temporal no estudo das *Confissões*, não só participa da experiência humana como também constitui a própria humanidade, argumento que Ricoeur sustenta em *O homem falível*, primeiro dos dois volumes de *Finitude e culpabilidade* (1960)[58], que, por sua vez, integra um projeto maior intitulado *Filosofia da vontade*, o qual, não obstante as promessas do filósofo, resta inconcluso.[59] Em *O homem falível*, livro fortemente influenciado pelas reflexões de Immanuel Kant, o filósofo traz à luz do dia a desproporção vivida pelo ser humano, marcado por uma constituição antinômica e paradoxal, por uma tensão entre o finito e o infinito, e que se manifesta na não-coincidência do sujeito consigo mesmo, na fragilidade afetiva de um ser humano vulnerável e naquilo que Ricoeur designa como o patético da miséria.

Ricoeur começa suas especulações nesse livro valendo-se da tensão entre finito e infinito proposta por René Descartes. Em uma chave de leitura cartesiana, a humanidade é acometida pela condição paradoxal que a coloca entre o entendimento finito e a vontade infinita. Quer dizer, a tensão entre infinitude e finitude seria traduzida na desproporção entre os desejos que tendem ao infinito e a condição humana invariavelmente finita. Inspirado nessa desproporção pressuposta por Descartes, embora Ricoeur não a endosse

58 *O homem falível*, primeiro livro de *Finitude e culpabilidade*, concretiza o projeto ricoeuriano de uma filosofia reflexiva, ao passo que o segundo livro, *A simbólica do mal*, forja as linhas mestras da hermenêutica original do autor, marcando a entrada em definitivo do pensamento de Ricoeur na filosofia hermenêutica.

59 O projeto inicial de *Filosofia da vontade* contava com três tomos: o primeiro deles, intitulado *O voluntário e o involuntário*, foi publicado em 1950, o segundo, *Finitude e culpabilidade*, foi publicado dez anos mais tarde, já o terceiro nunca foi iniciado.

sob os mesmos parâmetros, para o autor de *Tempo e narrativa* o que constituiria a razão de nossa falibilidade e abriria caminho para a história de falhas em que estamos todos mergulhados é precisamente a tensão entre a finitude e a infinitude.[60] Reunidas ao mesmo tempo no ser humano, finitude e infinitude nos colocam em uma posição intermediária que, para Ricoeur, não deve ser interpretada como um simbolismo espacial ou um lugar ontológico, como se estivéssemos localizados entre a condição de anjos e a de bestas, mas sim como um estado misto (*mélange*) que reivindica algum mecanismo de mediação.[61] A noção espacial imporia fronteiras ao humano, quando, na verdade, o que Ricoeur busca é superar a noção de limite, demonstrando que entre a finitude e a infinitude existe uma tensão paradoxal que é constitutiva da desproporção do ser humano, o qual seria intermediário *em si* e *de si a si*. A mediação operaria realizando a síntese dessa tensão antinômica, sem, contudo, ter o poder de resolver de vez a inescapável dualidade humana. Destaca Ricoeur em *O homem falível*:

> [...] o homem não é intermediário porque se encontra entre o anjo e a besta; é em si mesmo e de si a si que ele é intermediário; é intermediário

60 Tomando de empréstimo uma pequena frase de Ricoeur, Domenico Jervolino assim explica a finitude a que o ser humano é condicionado: "Se a finitude é própria do homem, ela é a finitude que é própria a um ser racional finito, não a contingência de um ser que se encontra atirado numa existência privada de sentido. É a finitude frágil de um desejo e de um esforço para existir que, na assunção do limite e no empenho em operar mediações, tenta perigosa e problematicamente dizer Sim à Vida: 'O homem é a alegria do Sim na tristeza do finito' (HF 156)" (JERVOLINO, 2002, p. 37).

61 Para a defesa dessa posição intermediária, Ricoeur se serve de exemplos fornecidos por Descartes e Pascal. Como salienta Descartes na "Quarta Meditação", o homem é como que um meio entre Deus e o nada, porquanto posicionado entre o soberano ser e o não-ser, por isso ele é falível: "[...] ocorre que eu me engano pelo fato de o poder que Deus me doou para discernir o verdadeiro do falso não ser infinito em mim" (DESCARTES, 1983, p. 116). Coetâneo do autor de *Discurso do método*, Pascal endossa tal pensamento: "Afinal, que é o homem dentro da natureza? Nada em relação ao infinito; tudo em relação ao nada: um ponto intermediário entre tudo e nada" (PASCAL, 1973, p. 56).

> porque é misto, e é misto porque opera mediações. [...] o seu ato de existir é o próprio ato de operar mediações entre todas as modalidades e todos os níveis de realidade fora dele e nele mesmo. (RICOEUR, 1960b, p. 23)

A antropologia da desproporção vislumbrada por Ricoeur atinge basicamente três setores da vida: o conhecimento, a ação e o sentimento. A identificação dessas três dimensões foi feita com base nas seguintes questões kantianas: "O que podemos conhecer?", "O que devo fazer?" e "O que posso esperar?". Para Ricoeur, esses três domínios exigem mediação, pois padecem com a constituição antinômica e paradoxal do ser humano, dividido entre sua constituição finita e a necessidade de transcendê-la. No que se refere ao conhecimento, a mediação se dá pela imaginação e efetua a síntese entre a perspectiva finita de nosso olhar, que se fixa em uma minúscula parcela da realidade, e a infinitude do discurso, aberto a várias possibilidades de fixação. No que se refere à prática, a mediação é operada pelo que Ricoeur designa como "respeito" e realiza a síntese de dois elementos que estão na origem e no fim do campo motivacional da ação: o caráter finito do indivíduo e a felicidade como bem supremo da humanidade. No que se refere aos sentimentos, a mediação ocorre na articulação desconcertante entre o pensar e o sentir humanos, operações que podem acessar a transcendência do mundo, mas que são determinadas pela percepção subjetiva de quem espera acessá-la. Vejamos cada um desses aspectos.

A primeira modalidade de finitude originária levantada por Ricoeur no segundo capítulo de *O homem falível* diz respeito ao conhecimento e parte do pressuposto de que podemos apreender apenas uma face das coisas, porquanto pertence à essência de nossa percepção o ser inadequada ou unilateral. Para o filósofo, nosso conhecimento se constituiria a partir de uma perspectiva, de um ponto de vista que opera como princípio de estreitamento aplicado ao mundo abertamente apresentado ao sujeito, pois nossa percepção seria incapaz de apreender as coisas em todos os seus ângulos, em sua integridade. Apoiando-se nas teorias de Kant e Husserl, Ricoeur considera que toda *visão de* é um *ponto de vista sobre*. Na relação entre o ser humano e as coisas, o conhecimento a respeito delas sucederia de modo a perspectivá-las e, nesse processo epistemológico, o corpo aberto ao mundo seria o mediador entre a exterioridade das coisas e a forma como estas são concebidas na interioridade da consciência intencional, pois é "sempre sobre o mundo e a partir da manifestação do mundo como percebido, ameaçador e acessível que percebo a abertura de meu corpo, mediador da consciência intencional" (*Ibid.*, p. 38). A perspectiva seria, então, esse estreitamento finito em relação à abertura de meu corpo ao mundo. Ocorre que a finitude do olhar perspectivo é transgredida pelo ser humano quando este inventa as palavras, já que o discurso permite dizer qualquer coisa sobre qualquer coisa, ou seja, tem um poder de afirmação potencialmente infinito.[62] Decorre disso a tensão paradoxal entre a finitude da perspectiva e a infinitude do discurso: "[...] o homem não está menos destinado à racionalidade ilimitada, à totalidade e à beatitude do que limitado a uma perspectiva, entregue à morte e acorrentado ao desejo" (*Ibid.*, p. 23). Para mediar esse paradoxo, entra em cena a imaginação, cuja função sintética Ricoeur resgata da teoria exposta por Kant na *Crítica da razão pura*. Recordemos que a imaginação produtiva, na teoria ricoeuriana sobre a narrativa, é o índice de abertura da experiência discursiva empírica (finita) diante da infinidade de possibilidades

62 Jean Greish resume bem essa transgressão: "Embora reconheça que Descartes colocou no centro da antropologia filosófica a relação do finito com o infinito, Ricoeur recusa endossar a distinção cartesiana entre o entendimento finito e a vontade infinita. A verdadeira transgressão da finitude se produz quando o homem inventa as palavras para dizê-las. Ele mobiliza, então, o poder infinito do verbo, capaz de portar um julgamento sobre todas as coisas" (GREISH, 2015, p 62).

ofertada pelo mundo e pela linguagem, tanto é que muitas das vezes em que o filósofo fala de imaginação produtiva se refere também às variações imaginativas infindáveis que povoam a história da literatura.

Se a perspectiva equivale ao índice de finitude no que concerne ao conhecimento, o elemento correspondente ao finito do ponto de vista da ação humana consiste no caráter, que é a totalidade finita da existência singular de um indivíduo e que nos ajuda a reconhecê-lo e dele esperar um comportamento provável.[63] No terceiro capítulo de *O homem falível*, Paul Ricoeur explica que o caráter, reivindicado por vezes como o modo finito da liberdade, se apresenta na qualidade de um direcionamento perspectivista do amplo campo de motivação a que a humanidade, em seu conjunto, tem acesso. Nas palavras de Ricoeur, "a abertura de meu campo de motivação é meu acesso de princípio a todos os valores de todos os seres humanos por meio de todas as culturas" (RICOEUR, 1960b, p. 77). O filósofo explica que ao campo motivacional de qualquer pessoa é descortinado o infindável espectro de possibilidades oferecido à humanidade como um todo, de modo que não é inconsistente dizer que esse campo se encontra aberto ao humano em seu conjunto, no mesmo sentido da célebre máxima do comediógrafo latino Terêncio: *Nihil humani a me alienum puto* ("Nada do que é humano me é alheio"). Ricoeur completa:

> Sou capaz de todas as virtudes e de todos os vícios; nenhum signo do ser humano é radicalmente incompreensível, nenhuma língua é radicalmente intraduzível, não há obra de arte que meu gosto não possa alcançar. Minha

63 No segundo capítulo deste trabalho nos ocuparemos de investigar o caráter como estrutura do sujeito ligada à imutabilidade e à permanência do si. Por ora, vale a ideia de que o caráter é uma limitação, no indivíduo, das múltiplas possibilidades abertas à condição humana.

humanidade é essa acessibilidade de princípio ao humano fora de mim. Ela converte cada ser humano em meu semelhante.

Meu caráter não é o contrário dessa humanidade: é essa humanidade percebida de um ponto de vista; é a cidade inteira vista de um determinado ângulo. (*Ibid.*, p. 77-78)

Nesse sentido, o caráter é o estreitamento daquilo que, na humanidade, equivale à abertura. Daí a repercussão, na liberdade, da tensão entre o finito (estreitamento) e o infinito (abertura), visto que o sujeito está ao mesmo tempo encerrado em uma parcialidade constitutiva do caráter e aberto a uma possibilidade ilimitada que é ínsita à sua humanidade. O ser humano não é, então, um ser privado de um lugar ontológico – como se ocupasse uma posição indefinida entre o sumo ser e o nada –, mas uma existência intermediária, a qual, na verdade, se comporta como uma mescla entre a finitude daquilo que é e a infinitude daquilo que virtualmente poderia ser. Aloja-se aí a desproporção definidora da falibilidade do indivíduo, cujo ser está mergulhado na cesura entre uma individualidade singularizante e um horizonte de variações atinentes a ideias, crenças e valores a perder de vista. Sublinha Paul Ricoeur:

> [...] é segundo o modo finito de meu caráter que me abro ao humano em seu conjunto; todo o humano – ideias, crenças, valores, signos, obras, instrumentos, instituições – me é acessível de acordo com a perspectiva finita de uma fórmula de vida absolutamente singular. Não é meu caráter, não é minha singularidade o que considero quando ascendo dessa forma aos signos do homem, mas sim a humanidade desses signos [...]. (*Ibid.*, p. 85)

Ricoeur, baseado na ética aristotélica, mostra que a infinitude no campo da prática se manifesta por meio do bem supremo que é a felicidade, a meta assinada pela humanidade ou o objetivo comum em vista do qual toda ação humana concorre. Diferentemente do caráter, que é a origem zero do campo motivacional, a felicidade é seu fim. Em outras palavras, se as ações partem de um campo finito delimitado pelo caráter, elas têm como fim o horizonte infinito da felicidade, que não corresponde, para Ricoeur, a nenhuma experiência em particular, pois é na verdade a consciência de uma direção. Nesse sentido, "nenhum ato proporciona a felicidade, mas os encontros de nossa vida mais dignos de serem chamados 'acontecimentos' indicam a direção da felicidade" (RICOEUR, 1960b, p. 85). Completa o filósofo endossando a infinitude que o termo evoca: "Os acontecimentos que falam de felicidade são aqueles que apartam os obstáculos, que descobrem uma ampla paisagem da existência; o excesso de sentido, o excedente, o imenso, estes são os sinais de que estamos dirigidos à felicidade" (*Ibid.*, p. 85-86). Ricoeur sugere que a mediação da tensão finito-infinito no campo da ação é realizada por meio do conceito de respeito, que considera ser, na filosofia prática de Kant, o equivalente da imaginação transcendental na filosofia teórica. Talvez a mediação com o infinito operada pela ideia kantiana de respeito seja mais perceptível na tonalidade universalista do chamado imperativo categórico, assim expresso pelo filósofo alemão: "Age apenas segundo uma máxima tal que possas ao mesmo tempo querer que ela se torne lei universal" (KANT, 1998, p. 59).[64]

A terceira instância da antropologia da falibilidade delineada por Paul Ricoeur no quarto capítulo de *O homem falível* concerne aos sentimentos, responsáveis por interiorizar todas as demais desproporções experienciadas pelo sujeito e que vão além das já menciona-

64 Não desenvolveremos considerações sobre o conceito de respeito pelo risco de nos afastarmos sobremaneira de nosso escopo nesta análise: o estudo de Ricoeur sobre as *Confissões* de Agostinho.

das dimensões teórica e prática.[65] Segundo o filósofo, os sentimentos manifestam a realidade intencional da vida e é por meio deles que interiorizamos a realidade por nós objetivada. Pondera o filósofo:

> O sentimento – o amor, o ódio – é, sem dúvida alguma, intencional: é um sentir "algo": o amável, o odioso. Mas é uma intencionalidade bem estranha, porque, por um lado, designa algumas qualidades sentidas nas coisas, nas pessoas, no mundo e, por outro lado, manifesta, desvela a maneira em que o eu é intimamente afetado. Esse paradoxo é muito desconcertante: na mesma vivência coincidem uma intenção e uma afecção, uma visada transcendente e a revelação de uma intimidade. (RICOEUR, 1960b, p. 100)

O patético da miséria (ou o *pathos* da finitude humana) se manifesta, em se tratando da experiência afetiva, na fragilidade da articulação desconcertante entre o pensar e o sentir, pois existe um jogo aporético duplo interferindo na produção do sentimento, em decorrência, por um lado, da capacidade do sentimento de dizer algo a respeito dos objetos percepcionados – uma aspiração ao

---

65 Assim Ricoeur resume a fragilidade humana atestada no plano da experiência afetiva: "A função universal do sentimento consiste em unir; o sentimento une o que o conhecimento separa; o sentimento me une às coisas, aos seres, ao ser; ao passo que todo o movimento de objetivação tende a contrapor-me um mundo, o sentimento une a intencionalidade, que me lança fora de mim, com o afeto graças ao qual sinto minha existência; por isso, aquele sempre está mais aquém ou mais além da dualidade do sujeito e do objeto. Entretanto, ao interiorizar todos os laços do eu com o mundo, o sentimento suscita uma nova cisão, minha comigo mesmo. Faz patente a dualidade da razão e da sensibilidade que encontrava no objeto um ponto de repouso; divide o eu em duas aspirações afetivas fundamentais, a da vida orgânica, que se consuma na perfeição instantânea do prazer, e a da vida espiritual, que aspira à totalidade, à perfeição da felicidade. Essa desproporção do sentimento suscita uma nova mediação, a do *thymós*, do coração; essa mediação corresponde, no âmbito do sentimento, à silenciosa mediação da imaginação transcendental no âmbito do conhecimento; mas, enquanto a imaginação transcendental se reduz, toda ela, à síntese intencional, ao projeto do objeto diante de nós, essa mediação se reflete a si mesma em uma demanda afetiva indefinida, na qual se testemunha a fragilidade do ser humano. Vê-se, então, que o conflito está na constituição mais originária do ser humano; o objeto é síntese, o eu é conflito; a dualidade humana se supera intencionalmente na síntese do objeto e se interioriza afetivamente no conflito da subjetividade" (RICOEUR, 1960b, p. 147-148).

transcendente – e, por outro, da capacidade de dizer algo a respeito do próprio sujeito que sente esses mesmos objetos – a revelação de uma intimidade. Esse processo duplo se deve ao fato de que, no ato de conhecer, instaura-se um corte fundamental entre o sujeito e o objeto externo a ser conhecido, ao passo que o sentimento compensa o corte promovido por essa objetivação, uma vez que estabelece continuamente a cumplicidade do sujeito com o mundo. Nesse tom, Ricoeur discorre:

> [...] porque o sentimento projeta seus correlatos afetivos, suas qualidades sentidas – o amável e o odioso, o desejável e o abominável, o triste e o feliz – sobre as coisas elaboradas pelo trabalho de objetivação, parece como se estivesse desempenhando o papel de objeto. Mas como essas qualidades não são objetos situados diante de um sujeito, senão a expressão intencional de um laço inseparável com o mundo, o sentimento aparecerá ao mesmo tempo como uma cor da alma, como um afeto: a paisagem é o sorriso e eu sou quem está alegre; o sentimento expressa meu pertencimento a essa paisagem, o qual é, em contrapartida, o signo e a chave de minha intimidade. Contudo, como toda nossa linguagem se elaborou na dimensão da objetividade, na qual o sujeito e o objeto são distintos e opostos, o sentimento já não pode descrever-se mais que paradoxalmente, como a unidade de uma intenção e de um afeto, de uma intenção em direção ao mundo e de um afeto do eu; mas esse paradoxo somente é o dedo que aponta para o mistério do sentimento, a saber, a ligação indivisível de minha existência com os seres e com o ser por meio do desejo e do amor. (RICOEUR, 1960b, p. 105)

Desse modo, seja porque um princípio de estreitamento perspectivista submete a experiência diante de um mundo aberto para a infinitude do discurso, seja porque limitado a um caráter em face das infinitas possibilidades de ação prática, seja porque exposto ao conflito interno entre o pensar e o sentir, o sujeito, em quaisquer dessas situações, está enredado numa tensão entre o finito e o infinito, a qual governa a desproporção característica de sua falibilidade. Decerto nenhuma das vivências do sujeito, tanto sob a vertente do conhecimento quanto sob a da prática e a dos sentimentos, permanece intacta a essa distensão que é constituinte das interações do eu com o mundo, com as coisas e com as demais pessoas. Segundo Ricoeur, essa dualidade fundamental da existência, compreendida nas diversas manifestações da vida, pode ser lida emblematicamente nos termos de uma frase muito citada pelo filósofo Maine de Biran: *Homo simplex in vitalitate, duplex in humanitate* ("Homem simples em vitalidade, duplo em humanidade")[66]. Esse caráter duplo é manifesto principalmente na desproporção de uma existência dilacerada entre a finitude incontornável e a infinitude contemplada pelo gênero humano, mas também se expressa na tensão que envolve o existir temporal dividido entre o passado, o presente e o futuro, bem como na não coincidência do si consigo mesmo. Diz Paul Ricoeur:

> Em si e por si o homem continua sendo dilaceramento.
>
> É essa fenda secreta, essa não coincidência entre si e si mesmo que o sentimento revela; ele é conflito e revela o homem como conflito originário; manifesta que a mediação ou limitação é somente intencional, vista numa coisa ou numa obra, e que por si o homem sofre distensão. (*Ibid.*, p. 157)

---

66 A expressão muito mencionada por Maine de Biran (1766-1824) foi extraída da obra *Praelectiones academicae de morbis nervorum*, do médico neerlandês Herman Boerhaave (1668-1738). Entre os sentidos de aplicação dessa frase por Biran estava a intenção de referir-se à polêmica entre dualismo e monismo, a propósito da relação psico-física. Cf. MONTEBELLO, 1994. p. 160 e ss.

Parece, então, haver certo alinhamento conceitual nas situações em que Ricoeur adota as palavras "distensão", "discordância", "dilaceramento" e "desproporção". Esses termos no vocabulário ricoeuriano ocupam um dos polos da síntese pretendida pelo filósofo na formulação de sua teoria narrativa (vale lembrar: síntese entre a discordância da experiência temporal e a concordância da experiência narrativa). Como já pontuamos, costuma-se marcar no pensamento de Ricoeur a prática um tanto recorrente de constituir um meio-termo (de mediação e síntese) entre conceitos opostos ou teses que se polarizam. E isso também presidiria as reflexões sobre tempo e narrativa. A oposição principal, nesse caso, seria entre *mythos*, o modelo de concordância, e *distentio animi*, o modelo de discordância. Ocorre que Ricoeur supõe que tanto Aristóteles como Agostinho transferem a antinomia paradoxal para o interior de cada um desses conceitos, exigindo que também se aplique neles o recurso sintético proposto para a relação *mythos-distentio animi*. Dessa maneira, no que concerne ao *mythos*, a síntese seria efetivada com o conceito de *peripéteia*, que lhe é contraposto. No que diz respeito à *distentio animi*, a síntese seria estabelecida com o conceito de *intentio*. Se na *Poética* o *mythos* é o paradigma da ordem narrativa, a *peripéteia* é o paradigma da desordem que se interpõe na intriga, embora, como já mencionamos, a ordem seja restaurada ao fim do processo catártico. De modo semelhante, se nas *Confissões* a *distentio animi* é o paradigma da desordem no tempo, a *intentio* é o modelo da ordem. Não nos surpreende, então, que as tensões antinômicas entre *mythos* e *peripéteia* e entre *distentio animi* e *intentio* presentes em *Tempo e narrativa* sejam resolvidas por Ricoeur ao modo da tensão entre finitude e infinitude, que décadas antes marcara as reflexões do filósofo sobre a falibilidade. Vejamos agora como Ricoeur propõe solucionar o conflito entre os conceitos agostinianos de *distentio animi* e de *intentio*.

Como vimos, o conceito agostiniano de *distentio animi* mostra a prevalência na alma do aspecto divergente do tempo e, em virtude disso, é evocado em *Tempo e narrativa* como modelo de discordância. Já antecipamos, no entanto, que o conceito de *intentio* emerge da teoria agostiniana, como bem nota Ricoeur, para conferir ordem à desordem instaurada pela *distentio*. Na interpretação que o filósofo francês faz das *Confissões*, após a pressão existencial de discordância exercida pela distensão entre o passado, o presente e o futuro, a alma pode, no processo de *intentio*, recompor-se longe do transitório e conectar-se com o divino, onde finalmente contemplará os prazeres que não vêm nem vão. Atentando-nos para o estudo das *Confissões* levado a cabo por Ricoeur, percebemos que todo o cenário movediço desenhado por Agostinho para a dilacerada finitude humana é substituído e reprojetado quando a alma, tocada pela experiência viva do Verbo durante a *intentio*, é recolhida na plenitude da eternidade. Nesse sentido, podemos dizer, a partir do estudo de Ricoeur sobre Agostinho, que a voz humana murmurante, mas condizente com nossa imperfeição, embora se embrenhe entre sílabas escandidas brevemente e palavras céleres esfumaçadas pelo tempo já decorrido, encontra asilo seguro ao aspirar à confluência com o eterno, o Verbo criador. Servindo-se desse contraste entre a voz humana e o Verbo, Paul Ricoeur, muito atento ao valor da linguagem na constituição das especulações agostinianas acerca do tempo, explica em *Tempo e narrativa*:

> [...] o Verbo criador não é como a voz humana que "começa" e "some", como as sílabas que "ressoam" e "passam". O Verbo e a voz são tão irredutíveis um ao outro e tão inseparáveis quanto o ouvido interno, que ouve a Palavra e recebe a instrução do mestre interior, e o ouvido externo, que recolhe os *verba* e os transmite à inteligência vigilante. O *Verbum* permanece; os *verba* desaparecem. (RICOEUR, 2010a, p. 44)

Nessa passagem, Ricoeur recupera da teoria de Agostinho a ideia de que um ouvido interno ouve a Palavra e assim recebe a instrução do mestre interior. Ora, não seria precisamente esse o expediente confessional de Agostinho ao voltar-se para si mesmo na tentativa de comunicar-se com Deus? Com efeito, qualquer leitor das *Confissões* pressente no empenho de comunicar-se com o Verbo o escopo que lançara Agostinho na empreitada mesma da experiência confessional e autobiográfica.[67] É digno de nota que, afora a confissão de pecados, Ricoeur interpreta, a partir de comentários de Pierre Courcelle[68], a experiência autobiográfica de Agostinho como atravessada pela confissão de fé e de louvor, permitindo, assim, ao espírito cindido pelas antíteses do tempo que, ao ouvir a Palavra de instrução divina, supra sua carência de eternidade, antes expressa no coração da própria existência temporal. Seja como for, o tom confessional guardaria consigo, então, o reconhecimento daquele que se declara em face do divino, conectando-se por assim dizer a uma experiência de eternidade, graças à qual o eu em ascese se instruiria e prepararia terreno para a interiorização do sagrado e para o retorno ao Verbo, num itinerário introspectivo que vai do mundo à alma e da alma a Deus. É sob esse prisma que caminham as análises de Ricoeur sobre as *Confissões*:

> Entre o *Verbum* eterno e a *vox* humana, não há apenas diferença e distância, mas também instrução e comunicação: o Verbo é o mestre interior, buscado e ouvido "dentro": "Ouço aí a vossa voz, Senhor; a dizer-me que só nos fala aquele que nos instrui... Mas quem é que nos instrui além da

---

67 O regime autobiográfico ocupa especialmente o intervalo que vai do Livro I ao IX das *Confissões*.

68 Um dos comentadores de Agostinho que Ricoeur utiliza para elaborar seu estudo é Pierre Courcelle, servindo-se do livro *Recherches sur les* Confessions *de saint Augustin*, publicado em 1950.

> Verdade Imutável?". Portanto, nossa primeira relação com a linguagem não é o fato de que falávamos, mas de que ouvíamos e que, para além dos *verba* exteriores, ouvíamos o *Verbum* interior. O retorno nada mais é que essa escuta: pois, se o princípio "não permanecesse enquanto vagueássemos errantes, não haveria para onde voltar. Porém, quando voltamos de nosso erro, voltamos pelo conhecimento. Para que tenhamos o conhecimento, ele nos instrui, pois ele é o *Princípio* e ele nos fala". Assim se encadeiam instrução, reconhecimento e retorno. A instrução, poderíamos dizer, transpõe o abismo que se abre entre o *Verbum* eterno e a voz temporal. Ela alteia o tempo em direção à eternidade. (RICOEUR, 2010a, p. 53)

Ricoeur pode alegar, portanto, que o próprio procedimento confessional de Agostinho é um esforço para romper com a antítese entre tempo e eternidade, entre *distentio animi* e *intentio*, antítese que marca a tese agostiniana sobre os paradoxos da temporalidade. Segundo Ricoeur, no contraste entre tempo e eternidade retoma-se toda a dialética *distentio-intentio*, cuja efetivação ocorre no movimento sintético suscitado quando a alma se instrui com base no Verbo: "Enquanto a *distentio* torna-se sinônimo da dispersão na multiplicidade e da errância do velho homem, a *intentio* tende a ser identificada com a reunião do homem interior" (*Ibid.*, p. 51). Se a *distentio* operava com o dilaceramento da existência temporal humana, cindida entre o passado, o presente e o futuro, a *intentio* opera como elemento que reúne a alma ao interiorizar o sagrado, concedendo-lhe o gosto de vislumbrar uma eternidade inalcançável. Assim, se do ponto de vista ontológico a *distentio animi* era o indicador de uma falta ou uma falha no ser, de uma carência de eternidade sentida no coração da experiência temporal, a *intentio*, em contrapartida, é a ordem interior que se instaura com a visada em direção ao eterno. Desse modo, em vez de reforçar o que Ricoeur chama de simbolismo arborescente – nítido nas imagens antitéticas de recolhimento/dispersão, plenitude viva/agonia, estar em casa/banimento, luz/opacidade, as quais governam a oposição eternidade/tempo – e, por conseguinte, acabar induzindo à desvalorização da falha existencial na temporalidade humana, o compromisso de Agostinho parece ser o de aprofundar a experiência temporal vivida na interioridade mediante o contraste com a plenitude do eterno, indo além, portanto, da leitura de fundo meramente antagonista que tende a endossar a imperfeição humana e que passa ao largo da promessa de encontro com o Verbo.

Se em *O homem falível* Ricoeur demonstrou que entre a finitude e a infinitude existe uma tensão paradoxal constitutiva da desproporção do ser humano, duas décadas mais tarde o filósofo se servirá de uma tensão antinômica semelhante, entre *distentio animi* e *intentio*, para tratar da experiência temporal humana. Assim, Ricoeur defenderá, com o resgate do conceito de *intentio*, que a temporalidade para Agostinho não se reduz à mera discordância. Do mesmo modo o filósofo procedera ao tratar da narrativa desconstruindo a ilusão de que esta é, para Aristóteles, o paradigma da pura concordância, tendo em vista que a noção de *peripéteia* cruza o horizonte do *mythos*.

Para Ricoeur, leitor de Agostinho, a experiência temporal humana de dilaceramento é vivificada ao flertar com a eternidade durante o processo de interiorização do Verbo. Nesse processo, o conhecimento fornecido pela Palavra converte-se em reverberação no homem daquilo que é propriamente divino. Por isso Ricoeur pode com mais propriedade defender a fusão entre o conteúdo confessional ou autobiográfico das *Confissões* e a especulação filosófica, fortemente amparada pelo eco do Verbo criador, o absoluto conhecer, processo que converte o sofrimento passivo no ato de saber sofrer. Logo, não seria demais propor a aproximação das *Confissões* com o gênero lírico representado pelo hino de súplica e de louvor (os Salmos bíblicos, por exemplo), por meio do qual se tenta ressoar poeticamente algo da instrução divina, ao modo da *intentio*, favorecendo a alquimia que transforma súplica e louvor em reconhecimento. O ensaio ricoeuriano "Hermenêutica da ideia de Revelação" (1977) pode nos ajudar a efetuar tal avizinhamento, ao chamar nossa atenção para o mecanismo que opera no discurso desse tipo de hino. Segundo Ricoeur, hinos, súplicas e ações de graça constituem três grandes gêneros líricos sob os quais a palavra humana torna-se preponderantemente invocativa, endereçando-se a Deus em segunda pessoa (RICOEUR, 1977c, p. 28-29). Mencionando o exemplo de hino bem-acabado constituído pelos Salmos, Ricoeur observa:

> Se fosse necessário dizer em que sentido o saltério pode ser declarado revelado, certamente não seria no sentido de que o louvor, a súplica ou a ação de graça seriam colocados por Deus na boca de seus autores (a propósito, um forte disparate), mas no sentido de que os sentimentos expressos pela lírica são formados e conformados por seu próprio objeto. A gratidão, o pranto e a celebração são engendrados pelo mesmo fato de que esses movimentos do coração se deixam ser e, assim, tornam-se manifestos. A elevação do *pathos*, que havíamos discernido no movimento da sabedoria ao transformar o sofrer em saber sofrer, converte-se em algum tipo de temática no saltério. O Verbo forma o sentimento expressando-o. A Revelação é aquela formação mesma do sentimento que transcende as modalidades cotidianas do sentir humano.

Em casos como o do hino de súplica e de louvor, os movimentos do coração que o entoam transcendem a expressão patética usual, mesclando-se à sabedoria, responsável por transformar o sofrimento passivo em conhecimento ativo a respeito do sofrer. Nesse sentido, a conjunção entre confissão e especulação ocorreria no diálogo aberto entre um conceito menos monolítico de Revelação e o conceito de razão, engendrando, assim, a dialética viva de uma espécie de inteligência da fé. Se pensarmos que a *intentio*, em seu flerte interiorizado com o eterno, é o componente que fornece essa inteligibilidade à confissão, reiteraremos a ideia de que o conhecimento/instrução atua como mecanismo que confere unidade ao distenso. Ao fim desse périplo sobre a experiência humana do tempo, somos enredados por Ricoeur a diluir as contradições implicadas na alma entre as experiências do passado, do presente e do futuro, tendo em vista que a *intentio* vem arrematar a multiplicidade da peregrinação temporal humana ao conferir estabilidade a um coração capaz de escutar o Verbo divino.

Se nos reportarmos ao empreendimento de Ricoeur em *Tempo e narrativa*, parece então que a *intentio* está para a *distentio animi* assim como o *mythos* está para a *peripéteia*. Lembremos que no processo catártico, após a inversão no rumo dos acontecimentos da tragédia operada pela *peripetéia*, a ordem é restaurada por meio do mecanismo do reconhecimento. Em todos os casos, seja no estudo de Agostinho sobre os paradoxos do tempo, seja no estudo de Aristóteles sobre a narrativa, parece que a concordância é sempre de algum modo reabilitada na teoria ricoeuriana. Assim, mesmo na dissonância do tempo promovida pela *distentio animi*, que seria o paradigma maior da discordância em *Tempo e narrativa*, a ordem é restaurada sob a direção da *intentio*.

Por fim, não podemos esquecer que Ricoeur concebe a atividade narrativa como a solução poética dos paradoxos do tempo. E certamente o exemplo de Agostinho da recitação de um hino foi útil a Ricoeur para desenvolver essa saída. De acordo com Agostinho, quando estou prestes a recitar um hino que conheço de cor, o poema está inteiro sob a forma da antecipação. Todavia, à medida que o recito, cada sílaba e cada verso recitados se transferem para o passado e passam a habitar minha memória. A recitação, assim, distende-se entre a memória do que recitei e a espera dos versos e sílabas que ainda recitarei. Em outras palavras, durante o ato de recitar, minha atenção é canalizada para o presente, transformando progressivamente o conteúdo que habitava minha expectativa futura em conteúdo passado. "E quanto mais avanço e avanço", diz Agostinho, "mais a espera se encurta e a memória se alonga, até que toda espera se esgote, quando a ação inteira for concluída e transferida para a memória" (AGOSTINHO, 2017, p. 333-334). Portanto, ao recitar, o futuro antecipado decresce enquanto o passado aumenta.

Esse exemplo dado por Agostinho da recitação de um hino no transcurso do tempo é paradigmático no sentido de mostrar como a antinomia paradoxal entre *distentio animi* e *intentio* ocorre na linguagem, dando subsídios para Ricoeur sustentar a saída narrativa para a resolução dos paradoxos do tempo. Afinal, não seria o hino de súplica e de louvor uma forma narrativa de instrução a que o fiel recorre na tentativa de superar seu dilaceramento por meio da interiorização do Verbo? Ainda nas primeiras páginas de *Tempo e narrativa*, Ricoeur dá a chave de compreensão de sua obra reforçando a resolução das aporias da temporalidade a partir da *poiesis*, do fazer poético, ou seja, da composição da intriga:

> Uma das teses permanentes deste livro será a de que a especulação sobre o tempo é uma ruminação inconclusiva cuja única réplica é a atividade narrativa. Não que esta resolva por suplência as aporias. Se as resolve, é num sentido poético e não teórico do termo. A composição da intriga, diremos mais adiante, responde à aporia especulativa por um fazer poético capaz, decerto, de esclarecer (este será o principal sentido da catarse aristotélica) a aporia, mas não de resolvê-la teoricamente. Em certo sentido, o próprio Agostinho orienta para uma resolução desse tipo: a fusão do argumento com o hino na primeira parte do Livro XI [...] já permite entender que somente

> uma transfiguração poética, não somente da solução, mas da própria questão, libera a aporia do não sentido que ela vizinha. (RICOEUR, 2010a, p. 16)

Passando em revista a estratégia de Ricoeur para a resolução dos paradoxos da experiência temporal humana, a saída pela ação de narrar ajuda a corroborar nossa hipótese de que, ao fim e ao cabo, há uma espécie de triunfo da concordância na teoria de Ricoeur que associa a experiência temporal humana à experiência narrativa. No capítulo a seguir, investigaremos os limites dessa concordância ao mesmo tempo que acompanharemos os limites da ação de narrar. Vale mencionar que voltaremos à discussão aqui levantada acerca da discordância no tópico "A força da discordância na dialética concordante-discordante", presente no próximo capítulo.

CAPÍTULO 2

TRAIÇÃO DA NARRATIVA: OS LIMITES DO NARRAR

Este capítulo atende à segunda etapa da investigação sobre a narrativa e tem por objetivo traçar os limites da ação de narrar, ou seja, identificar situações nas quais o narrável se confronta com o não narrável, o que será feito sob duas perspectivas: uma interna, relativa à marca do inescrutável na própria dinâmica do tempo humanizado; outra externa, que se reporta à diversidade de formas de dizer o tempo e está associada ao surgimento de novos gêneros discursivos. Para tanto, vale a diferenciação proposta por Paul Ricoeur no terceiro volume de *Tempo e narrativa*: "[...] por limite interno, entenderemos a ultrapassagem até o esgotamento da arte de narrar na vizinhança do inescrutável. Por limite externo, a superação do gênero narrativo por outros gêneros de discurso que, a seu modo, também se dedicam a *dizer* o tempo" (Ricoeur, 2010c, p. 457).

2.1. Sobre os limites internos da narrativa

2.1.1. A face não narrável do "eu"

Como se sabe, fez parte da trajetória intelectual de Paul Ricoeur, que manteve uma intensa produção até meados dos anos 2000, palmilhar detida e exaustivamente os escritos de Sigmund Freud e sistematizá-los na obra *Da interpretação*, um extenso estudo publicado em 1965 e que, embora não figure entre suas preocupações iniciais – marcadas pelas filosofias de Edmund Husserl, Karl Jaspers e Gabriel Marcel –, antecede boa parte de sua produção mais célebre, incluindo a monumental trilogia *Tempo e narrativa*. Inspirado por *A interpretação dos sonhos*, Ricoeur declara a dívida que tem para com Freud no "reconhecimento das restrições especulativas vinculadas com o que chamei de conflito das interpretações" (RICOEUR, 1995b, p. 37), utilizando-se da psicanálise para finalizar a edificação de uma escola da suspeita cujos alicerces já haviam sido preparados por Karl Marx e Friedrich Nietzsche.[1] Ora, não seria o inconsciente a instância capaz de ferir com maior virulência a segurança de uma epistemologia fundada no *cogito*? Admitir a força do inconsciente não seria assumir a incognoscibilidade que afugentaria o saber seguro acerca de si mesmo, fundado na consciência que se quer autotransparente? Consentir com a psicanálise não seria abalar a "convicção de ser mestre e soberano de seu próprio domicílio psíquico" (RICOEUR, 1977a, p. 348)?[2]

Pensemos, em contrapartida, na recusa feita à psicanálise, na negação do inconsciente que impõe opacidade. Um dos fins que poderiam se esconder por trás dessa rejeição não seria precisamente a tentativa de reabilitar um *cogito* que poderia traduzir[3] plenamen-

---

1 Paul Ricoeur defende que, depois de Nietzsche, Marx e Freud, transpõe-se o objeto sobre o qual incide a dúvida especulativa. Se com Descartes a dúvida era posta sobre as coisas, com esses três mestres da suspeita ela passa a dirigir-se à própria consciência. Segundo nosso filósofo, "todos três limpam o horizonte para uma palavra mais autêntica, para um reino da Verdade, não somente mediante uma crítica 'destruidora', mas pela invenção de uma arte de *interpretar*" (RICOEUR, 1977a, p. 37). Se Nietzsche, Marx e Freud solapam o terreno do saber cristalino e autofundante, instauram, em contrapartida, o domínio do conflito de interpretações, ressaltando a relevância do conflito hermenêutico para a reflexão. A respeito disso, comenta Ricoeur: "Desde já sabemos que não é *uma* interpretação, mas são várias interpretações que devem ser integradas pela reflexão. Portanto, é o próprio conflito hermenêutico que alimenta o processo da reflexão e comanda a passagem da reflexão abstrata à reflexão concreta" (*Ibid.*, p. 54).

2 Ricoeur recupera o texto freudiano "Uma dificuldade da psicanálise" a fim de mostrar como a psicanálise rompe em definitivo com a pretensão narcísica do ser humano, a qual se faz expressar, por exemplo, no *cogito* cartesiano, a consciência fundadora de si mesma e do circundante: "A psicanálise representa a terceira e 'provavelmente a mais cruel' das humilhações infligidas ao narcisismo. Depois da humilhação cosmológica que Copérnico lhe infligiu, foi a vez da humilhação biológica, nascida da obra de Darwin. E agora, eis a psicanálise que lhe revela que 'o Ego não é senhor em sua própria casa'. O homem, que já sabia não ser ele mesmo nem o senhor do cosmo, nem o senhor dos seres vivos, descobre que não é nem mesmo o senhor de sua psique" (*Ibid.*, p. 348).

3 O emprego do verbo "traduzir" não é aqui desarrazoado, já que o próprio Ricoeur, ao tratar do procedimento de tradução de um texto estrangeiro para certo idioma familiar, defende a coexistência de dois mecanismos atuantes na tarefa do tradutor: o desejo de fidelidade e a traição inexorável, os quais o filósofo identifica respectivamente com as esferas do traduzível e do intraduzível ou, ainda, recuperando o vocabulário freudiano, com o trabalho de rememoração e o trabalho de luto – "Na tradução, diz Ricoeur, também se procede a uma certa salvação [traduzibilidade] e a um certo consentimento de perda [intraduzibilidade]" (*Id.*, 2012c, p. 22).

te o inconsciente transformando-o em compreensão absoluta do "eu", no caminho de uma vivência sem dúvida menos aflitiva? A via de afirmação da psicanálise parece ser mesmo compatível com a teoria ricoeuriana do *cogito* ferido ou quebrado[4] (*cogito blessé* ou *brisé*). Segundo tal teoria, sensível à dimensão trágica e conflituosa da existência, o si mesmo não estaria assentado na imediatez autossuficiente do "eu sou" – opondo-se, portanto, a Descartes –, tampouco sofreria uma destituição completa, como o *anticogito* nietzschiano; esse "eu" se caracterizaria por constituir uma existência que se determina, se decompõe e se reconstrói continuamente, amparada pelo outro, pelo móbile que coloca em marcha o universo da cultura.

Sem renunciar à noção de inconsciente, mas para tornar a existência menos insuportável e aflitiva, Ricoeur por algumas vezes lança mão do argumento que outorga à análise – em sentido freudiano – o poder de atingir uma compreensão mais profunda acerca do si, uma vez que o "sujeito se reconhece na história que ele conta para si mesmo sobre si mesmo" (*Id.*, 2010c, p. 420). Nesse processo, "a his-

---

Nesse sentido, sempre subsistiria algo do discurso original que não é passível de ser traduzido. A resistência exercida pela intraduzibilidade pode ser comparada à rejeição, aqui tratada, de um *cogito* autotransparente.

4 É no prefácio de *O si-mesmo como outro* que Ricoeur circunscreve com maior precisão o conceito de *cogito* ferido ou quebrado, embora este indiretamente atrevesse muitas das obras do filósofo, dada a tendência hermenêutica incorporada a seus escritos, a qual nega a consciência solipsista cartesiana. Nesse livro, Ricoeur posiciona sua hermenêutica do si à mesma distância tanto do *cogito* exaltado por Descartes quanto da queda do *cogito* cumprida por Nietzsche, recusando-se a apoiar-se em quaisquer das duas teorias, como lemos: "[...] a querela do *cogito*, na qual o 'eu' está ora em posição de força, ora em posição de fraqueza, pareceu-me a mais capaz de ressaltar já de saída o jogo da problemática do *si*, com a ressalva de que nossas investigações ulteriores confirmem a pretensão que formulamos aqui, ou seja, de que a hermenêutica do si se encontra a igual distância da apologia do *cogito* e de sua destituição. O estilo específico da hermenêutica do si compreende-se melhor quando se dimensionam previamente as espantosas oscilações que as filosofias do si parecem apresentar, como se o *cogito* da qual elas se originam estivesse inelutavelmente submetido a um ritmo alternado de superestimação e de subestimação" (*Id.*, 2014, p. XV-XVI). Sobre o tema, vale ainda consultar o ensaio "Uma filosofia do *cogito* ferido: Paul Ricoeur", da professora Jeanne Marie Gagnebin, publicado no livro *Lembrar escrever esquecer*.

tória de uma vida se constitui por meio de uma série de retificações aplicadas a narrativas prévias" (RICOEUR, 2010c, p. 420), isto é, fragmentos de histórias aparentemente desconexas são recuperados e ajudam a iluminar outras histórias ainda não narradas, obscuras, mas que, com o apoio daquelas, podem ser verbalizadas e, assim, elevam-se aos níveis da consciência e da linguagem. Isso confere unidade à narrativa de uma vida, favorecendo o que Ricoeur designa como "identidade narrativa", a qual cria condições para uma existência mais inteligível, coerente e suportável. Comenta Ricoeur:

> [...] a experiência psicanalítica salienta o papel de componente da narrativa no que se convencionou chamar "histórias de caso"; é no trabalho do analisando, que Freud chama, aliás, de perlaboração (*Durcharbeitung*), que esse papel pode ser discernido; ele se justifica, ademais, pela própria finalidade do processo analítico, que é a de substituir fragmentos de histórias ininteligíveis e ao mesmo tempo insuportáveis por uma história coerente e aceitável, na qual o analisando possa reconhecer sua ipseidade. A psicanálise constitui, nesse sentido, um laboratório particularmente instrutivo para uma investigação propriamente filosófica sobre a noção de identidade narrativa. (*Ibid.*)

Até aqui, sem grandes percalços: aceitamos a convivência aflitiva com o inconsciente, considerando a psicanálise até mesmo como estratégia de duplo benefício, ao possibilitar o melhor entendimento de si e ao mitigar a aflição causada pela incompreensibilidade. Entretanto, um obstáculo maior parece se interpor quando se toma isso como pressuposto, pois legitimar o inconsciente, por si só, não é o bastante para responder a um novo problema, que merece ainda mais nossa atenção: quais são os limites para a narrativa que uma pessoa pode construir a respeito de si mesma? Ou, dito de outro modo: até que ponto é possível existir a narrativa de uma vida? Propomos nas próximas linhas uma espécie de crítica da razão narrativa.

A fim de nos auxiliar no encaminhamento do problema – para que possamos posteriormente abordar com maior desenvoltura como Paul Ricoeur a ele responde –, vale recorrer a uma tópica desenvolvida por Judith Butler em seu livro *Giving an account of oneself*[5]. Nesse livro, quando trata do relato de si mesmo que é objeto da psicanálise, Butler sai em defesa da impossibilidade de uma narrativa plena, quer dizer, de uma narrativa que seja capaz de articular conscientemente todas as nossas relações inconscientes, capaz de traduzir em forma de discurso momentos de interrupção, obstrução e indefinição que brotam de maneira enigmática de nossas vivências. A autora o faz para sustentar uma relevância ética subjacente a essa cegueira, a qual julga necessária: dado que estamos mergulhados na experiência relacional e somos por ela constituídos, estamos necessariamente implicados em um universo social que nos precede e vai além de nós, e é porque somos afetados pela alteridade que não conseguimos por nós mesmos conferir um fechamento narrativo à nossa própria vida. Falar da impossibilidade da narrativa plena de uma vida é, no limite, reconhecer que estamos eticamente implicados na teia de vivências compartilhadas com os outros, somando à nossa existência todas as inconstâncias e incoerências típicas da relacionalidade – por pouco não vemos o nome do autor de *O si-mesmo como outro* subscrever essas considerações, tamanha a semelhança, nesse quesito, com a filosofia ricoeuriana. Seguindo a análise, Butler assevera:

> A impossibilidade de uma narrativa plena talvez implique que, desde o princípio, estamos eticamente implicados na vida dos outros. Embora

5 A tradução brasileira, realizada por Rogério Bettoni, recebe o título *Relatar a si mesmo: crítica da violência ética.*

muitos digam que ser um sujeito dividido – ou um sujeito cujo acesso a si mesmo é para sempre opaco, um sujeito incapaz de fundar a si mesmo – significa precisamente não ter os fundamentos para a ação e as condições de responsabilização, o modo como somos, desde o início, interrompidos pela alteridade pode nos tornar incapazes de oferecer um fechamento narrativo para nossa própria vida. O propósito aqui não é celebrar certa noção de incoerência, mas apenas destacar que nossa "incoerência" define o modo como somos constituídos na relacionalidade: implicados, obrigados, derivados, sustentados por um mundo social além de nós e anterior a nós. (BUTLER, 2017, p. 87)

Mais à frente, Judith Butler associa a "impossibilidade de uma narrativa plena" a um tipo de morte, que a autora descreverá como uma "aflição necessária" (*a necessary grief*[6]):

Dizer, como alguns, que o si-mesmo *tem de* ser narrado, que somente o si-mesmo narrado pode ser inteligível e sobreviver, equivale a dizer que não podemos sobreviver com um [*with an*[7]] inconsciente. É o mesmo que dizer, com efeito, que o inconsciente nos ameaça com uma incompreensibilidade insuportável e que, por essa razão, devemos nos opor a ele. [...] Ou, se aceita o inconsciente, aceita-o como algo totalmente recuperável pelo "eu" conhecedor, talvez como uma posse, na crença de que o inconsciente possa ser total e exaustivamente traduzido no que é consciente. [...]

---

6 Desconsiderando aspectos filológicos e concentrando-nos em especulações filosóficas, a palavra inglesa *grief* poderia, nesse caso, ser traduzida também por angústia, como discutiremos na nota 8. A noção literal de angústia (em inglês, *anguish*) é associada explicitamente à de necessidade no seguinte momento do livro *Giving an account of oneself*: "Sermos desfeitos pelo outro é uma necessidade primária, uma angústia [*anguish*], sem dúvida, mas também uma oportunidade de sermos interpelados, reivindicados, vinculados ao que não somos, mas também de sermos movidos, impelidos a agir, interpelarmos a nós mesmos em outro lugar e, assim, abandonarmos o 'eu' autossuficiente como um tipo de posse" (BUTLER, 2017, p. 171).

7 Pequeno ajuste na tradução brasileira: onde se lê "com um", a tradução publicada apresenta a expressão "sem um".

> Na linguagem que articula a oposição a um começo não narrável reside o medo de que a ausência de narrativa represente uma ameaça à vida e um risco, se não a certeza, de certo tipo de morte, a morte de um sujeito que não pode e nunca poderá reaver de todo as condições de seu próprio surgimento. (*Ibid.*, p. 87-88)

Para Bulter, a morte representada pelo vazio com que se defronta a autonarratividade é uma "aflição necessária", porquanto é a morte da fantasia de dominar o indominável, do sonho de conquistar o impossível. Sob o amparo de um escudo de realidade erguido por essa morte, pode-se garantir a dignidade ontológica de regiões imperscrutáveis do "eu", protegendo-as da violência de um processo de decifração que reduz o *ser* ao *sentido*, que enclausura o *ser* nas malhas do discursivo.[8] Segundo a autora, ao sujeito não pertence o controle de narrar a si mesmo de maneira sempre coerente, donde a ameaça que representa a morte – ou melhor, a morte de um sujeito desancorado e autofundante na ordem do pensamento, que nunca pôde efetivamente existir. Todavia, essa morte, em contrapartida, representa *pari passu* o nascimento de outro tipo de sujeito, mais realista, que se afirma quando assume desconhecer todas as dimensões de seu próprio surgimento[9] e aceita que tal ignorância se deve,

8 A noção de *"aflição necessária" diante do cerceamento da palavra* lembra, em certa medida, o conceito heideggeriano de *angústia diante do nada*, tendo em vista que uma saída "positiva" emerge da própria negatividade. Sobre a angústia como possibilidade de escapar da inautenticidade para assumir uma existência autêntica, vale consultar WERLE, 2003. A diferença entre a teoria de Butler e a de Heidegger, devemos realçar, reside no ponto de partida do processo que consideramos ser a saída "positiva" da aflição ou da angústia: conforme Butler, essa saída é desencadeada nas experiências cotidianas compartilhadas com o outro, o mundo e a cultura; já Heidegger defende que a saída está em colocar-se de modo originário e penetrante diante do ser próprio, lançar-se na plena solidão de sua ipseidade.

9 A impossibilidade de reaver as condições de nosso próprio surgimento, *mutatis mutandis*, lembra um pouco a noção de *in media res* referida por Ricoeur e transposta para o horizonte do viver, segundo a qual o nascimento e a morte constituem a primeira e a última cenas de nossa existência e, enquanto tais, são inacessíveis para nós, filtradas pela experiência apenas indiretamente, por meio de um espelhamento no outro. Cf. RICOEUR, 2014, p. 171.

entre outras razões, ao bloqueio do retorno imediato a cenas que o instauraram – um sujeito como esse conclui que sempre chegaremos tarde a nós mesmos, já que para compreendermo-nos somos dependentes do outro, de uma alteridade descortinada seja pela figura de outra pessoa, seja pela cultura. "O 'eu', escreve Butler, é o momento do fracasso em qualquer esforço narrativo de fazer um relato de si mesmo" (BUTLER, 2017, p. 104), destacando que nossa existência se afirma mesmo onde a compreensão de si é turvada e que tal incompreensibilidade inapelavelmente ronda nosso ser. A autora prossegue:

> Permanece [o eu] sendo aquilo que não pode ser relatado e, nesse sentido, constitui o fracasso exigido pelo próprio projeto da narração de si. Toda tentativa de fazer um relato de si mesmo está fadada a se deparar com esse fracasso e tropeçar nele. (*Ibid.*)

Em resumo, Judith Butler declara a morte prematura de um "eu" hipotético que é capaz, sem restrições, de compreender-se por via narrativa. Com isso, admite, então, a possibilidade de coexistência entre uma dimensão compreensiva da vida e outra incompreensiva: conjuga-se uma existência suportável, aceitável, inteligível, coerente e diurna com uma existência insuportável, inaceitável, ininteligível, incoerente e noturna, sem que uma reúna condições para anular inteiramente o potencial expressivo da outra. Nesse sentido, anuir à "humilhação" narcísica infligida à consciência pela psicanálise é o caminho menos fantasioso, embora mais aflitivo, para chegarmos a uma compreensão de nós mesmos, reconhecendo, inclusive, os limites impostos a essa compreensão trágica – *tragicidade* que é efeito da situação paradoxal de saber e não saber, como indica o sentido originário do termo estabelecido pela cultura grega clássica. Em última instância, aderir ao incompreensível é também uma forma de compreensão. Um sujeito como esse, que se conhece ao reconciliar-se com a incognoscibilidade de seu ser, não é estranho a Paul Ricoeur. O filósofo recomenda a esse sujeito o mesmo conselho fornecido à alma pelo texto bíblico: "[...] é preciso perdê-la para a salvar" (RICOEUR, 1978, p. 22). A advertência extraída do Evangelho de Marcos é citada por Ricoeur nas considerações iniciais do livro *O conflito das interpretações*, no momento em que o autor comenta o "desapossar-se da origem do sentido" defendido pela psicanálise. Esse ponto ficará mais perceptível após tratarmos dos exemplos de nossas dimensões incompreensivas oferecidos por Ricoeur.

Toda essa discussão dá sequência a um grande impasse: interpretar para compreender-se – e interpretar, como acena Ricoeur, significa "dizer algo de alguma coisa" (*Id.*, 1977a, p. 29), ou seja, traduzir em palavras, narrar –, mas, ao mesmo tempo, é necessário compreender-se na incompreensão do que não se pode interpretar. Tal compreensibilidade evocada pela adesão ao incompreensível requer traçar algumas situações-limite encontradas por nosso entendimento, numa espécie de criticismo kantiano, o que, de certa maneira, equivale a responder à seguinte pergunta: em que situações as narrativas seriam inviabilizadas pela incompreensibilidade?[10]

Já tendo encaminhado a questão com o auxílio das investigações de Butler, vale retornarmos à teoria de Paul Ricoeur para que consigamos ir um pouco além. Numa perspectiva semelhante à da autora estadunidense, por um lado, Ricoeur reconhece que nem todas as experiências humanas podem ser narradas, ou seja, nem

10 Não convém aqui dar continuidade às análises de Butler, pois nosso interesse em resgatar suas ideias se restringe à formulação de um problema. Não cabe a nós, portanto, destrinchar os caminhos escolhidos pela autora para elucidar a questão. Vale, no entanto, deixar "na manga" a ideia de que a opacidade ou a impossibilidade de narrar representa uma ameaça de morte; em momento oportuno, iremos recuperá-la.

todas podem passar pelo crivo da inteligibilidade interpretativa e esgotarem-se pela linguagem e pela consciência. Para o filósofo, experiências como a dor, o sofrimento e o mal padecidos não podem ser completamente apreendidas. De modo excepcional, o mal cometido por nós, seres falíveis, quando se exprime em noções como pecado, culpabilidade e sofrimento – próprias da semântica religiosa judaico-cristã –, pode até se refugiar na linguagem, como afirma Ricoeur através do conceito de confissão:

> A experiência que é confessada pelo penitente é uma experiência cega: permanece presa no invólucro da emoção, do medo, da angústia; é esta nota emocional que suscita a objetivação num discurso: a confissão exprime, empurra para o exterior a emoção que, sem ela, se fecharia sobre si mesma, como uma impressão da alma; a linguagem é a luz da emoção; através da confissão a consciência de culpa é trazida à luz da palavra; através da confissão o homem continua a ser palavra mesmo na experiência de seu absurdo, de seu sofrimento, de sua angústia. (RICOEUR, 2013a, p. 23-24).

Ocorre que todo mal cometido tem seu correspondente mal sofrido e, para além disso, existe uma série de sofrimentos que não são resposta à ação injusta ou vil dos homens, como a dor impingida pelas catástrofes naturais, doenças e epidemias, pelo envelhecimento e pela morte. É sobre esse mal, o padecido, que Ricoeur estende um véu de incompreensão.

Uma pergunta insolúvel, por exemplo: no caso do homem justo, por que este se torna vítima de um mal imerecido? Se sua postura virtuosa bloqueia qualquer possibilidade de que o mundo retribua com o sofrimento um mal *não* praticado, por que mesmo assim ele sofre? Ricoeur recorre ao exemplo bíblico de Jó, homem sem falhas porém submetido às mais duras penas, cujo único arrependimento é queixar-se do mal a que fora sujeitado (*Id.*, 1988, p. 28-31).

Como, diante do mal sofrido pelo justo, não ver contradição nas proposições que afirmam a onipotência e a bondade divinas? Reside aí o grande enigma do mal, de um mal que nos acomete sem que saibamos sua razão e sua causa, um mal que esbarra na finitude humana e inviabiliza qualquer fechamento narrativo, soando como um escândalo para nossa compreensão. Na tentativa de lançar um pouco de luz sobre esse escândalo, Ricoeur investiga o trabalho de luto. Quando o filósofo trata da experiência do trabalho de luto, tal como este fora enunciado por Freud, considera três estágios para a espiritualização da dor, percurso que tenta superar desde a queixa pelo acaso dos fenômenos no mundo (primeiro estágio) até a queixa direcionada contra Deus (segundo estágio). No terceiro e último estágio, o da espiritualização propriamente dita, localiza-se a noção de escândalo mencionada aqui, que é o último traço desenhado pela aporia especulativa do sofredor:

> Um terceiro estágio da espiritualização da lamentação, instruída pela aporia da especulação, é descobrir que as razões para acreditar em Deus nada têm em comum com a necessidade de explicar a origem do sofrimento. O sofrimento é somente um escândalo para quem compreende Deus como a fonte de tudo o que é bom na criação, incluindo a indignação contra o mal, a coragem de suportá-lo e o *élan* de simpatia em relação às suas vítimas; então acreditamos em Deus *apesar* do mal [...]. Acreditar em Deus, apesar... é uma das maneiras de integrar a aporia especulativa no trabalho de luto. (*Ibid.*, p. 51-52)

De todo modo, nos três estágios indicados, Ricoeur delega à religiosidade (ou espiritualização, como prefere dizer) a responsabilidade por mitigar uma existência insuportável e ininteligível, poupando, então, o sujeito de continuar empenhado em articular uma solução narrativamente. Aqui, fixa-se um limite à capacidade da narrativa de relatar uma experiência constitutiva do sujeito – experiência que o desapruma e o modifica –, descredenciando, assim, a linguagem de tencionar um esclarecimento para a dor no intuito de a tornar menos insuportável. De certo modo, Ricoeur, em seu estudo sobre Freud, já havia coligido um limite semelhante a partir da dinâmica do desejo. Em *Da interpretação*, o filósofo sinalizou, inspirado nas leituras do fundador da psicanálise, a presença de um inominável na raiz do impulso de dizer o desejo, algo que está profundamente atrelado à dinâmica do desejar e que não pode ser desvelado pela linguagem, o que o filósofo chama de "o desejo como desejo", isto é, a essência incognoscível do desejar, em contraposição ao desejo representável (seu sentido consciente e discursivo). A psicanálise atuaria justamente nessa região fronteiriça entre o relatável (ou "traduzível", se quisermos recuperar um pouco do jogo de palavras de que Ricoeur faz uso entre a psicanálise e a tarefa de tradução) e o que não pode ser dito (ou "intraduzível"). Escreve Ricoeur:

> O que, no inconsciente, é suscetível de falar, o que é representável, remete a um fundo não simbolizável: o desejo como desejo. Está aqui o limite que o inconsciente impõe a toda transcrição linguística que se queira exata. (RICOEUR, 1977a, p. 367)
>
> [...] se o desejo é o inominável, ele está originalmente voltado para a linguagem; ele quer ser dito; ele está em potência de palavra; que o desejo seja ao mesmo tempo o não-dito e o querer dizer, o inominável e a potência de falar, eis o que faz dele o conceito limite na fronteira do orgânico e do psíquico. (*Ibid.*, p. 369)

O inominável, considera Ricoeur, quer ser dito, quer transformar-se em linguagem, ser traduzido, mas, ao mesmo tempo, em razão de sua natureza orgânica – descrita por Freud em termos físico-quantitativos (referentes à energia cinética de neurônios que se deslocam, ou na forma de uma "economia energética") –, carrega uma força somática enraizada visceralmente no próprio corpo que o produz, colocando no fundamento do desejo e do inconsciente componentes estranhos à interpretação (ou seja, estranhos ao trabalho hermenêutico). O inominável, portanto, só pode abrir caminho para explicações neurológicas, mais aliadas ao expediente mecanicista do organismo do que ao psíquico.[11] Por isso Ricoeur fala do inconsciente como um "impulso para a linguagem" (*Ibid.*, 1977a. p. 367), e não como um território plenamente aberto à enunciação.[12] Daí se aproximar e dar pros-

---

11 Ricoeur, na oposição entre energética e hermenêutica, de certo modo chama à cena reflexões sobre as ciências humanas e as ciências da natureza e, sobretudo, convida a pensar a diferença entre explicar e interpretar, tratada no primeiro capítulo de nosso livro.

12 Estamos inclinados a entrever uma postura conciliadora de Ricoeur ao conjugar o orgânico e o psíquico sem converter um em dominante e outro em recessivo, o que permite reservar um "fundo não simbolizável" ao que é "suscetível de falar", embora muitos dos críticos de *Da interpretação* concentrem seus ataques justamente em negar a Ricoeur uma harmonização tal como estamos propensos a conceber. Em nossa hipótese, Ricoeur divisa, como em tantos outros processos por ele investigados, um conflito dialético entre a força e o sentido, entre a energética e a interpretação, conflito a partir do qual a psicanálise adquire subsídios para operar enquanto ciência hermenêutica. No entanto, tais comentadores críticos sublinham que o filósofo francês, quando examinou a virada freudiana promovida na transição de *Projeto de uma psicologia para neurólogos* (1895) para *A interpretação dos sonhos* (1900), tentou subordinar os processos quantitativos aos de sentido, colocando a explicação energética a serviço da interpretação hermenêutica ou eliminando totalmente do plano psíquico o econômico, procedimento inverso ao que teria efetuado na obra de 1895. Esses críticos denunciam uma tentativa ineficiente de harmonização tencionada por Ricoeur ao tratar dos ensaios sobre metapsicologia (1915-1916), tentativa que não teria sido bem-acabada. Nesse caminho, atuou o professor Luiz Roberto Monzani em *Freud: o movimento de um pensamento*, baseando-se nas considerações do psicanalista Michel Tort expostas no caudaloso artigo *De l'interprétation ou la machine herméneutique*, publicado em dois números de 1966 da respeitada revista *Les Temps Modernes*. Vejamos o que diz Monzani: "Na base do engano de Ricoeur está, evidentemente, o fato de que, para ele, energia e sentido não podem coabitar o mesmo espaço ou de que na raiz de processos de sentido estejam processos energéticos. Que um processo energético seja, de alguma maneira, produtor de sentido, eis o impensável. É por isso que ambos devem ocupar espaços distintos e onde dominar o mecanicismo energetista o sentido deve estar ausente e vice-versa. Pelo mesmo motivo, todas as distinções pacientemente elaboradas por Ricoeur são sempre destroçadas pelos próprios textos de Freud. Assim, o *Projeto...* é designado o estado não hermenêutico do sistema mas, no fim do mesmo capítulo, aprendemos com surpresa que foi o trabalho da interpretação que guiou, subterraneamente, a edificação do sistema. *A interpretação dos sonhos* realizou a subordinação da explicação pela interpretação, mas o Capítulo

seguimento às leituras de Freud forjadas por Jean Laplanche e se distanciar daquelas levadas a cabo por Jacques Lacan, cuja fórmula "o inconsciente é estruturado como linguagem" tanto cativou os discípulos que frequentavam os seminários lacanianos, autênticos laboratórios de psicanálise na época (ROUDINESCO, 2011). Em investigações posteriores publicadas no fim na década de 1960, Paul Ricoeur continuará reiterando o argumento de um elemento energético pertencente ao desejo, irredutível ao sentido e inacessível à consciência: "[...] adivinho-o [o desejo] por trás dos enigmas da consciência, mas não posso apreendê-lo em si mesmo, sob pena de fazer uma mitologia das pulsões" (RICOEUR, 1978, p. 23). E, embora tenha se abalado com a recepção negativa na Europa de suas análises a respeito de Freud[13], voltará a afirmar

---

VII se ajusta mal ao conjunto da obra. A *Metapsicologia* representa o ponto de equilíbrio do sistema, mas o energético jorra de todos os lados. Eis aí alguns indícios, mais que suficientes, de que alguma coisa não 'funciona' no enfoque de Ricoeur" (MONZANI, 2014, p. 93). Há, no entanto, quem pense o contrário e defenda que Ricoeur, no conjunto de seus estudos sobre Freud, esteja muito mais próximo de um discurso misto, de uma conciliação entre energética e hermenêutica, como é o caso de Charles Taylor (1975, p. 124-137). Não esmiuçaremos essa contenda, tampouco tomaremos uma posição definitiva, visto ultrapassar o escopo de nossas análises.

13 O historiador François Dosse, em sua volumosa biografia sobre Paul Ricoeur, relata a recepção negativa que Jacques Lacan teve da obra *Da interpretação*, publicada na mesma época em que o psicanalista ministrava um de seus seminários – que deixavam de ser realizados no Hospital de Sainte-Anne (1953-1963) e passavam à École Normale Supérieure (1964-1968) –, dos quais o filósofo francês foi espectador assíduo, a convite do próprio palestrante. Segundo Dosse, Lacan teria feito comentários ridicularizando os estudos de Ricoeur e atribuindo a eles um certo espiritualismo, traço que viria a marginalizar os escritos ricoeurianos no cenário intelectual francófono. Entre as invectivas desferidas pelo psicanalista contra o autor de *Da interpretação*, uma das mais icônicas é: "Existe um filósofo que descobriu em Freud uma energética: vroum! Vroum! Vroum!", evidentemente uma zombaria irônica endereçada à leitura que divisa uma energética e uma hermenêutica no *corpus* freudiano, interpretação proposta por Ricoeur e que os lacanianos acusavam, contraditoriamente, de plagiar de maneira inadequada seu mestre sem, contudo, render-lhe crédito satisfatório. Como efeito dessa postura que Dosse designa como "terrorismo intelectual", Ricoeur teria se retraído, deixado de publicar textos e de proferir palestras sobre Freud em francês, decisão que só viria a ser contornada em 1982, ao pronunciar uma conferência em Louvain-la-Neuve cujo título é "*La question de la preuve dans les écrits psychanalytiques de Freud*" (Cf. DOSSE, 2008, p. 300-310). O conflito entre Lacan e Ricoeur é relatado também em biografias sobre Lacan, como a escrita por Elisabeth Roudinesco (Cf. ROUDINESCO, 1994, p. 329).

duas décadas mais tarde, em conferência na cidade belga de Louvain-la-Neuve:

> [...] um modelo de compreensão – seja ele fenomenológico, linguístico ou simbólico – que não integre um segmento explicativo, uma fase econômica, subestima os próprios fatos trazidos à luz pela experiência analítica. (*Id.*, 2010d, p. 42)

Temos, então, dois significativos exemplos de situações de incompreensibilidade: o mal padecido e o desejo como desejo. Reconhecer essas situações-limite é, como dissemos outrora, um modo de compreendermo-nos na incompreensão do que não se pode interpretar. Em outras palavras, admitir que o desejo não sucumbe de todo à sanha por entendimento, bem como o mal por nós sofrido por vezes se impõe sem uma solução narrativa, significa aceitar a dimensão trágica e conflituosa da existência, num movimento de afirmação da vida, sendo esta compreendida de maneira mais autêntica e menos fantasiosa.

Convém, entretanto, analisar que, mesmo tendo se debruçado em análises sobre o indizível, Paul Ricoeur insiste, por outro lado, que a experiência humana no mundo só vale a pena quando pode ser dita e interpretada: "Uma vida é somente um fenômeno biológico enquanto não é interpretada" (*Ibid.*, p. 205), como declara o filósofo inspirado na máxima socrática segundo a qual uma vida não examinada não é digna de ser vivida (e uma vida examinada, para Ricoeur, consiste em uma vida narrada). Tal insistência a princípio revela mais um otimismo em relação ao potencial da narrativa do que uma clareza de suas limitações, denotando mais uma recusa dos aspectos noturnos da existência do que uma afirmação da vida em sua completude trágica. Vejamos detidamente como se dá esse otimismo quando o filósofo discorre especificamente sobre a narrativa.

2.1.2. Os limites da concordância narrativa: a suposta perda do caráter

Para Ricoeur, "Narrar é dizer quem fez *o que*, *por que* e *como*, estendendo no tempo a conexão entre esses pontos de vista" (RICOEUR, 2014, p. 153). Nessa formulação aparentemente simples, inscrita em *O si-mesmo como outro*, subjaz a ideia que motivou a redação anterior dos três volumes seminais dedicados à narrativa: "[...] o tempo se torna tempo humano na medida em que está articulado de maneira narrativa; em contraposição, a narrativa é significativa na medida em que desenha as características da experiência temporal" (*Id.*, 2010a, p. 9). Consoante essa ideia, a humanização do tempo – que ultrapassa a dimensão cósmica do alternar das estações ou dos dias e das noites (tempo do mundo) – se dá via narrativa. Do mesmo modo, respeitando um "círculo saudável" (*Ibid.*, p. 10), se o tempo humano é devedor da narrativa, a narrativa se torna guardiã do tempo humano, "na medida em que não haveria tempo pensado que não fosse narrado" (*Id.*, 2010c, p. 411). Como, então, atua a narrativa na direção dessa humanização temporal? Olivier Mongin, comentando um trecho da coletânea *Leituras 2*, de Ricoeur, explica:

> Mas como o tempo passa a se humanizar? De fato, a discordância temporal e a sucessão ininterrupta de instantes não devem encontrar uma saída de concordância para essa heterogeneidade temporal? É aqui que intervém o papel da narrativa de concordar o que discorda. "O admirável aqui é que a discordância não permanece exterior à concordância como o incoordenável; a virtude da inteligência narrativa é incorporar a concordância na discordância, fazer com que a surpresa contribua para o efeito de sentido que faz aparecer, depois de acontecido, a fábula como verossímil, até mesmo necessária" (*Leituras 2*, p. 337)[14]. (MONGIN, 1994, p. 140)

---

14 Remissão à tradução brasileira elaborada por Marcelo Perine e Nicolás Nyimi Campanário.

O fluxo contínuo e espontâneo do tempo do mundo é internalizado e articulado narrativamente pelo tempo humano, converte-se em tempo psíquico, de duração interior, estabelecendo um novo mecanismo que não é o do ordenamento objetivo da natureza. Liberado da causalidade rigorosa do tempo físico, que determina que o Sol nascerá amanhã, o tempo humano é o das possibilidades, da pluralidade de experiências vividas, como também das discordâncias, das incongruências. São essas experiências subjetivas múltiplas que tornam necessária a articulação narrativa, em busca de um ordenamento artificial construído pelo engenho humano – isto é, pela cultura –, o que confere ao tempo algo de propriamente nosso, por onde desfilará toda a inventividade da literatura. A respeito da introspecção da temporalidade, o professor Benedito Nunes elucida:

> O primeiro traço do tempo psicológico é a sua permanente descoincidência com as medidas temporais objetivas. Uma hora pode parecer-nos tão curta quanto um minuto se a vivemos intensamente; um minuto pode parecer-nos tão longo quanto uma hora se nos entediamos. Variável de indivíduo para indivíduo, o tempo psicológico, subjetivo e qualitativo, por oposição ao tempo físico da natureza, e no qual a percepção do presente se faz ora em função do passado ora em função de projetos futuros, é a mais imediata e mais óbvia expressão temporal humana. (NUNES, 1995, p. 18-19)

Contrastando com a progressão linear do mundo, a temporalidade humanizada vai e vem – não segue a flecha do tempo que cruza do antigo ao novo –, oscila entre sondar o futuro e recuperar o passado, mesclando, no presente, tanto o que se passou quanto o que ainda pode acontecer e trazendo à tona uma série de discordâncias típicas de nossa finitude. O que está em jogo na narrativa não é absorver o ordenamento do tempo cósmico, mas organizar o livre vaguear da temporalidade humana, isto é, "incorporar a concordância na discordância", como sublinha Ricoeur.

Adiando um pouco a retomada da discussão sobre a função dialética da narrativa de concordar o discordante, que está na base da noção de tempo humano, voltemos ao conceito de "narrar" e vejamos a que casos ele se aplica, para que futuramente possamos retroceder com mais insumos a tal debate. Se narrar é atender às perguntas "Quem?", "O quê?", "Como?" e "Por quê?" e se responder a essas perguntas exige encadear a intriga em um tempo humanizado, parece que a narrativa é uma face inescapável da experiência humana: como dito antes, o tempo pensado é necessariamente tempo narrado. Levando-se em conta esse sentido genérico da ação de narrar – incorporado ao viver –, podemos citar algumas palavras ilustrativas de Barbara Hardy, com as quais Ricoeur parece concordar ao lê-las indiretamente por MacIntyre[15]:

> [...] sonhamos narrativamente, lembramos, antecipamos, esperamos, desesperamo-nos, acreditamos, duvidamos, planejamos, revisamos, criticamos, construímos, fofocamos, aprendemos, odiamos e amamos por meio da narrativa. Para realmente vivermos, inventamos histórias sobre nós mesmos e sobre os outros, sobre o passado e o futuro pessoal e social. (HARDY, 1968, p. 5)

Mesmo que fosse desligada da experiência humana transcultural, o que seria impossível, a narrativa permaneceria universalizável, pois conta com uma "variedade quase infinita de expressões narra-

15 Apesar de não encontrarmos menção direta ao artigo de Barbara Hardy na obra de Ricoeur, esse texto serviu de pilar para as análises propostas por MacIntyre sobre a "unidade narrativa de uma vida", pivô, por seu turno, das investigações de Ricoeur acerca da identidade narrativa.

tivas (orais, escritas, gráficas, gestuais) e de classes narrativas (mito, folclore, fábula, romance, epopeia, tragédia, drama, filme, história em quadrinhos, sem falar da história, da pintura e da conversação)" (RICOEUR, 2010b, p. 52), respondendo, assim, à demanda de toda a humanidade pela criação de narrativas.[16] Roland Barthes, cujos estudos nitidamente inspiraram Paul Ricoeur, acenou para esse mesmo sentido genérico, universalizando o expediente narrativo:

> [...] sob estas formas quase infinitas, a narrativa está presente em todos os tempos, em todos os lugares, em todas as sociedades; a narrativa começa com a própria história da humanidade; não há em parte alguma povo algum sem narrativa; todas as classes, todos os grupos humanos têm suas narrativas, e frequentemente estas narrativas são apreciadas em comum por homens de culturas diferentes [...]. (BARTHES, 2011, p. 19)

Tanto as palavras de Hardy quanto as de Barthes ressoarão na teoria ricoeuriana, marcada pelo otimismo depositado no ato imemorial de narrar, ação que o filósofo considera estar presente em todas as culturas e conduzir a própria trama da vida. Na continuidade de nosso texto, não faltarão indícios dessa posição sustentada por Ricoeur.

Saindo do sentido genérico, porém sem recusar o potencial extensivo da narrativa, Ricoeur, ao tratar especificamente da lite-

16 No fragmento citado, Paul Ricoeur recupera as palavras de Roland Barthes no artigo "Introdução à análise estrutural da narrativa", publicado no n. 8 da revista *Communications*, em 1966. Vejamos o trecho de Barthes correspondente: "Inúmeras são as narrativas do mundo. Há, em primeiro lugar, uma variedade prodigiosa de gêneros, distribuídos entre substâncias diferentes, como se toda matéria fosse boa para que o homem lhe confiasse suas narrativas: a narrativa pode ser sustentada pela linguagem articulada, oral ou escrita, pela imagem, fixa ou móvel, pelo gesto ou pela mistura ordenada de todas estas substâncias; está presente no mito, na lenda, na fábula, no conto, na novela, na epopeia, na história, na tragédia, no drama, na comédia, na pantomina, na pintura (recorde-se a Santa Úrsula de Carpaccio), no vitral, no cinema, nas histórias em quadrinhos, no *fait divers*, na conversação" (BARTHES, 2011, p. 19).

ratura ficcional, adverte no segundo volume de *Tempo e narrativa* fazer um uso intercambiável do substantivo "narrativa" (*récit*), do adjetivo "narrativo" (*narratif*) e do verbo "narrar" (*raconter*), dilatando e aprofundando o conceito de narrativa legado pelo Capítulo III da *Poética* de Aristóteles, antes restrito à intriga que depende de um narrador para contar as ações das personagens (RICOEUR, 2010b, p. 267). Ademais, a natureza expansível desse conceito, para o filósofo francês, permite, como já sabemos, que o pensemos para lá da circunscrição ficcional, já que a narrativa deixa de ser reduto de um modo diegético de organizar o andamento da trama poética, como o é para Aristóteles, e passa a ser uma maneira de dizer o desfiar do tempo humano. Em decorrência disso, quer pensemos num conceito abrangente de narrativa – associado também ao domínio da vida –, quer pensemos no conceito de narrativa ficcional – atrelado à esfera da obra literária –, tanto num caso como no outro, estaremos lidando com as mesmas questões moduladas pela temporalidade humana: "Quem?", "O quê?", "Como?" e "Por quê?". Desse modo, transferir o debate a respeito dos relatos de uma vida – aos quais nos direcionamos quando fizemos referência, por exemplo, à psicanálise – para os romances e demais narrativas ficcionais, mantendo muitas das conclusões a que chegamos, não configura transposição inadequada. Nesse sentido, torna-se aceitável estabelecer certa convergência entre a tessitura da narrativa de uma vida e a da narrativa literária, mesmo que reconheçamos, do ponto de vista do interesse prático, a diferença entre o prosaísmo do trançar da vida, encenada no palco do mundo, e a tinta carregada do escritor, que emprega a poesia do coração, embora nem por isso este último se desarranje com o prosaico – a título de ilustração, tal conflito entre prosa do mundo e poesia do coração é bem equacionado por Hegel, nos *Cursos de estética*, e por Lukács, em *A teoria do romance*, quando ambos lançam mão do exemplo da epopeia dos tempos modernos (a saber, o romance), a qual poderia ser lida como a épica de uma era prosaica. (WERLE, 2005, p. 79-90)

Notamos, assim, a grande força investida por Ricoeur, ao lado de narratologistas, no ato de narrar, elevado quase ao nível de um predicado pertencente à humanidade – à maneira do refletir – e, por conseguinte, universalizado. Narrativa e experiência temporal humana adquirem, portanto, reciprocidade de sentido e obedecem ao mesmo estatuto; nas palavras do filósofo inscritas em *A crítica e a convicção*, existe "uma espécie de homologação mútua entre um tempo estruturado e uma narrativa temporal" (RICOEUR, 2009, p. 143). É por isso que, diante da iminência da ruína definitiva da ação de narrar, Ricoeur vem em seu resgate, declarando:

> Talvez, efetivamente, sejamos as testemunhas – e os artesãos – de uma certa morte, a morte da arte de contar, de onde procede a arte de narrar em todas as suas formas. Talvez o romance também esteja morrendo como narração. Nada, efetivamente, permite excluir que a experiência cumulativa que, pelo menos no campo cultural do Ocidente, ofereceu um estilo histórico identificável, esteja hoje ferida de morte. [...] Nada exclui, pois, que a metamorfose da intriga encontre em algum lugar um limite para além do qual não se poderá mais reconhecer o princípio formal de configuração temporal que faz da história narrada uma história una e completa. E contudo... E contudo. Talvez seja necessário, *apesar de tudo*, confiar na demanda de concordância que estrutura ainda hoje a expectativa dos leitores e acreditar que novas formas narrativas, que ainda não sabemos nomear, e que já estão nascendo, irão atestar que a função narrativa pode se metamorfosear, mas não morrer. Pois não temos a menor ideia do que seria uma cultura em que não se soubesse mais o que significa *narrar*. (*Id.*, 2010b, p. 49-50)

Mesmo sob condições adversas para a "arte de contar", o cenário pintado por Ricoeur parece, então, favorável à narrativa: esta poderia até mudar de nome e endereço, mas jamais desaparecer. A sobrevivência da própria ideia de cultura[17] garante que o *récit* continue pulsando dentro das sociedades, pois como se daria a transmissão das tradições ou vivências humanas sem que houvesse uma experiência temporal e narrativa?[18] Tal otimismo acaba por nos afastar da questão central que perpassa nosso exame neste capítulo: quais são os limites do ato de narrar? Em razão dessa postura auspiciosa do autor, desembocamos numa dificuldade que está às voltas com nossa empreitada: como conciliar tal otimismo com as regiões do sujeito reconhecidamente impossíveis de mapear ou de decodificar pela linguagem estruturada da narrativa?

Para Ricoeur, o discurso narrativo, a princípio, parece mesmo lutar contra a feição ininteligível e incoerente do si, contra sua opacidade assombrosa, dando a impressão de que a pessoa pode se compreender por inteira através do narrar e, assim, viver melhor.[19] Quando vamos a um analista, é dos entraves do inconsciente que tentamos nos desembaraçar: "O relato do sonho é um texto ininteligível que o analista substitui por um texto mais inteligível.

---

17 Para Ricoeur, "A noção de cultura abarca todos os conhecimentos adquiridos, oriundos de uma criação social e implicados no uso individual, e transmitidos por uma tradição: a linguagem, as técnicas, as artes, as atitudes e crenças religiosas ou filosóficas, na medida em que essas diversas funções estão incluídas na herança social dos indivíduos que vivem numa sociedade particular" (RICOEUR, 2010b, p. 322).

18 Há um texto anterior à publicação dos volumes de *Tempo e narrativa* – "Entre tempo e narrativa: concordância/discordância" – que enfatiza o papel exercido pela narrativa na transmissão das tradições. Vale citar: "[...] não existe experiência humana que não seja mediada por sistemas simbólicos, e entre eles pelas narrativas. Como falaremos da qualidade narrativa da experiência, como poderemos falar dela como uma história em estado nascente, se nós não temos acesso aos dramas temporais da vida humana fora das histórias contadas a seu respeito pelos outros ou por nós mesmos?" (*Id.*, 2012b, p. 308).

19 Em *O si-mesmo como outro*, a compreensão que o sujeito tem de si mesmo sofre uma visada ética, sendo que o fato de uma pessoa se compreender melhor contribui para que tenha uma "vida boa". Cf. *Id.*, 2014, p. 186-197.

Compreender é fazer essa substituição" (RICOEUR, 1977a, p. 31). Como destaca o filósofo em um ensaio sobre o sofrimento, "compreender-se é poder contar histórias sobre si mesmo que sejam inteligíveis e aceitáveis, especialmente aceitáveis" (*Id.*, 2013b, p. 22). Tal aceitabilidade é assegurada pela tarefa concordante da narrativa, que, na atmosfera da trama, reúne uma diversidade de histórias em torno de um mesmo eixo organizador. Daí a ideia segundo a qual o trabalho da inteligência narrativa[20] consiste em concordar o discordante, pois uma mixórdia de eventos aparentemente particulares e desconexos é agenciada pela narrativa para compor uma história maior, coerente e aceitável, algo como o que foi dito acerca da compreensão do sujeito possibilitada pela análise. Desse modo, a inteligibilidade narrativa se determina na "síntese do heterogêneo", o estágio de composição da trama no qual elementos díspares antes amontoados são ordenados de maneira regrada, conferindo sentido à totalidade da história. Se a coerência é levada ao enredo mediante a síntese concordante-discordante, é também transmitida aos agentes da intriga, sejam eles seres reais – se estivermos tratando da trama da vida –, sejam fictícios – se nos referirmos à literatura. A personagem compartilha, pois, a mesma dinâmica da história narrada. A narrativa, diz Ricoeur, "constrói a identidade da personagem, que pode ser chamada de sua identidade narrativa, construindo a identidade da história narrada" (*Id.*, 2014, p. 155). Sobre a manifestação dessa síntese no âmbito da personagem, elucida o filósofo:

---

20 Vale a seguinte explicação proposta pelo professor Hélio Salles Gentil para o conceito de inteligência narrativa: "[A inteligência narrativa] manifesta-se objetivamente nas obras sob a forma da 'intriga' ou, mais precisamente, do 'tecer da intriga', definida por Ricoeur como sendo a capacidade de tirar de uma diversidade de elementos *uma* história ou de encadear esses elementos numa totalidade dotada de sentido, uma história, uma totalidade que os articula como unidade integrada, unidade composta, que expressa fundamentalmente um encadeamento temporal" (GENTIL, 2004, p. 115-116).

> [...] segundo a linha da concordância, a personagem haure singularidade da unidade de sua vida considerada como a totalidade temporal, também singular, que a distingue de qualquer outra. Segundo a linha de discordância, essa totalidade temporal é ameaçada pelo efeito de ruptura dos acontecimentos imprevisíveis que a pontuam (encontros, acidentes etc.); a síntese concordante-discordante faz que a contingência do acontecimento contribua para a necessidade de algum modo retroativa da história de uma vida, à qual se iguala a identidade da personagem. Assim, o acaso é transmudado em destino. E a identidade da personagem que se pode dizer parte do enredo só se deixa compreender sob o signo dessa dialética. (RICOEUR, 2014, p. 154-155)

Dessa forma, os mesmos processos que engendram a narrativa e fornecem a ela sua identidade ocorrem também no elemento mais atomizado representado pela personagem. Trocando em miúdos, aquilo que Ricoeur denomina "síntese do heterogêneo" se manifesta tanto na perspectiva macro da intriga, reunindo a constelação de agentes e acontecimentos, quanto na micro, aglutinando a multiplicidade de decisões tomadas e os diversos caminhos e descaminhos desenhados pelas personagens. Esse duplo andamento sofre continuamente uma interferência mútua, de sorte que "a identidade da personagem se constrói em ligação com a do enredo" (*Ibid.*, p. 146). Se considerarmos que a identidade da personagem se edifica em simultâneo com a do enredo, ambas se enervam ou se fortalecem reciprocamente. Em outras palavras, quando a identidade da personagem ganha força, a do enredo também se robustece, e vice-versa, sucedendo a mesma relação caso uma delas perca viço. Mais adiante, veremos de que modo a crise da figuração da personagem instaura simultaneamente a crise do enredo e, por extensão, da narrativa como um todo, processo que ocorre no *récit* em geral e no romance em particular. Vale antecipar que o romance, precedendo tal crise, pôde viver sua "idade de ouro" no século XIX, quando Ricoeur considera coincidirem de modo mais rico e complexo as forças da identidade da personagem e da identidade da intriga, mantendo a figuração daquela e a configuração desta. Permitam-me abrir um breve parêntese útil para nossas análises posteriores: para além da interdependência referente às identidades, segundo Ricoeur, deve-se considerar, ainda, uma variação na correlação de forças entre a autonomia da intriga e a da personagem no interior da narrativa, o que franqueia a possibilidade tanto de uma tradição que põe a personagem a serviço da intriga, praxe da Antiguidade – haja vista a tragédia clássica –, quanto de um regime que submete a intriga à personagem, como é costume na modernidade – haja vista o romance.[21] Desse modo, no que compete às autonomias da trama e da personagem, relações simetricamente inversas são constituídas no interior do *récit*, isto é, o que acontece na intriga repercute inversamente e na mesma proporção na personagem. Por exemplo, se a presença da personagem adquire liberdade no interior da narrativa, a intriga, por sua vez, torna-se subordinada àquela; se a autonomia da intriga ganha força, é a personagem que se torna dependente.

21 Acerca da primazia da intriga vale o paradigma aristotélico, forjado com base na forma de arte poético-mimética considerada magistral, a tragédia: "A mais importante dessas partes [da tragédia] é a trama dos fatos, pois a tragédia é a mimese não de homens, mas das ações e da vida (a felicidade e a infelicidade se constituem na ação, e o objetivo visado é uma ação, não uma qualidade; pois, segundo os caracteres, os homens possuem determinadas qualidades, mas, segundo as ações, eles são felizes ou o contrário). Então, não é para constituir caracteres que aqueles que atuam se dedicam à mimese, os caracteres é que são introduzidos pelas ações. Assim sendo, os fatos e o enredo constituem a finalidade da tragédia, e a finalidade é, de tudo, o que mais importa" (ARISTÓTELES, 2017, p. 79-81). Sobre os autores dedicados a pensar a relação inversa, temos, por exemplo, Monika Fludernik, E. M. Forster e Ian Watt. Este último, ao tratar de Defoe, escritor considerado um dos pilares do romance moderno, afirma: "Quando começou a escrever sobre ficção, Defoe não deu grande atenção à teoria crítica predominante em sua época, a qual ainda se inclinava para os enredos tradicionais; ao contrário, deixou a narrativa fluir espontaneamente a partir de sua própria concepção de uma conduta plausível das personagens. E com isso inaugurou uma nova tendência na ficção: sua total subordinação do enredo ao modelo da memória autobiográfica afirma a primazia da experiência individual no romance da mesma forma que o *cogito ergo sum* de Descartes na filosofia" (WATT, 2010, p. 15).

Devemos, portanto, distinguir as duas operações aqui abordadas, pois uma concerne à energia de manifestação da identidade e a outra, à autonomia. No caso da crise romanesca mencionada, é necessário levar em conta a atuação distinta destes dois mecanismos: 1) a autonomização da personagem em detrimento da liberdade da intriga, o que propriamente caracteriza o gênero "romance", e 2) o enfraquecimento da figuração da identidade dessa personagem, a qual passou a prevalecer na narrativa romanesca.

Por ora, prossigamos na discussão, protelada no início deste tópico, sobre a síntese concordante-discordante que envolve ambas as instâncias, personagem e intriga. Do ponto de vista da intriga, já vimos que essa síntese é coordenada por uma história maior e coerente que reúne fragmentos de histórias aparentemente desconexas. Do ponto de vista da personagem, está sincronizada com a trama narrativa e ocorre de maneira muito próxima ao que acontece com a história vivida por uma pessoa. Tal síntese, tanto na personagem quanto na trajetória de alguém, é resultado de uma outra ainda mais fundamental, que versa sobre a preservação de algo de irredutível mesmo sob o imperativo da mudança. Vejamos.

Sob a perspectiva biológica, a vida é um fenômeno de envelhecimento, num processo contínuo e ininterrupto de mudança: "[...] dizemos que um carvalho é o mesmo, da glande à árvore inteiramente desenvolvida; o mesmo dizemos de um animal, do nascimento à morte; o mesmo, de um homem – não digo de uma pessoa – na qualidade de simples amostra da espécie" (RICOEUR, 2014, p. 116). Como, então, é possível a permanência, se o processo de mudança nunca cessa, se é orgânico ao vivente? Como falaremos de identidade do indivíduo se o tempo a que está submetido é vetor de dessemelhança e divergência?[22] É imprescindível, então, a exis-

22 Quando trata do conceito de identidade, vale lembrar, Paul Ricoeur opera uma distinção

tência de um princípio que, na ordenação das mudanças acidentais decorrentes das peripécias da vida, apesar de não se coadunar com a redução do ser a uma estrutura cristalizada substancial e irrevogavelmente, ao menos impeça a destruição de muitas de suas características; do contrário, nós continuamente sofreríamos transformações que nos destituiriam de nós mesmos por completo. Quando se reporta ao sujeito biológico, Ricoeur atribui esse princípio de permanência ao código genético. Entretanto, como o argumento enraizado no corpo não diz respeito à estrutura ética da pessoa, o filósofo precisa buscar outro princípio de permanência, o qual suas investigações em *O si-mesmo como outro* concluem corresponder ao caráter[23]:

> Em grande parte, com efeito, a identidade de uma pessoa, de uma comunidade, é feita dessas *identificações* a valores, normas, ideias, modelos, heróis, nos quais a pessoa ou a comunidade se reconhecem. [...] Assim se integram nos traços de caráter os aspectos de preferência valorativa que definem o aspecto ético do caráter, no sentido aristotélico do termo. Isso se faz por um processo paralelo à aquisição de um hábito, a saber, pela interiorização que anula o efeito inicial de alteridade, ou pelo menos o transfere do fora para o dentro. A teoria freudiana do superego lida com esse fenômeno que confere aspecto de sedimentação à interiorização. Assim se estabilizam preferências, apreciações e estimativas, de tal modo que a pessoa se reconhece por suas disposições que podem ser chamadas de valorativas. Por isso, um comportamento que não corresponda a esse tipo de disposição

---

entre identidade-*idem* (ou mesmidade) e identidade-*ipse* (ou ipseidade), sendo que a primeira está associada a um substrato que permite identificar um indivíduo como o mesmo, ao passo que a segunda está associada à constituição de um sujeito na contínua e mutável relação com o outro, como vimos no tópico "A instância da narrativa", no primeiro capítulo desta tese.

23 Em *O si-mesmo como outro*, é da ética aristotélica que Ricoeur toma emprestado o termo "caráter", como explicamos no tópico "A instância da narrativa", que faz parte do primeiro capítulo deste livro.

leva a dizer que não é do caráter do indivíduo considerado, que este já não é ele mesmo ou que está fora de si. (RICOEUR, 2014, p. 122)

A permanência no tempo é possível por essa espécie de sedimentação interiorizada, firmando preferências e disposições que se mantém ao longo da história de uma vida. Dá-se ânimo, assim, à preservação de certas características imunes à corrosão das mutações ininterruptas do tempo. O sujeito não é, então, mutilado continuamente, mas protegido por seu próprio caráter tanto das ingerências dos fenômenos biológicos quanto da cultura em transformação e dos múltiplos episódios acidentais em curso na história de sua vida. Não que isso signifique a perenidade irrevogável do si – Paul Ricoeur está longe de defender um único e mesmo sujeito do nascimento à morte –, mas garante a manutenção de alguns traços distintivos durante toda a trajetória pessoal, preservando uma espécie de narrativa satisfatória para o si, detentor, então, de uma história na qual possa se reconhecer.[24]

Em relação à personagem de uma intriga acontece algo muito parecido: a síntese entre dois polos heterogêneos, relativos à permanência (identidade-*idem*: mesmidade) e à possibilidade de mudança (identidade-*ipse*: ipseidade), é exercida pela identidade narrativa da personagem. Identidade que ordena de maneira inteligível as transformações pelas quais a personagem passa, posto que esta está mergulhada em uma série de episódios contingentes e peripécias surpreendentes da trama, que, por seu turno, envolvem uma constelação de personagens. Para perceber a presença do concordante-discordante no âmbito da identidade narrativa de uma personagem literária, basta tomar o exemplo da autobiografia,

24 Essa garantia de estabilidade Ricoeur associa à fidelidade envolvida na promessa, à capacidade de cumprir a palavra dada.

um gênero emblemático precisamente por mesclar aspectos do ficcional e do documental, do imaginativo e do histórico.[25] Assim Ricoeur comenta a função mediadora da identidade narrativa, mencionando, ainda, o caso da autobiografia:

> Diferentemente da identidade abstrata do Mesmo, a identidade narrativa, constitutiva da ipseidade, pode incluir a mudança, a mutabilidade, na coesão de uma vida. O sujeito aparece então constituído simultaneamente como leitor e como *scriptor* de sua própria vida, conforme o desejo de Proust. Como se comprova pela análise literária da autobiografia, a história de uma vida não cessa de ser refigurada por todas as histórias verídicas ou fictícias que um sujeito conta sobre si mesmo. Essa refiguração faz da própria vida um tecido de histórias narradas. (*Id.*, 2010c, 419)

Como nas demais narrativas, na autobiografia haverá uma interdependência entre a ação e a personagem, conexão que poderia resultar em uma tensão interna à trama, caso o horizonte de ações se constituísse difusamente e embaralhasse a identidade da personagem, o que supostamente ameaçaria sua unicidade. Essa tensão se manifesta no jogo entre concordâncias e discordâncias estabelecidas no enredo da ação. Ricoeur responsabiliza sobretudo o lado ficcional da autobiografia por engendrar tal tensão, embora saibamos que o próprio si mesmo narrado é, não raro, fonte dela (*Ibid.*, p. 422). Ocorre que, diferentemente da ficção literária, na autobiografia essa tensão pode ser mais facilmente superada pela coincidência entre protagonista, narrador e autor, o que favorece a

---

25 Considerações sobre como Ricoeur pensa a autobiografia podem ser encontradas no tópico "A narrativa de si: o autorretrato e a autobiografia", anexado ao primeiro capítulo de nosso livro. Aqui, o exemplo a que recorremos é oportuno para discutir como as narrativas essencialmente ficcionais estendem as possibilidades de identidade para além dos limites impostos ao relato documental, que por seu matiz historiográfico exige maior grau de concordância.

sincronia entre enredo e personagem. Nesse caso, as identidades da personagem, do narrador e do enredo – sendo este último concebido por um autor que é também personagem e narrador – justapõem-se, contribuindo, em tese, para o equilíbrio entre identidade-*idem* e identidade-*ipse*. Dito de outro modo, o componente documental, fortemente atrelado ao enredo e à figura tripla personagem-narrador-autor, assegura a concordância da trama, reduzindo a instabilidade provocada por interferências do componente ficcional. Em contrapartida, na ficção literária, em nítida desvantagem quanto a isso, abre-se um vasto leque de relações entre as duas modalidades de identidade (*idem* e *ipse*), como veremos mais à frente.

A tessitura da narrativa ficcional, embora guarde seus correlatos com a da trama da vida – muito solicitada pelo lado documental da autobiografia –, apresenta, no entanto, um aspecto fundamentalmente distinto: serve-se de uma imaginação que alimenta infinitas identidades possíveis. Por isso a constatação de que "a literatura consiste num vasto laboratório para experiências intelectuais nas quais passam pela prova da narrativa os recursos de variação da identidade narrativa" (RICOEUR, 2014, p. 155). Certamente, a imaginação evocada pelo domínio ficcional estende suas fronteiras para lá do factual, e isso atua também naquilo que se refere à identidade narrativa. O "eu" da personagem é dotado, pois, de uma variabilidade bem mais ampla que a constituição de um sujeito concreto: "o imaginário não tolera censura" (*Id.*, 2010c, p. 458). Esse "eu" pode ser preenchido por quaisquer características em qualquer tempo, sob quaisquer circunstâncias, o que acontece de maneira limitada ou restritiva quando tratamos da descrição do real histórico. Isso ocorre porque, para Ricoeur, o espectro de variação entre as duas modalidades da identidade (mesmidade e ipseidade) é muito maior no que tange à ficção. "Na ficção literária, enfatiza Ricoeur, é imenso o espaço das variações aberto para as relações entre as duas modalidades de identidade" (*Id.*, 2014, p. 155-156). Se submetermos a história da literatura a um escalonamento, as múltiplas relações entre mesmidade e ipseidade aí projetadas vão desde a pregnância do mesmo (e o correspondente eclipsar das mutações da personagem) até a relação inversa, que anula a permanência no mesmo em benefício de uma mutabilidade radical, ao passo que na experiência cotidiana essas modalidades "tendem a sobrepor-se e confundir-se; assim, contar com alguém é ao mesmo tempo confiar na estabilidade de um caráter e esperar que o outro cumpra a palavra, sejam quais forem as mudanças capazes de afetar as disposições duradouras pelas quais ele é reconhecido" (*Ibid.*, p. 155). Em resumo, enquanto o *leitmotiv* de nossas vivências é a busca pela concordância (até mesmo para garantir-lhes um sentido ético), no laboratório literário[26] são ensaiadas – e esperadas – infinitas experiências discordantes.

Outra questão importante a se tratar quando passamos da realidade à ficção: as variações imaginativas, neste último caso, "não

26 Ricoeur herda a ideia de literatura como "laboratório" do entendimento que Ernst Bloch tem a respeito da arte: o objeto artístico pretendido pode ser ensaiado em múltiplas experimentações, dada sua origem na imaginação, na fantasia. Para Bloch, a arte é, ainda, a materialização de uma consciência antecipadora, permitindo que o homem amplie sua compreensão do real e atue para a modificação da vida. Vejamos o que diz o autor acerca do teatro brechtiano: "Já que o que há muito tempo não foi modificado facilmente pode parecer imutável, o estranhamento da vida retratada no teatro ocorre, portanto, em última análise, para 'tirar dos processos socialmente influenciáveis o selo do familiar que atualmente os protege de qualquer intervenção' [...]. Com isso se chega, em terceiro e último, à intenção principal dessa direção artística, a saber, o teatro como *verificação do exemplo*. As atitudes e passos deverão receber sua forma, ser ludicamente experimentados, para verificar se servem ou não para a modificação da vida. Pode-se dizer, assim, que o teatro de Brecht visa ser um tipo de tentativas variáveis de produção do comportamento correto. Ou, o que significa a mesma coisa: ser um laboratório da teoria-práxis correta no pequeno, na forma do jogo, por assim dizer, no caso do palco, preparando experimentalmente o caso real. Como experimento *in re* e ainda assim *ante rem*, o que quer dizer, sem as consequências reais falhas de uma concepção não testada (cf. a peça didática *Die Massnahme* [A medida]), e com o aspecto pedagógico de apresentar dramaticamente essas consequências falhas" (BLOCH, 2005, p. 403).

são apenas toleradas pela narrativa: esta as engendra e busca" (RICOEUR, 2014, p. 122). Nesse sentido, Paul Ricoeur defende que a narrativa cria condições fecundas para fermentar suas próprias metamorfoses, como comprova a história da literatura, esse vasto laboratório que alarga a medida dos possíveis. Assim o filósofo escalona as ficções conforme a variação das duas modalidades de identidade da personagem:

> Numa extremidade, a personagem [*personnage*] é um caráter [*caractère*] identificável e reidentificável como o mesmo: é mais ou menos o estatuto da personagem dos contos de fadas e do folclore. Quanto ao romance clássico – da *Princesa de Clèves* ou do romance inglês do século XVIII a Dostoievski e Tolstoi –, pode-se dizer que explorou o espaço intermediário de variações em que, através das transformações da personagem, a identificação do mesmo decresce sem desaparecer. Aproximamo-nos do polo inverso com o chamado romance de formação e, mais ainda, o romance do fluxo de consciência. A relação entre enredo e personagem parece então inverter-se: ao contrário do modelo aristotélico, o enredo é posto a serviço da personagem. É então que a identidade desta, escapando ao controle do enredo e de seu princípio de ordem, é posta realmente à prova. Atinge-se assim o polo extremo de variação, em que a personagem [*personnage*] deixou de ser um caráter [*caractère*]. (*Ibid.*, p. 156)

Ao tratar do estatuto da personagem dos contos folclóricos, Paul Ricoeur considerou mormente as investigações de Vladimir Propp, que analisou em específico a estrutura comum de cento e dois contos populares russos compilados na primeira metade do século XIX por Afanassiev. No segundo volume de *Tempo e narrativa*, dedicado às narrativas de ficção, o filósofo francês mostra que Propp a todo tempo se ocupou de, em sua *Morfologia do conto maravilhoso*, traçar uma concepção taxionômica da estrutura do gênero, de modo abertamente análogo ao que fizera Lineu[27], numa tentativa a bem dizer científica de desvendar alguma unidade oculta (estrutura do conto como totalidade) sob o labirinto de aparências diversificadas (os mais diversos contos particulares). Segundo Ricoeur, a morfologia de Propp colocou relevo sobre o que se pode chamar de funções, em detrimento das personagens, entendendo por função "o procedimento de uma personagem, definido do ponto de vista de sua importância no desenrolar da ação" (PROPP, 1984, p. 26). Como descreve Ricoeur, para Propp seriam classificáveis trinta e uma funções no conto, ao passo que os papéis atribuídos às personagens na síntese da ação estariam limitados a sete (o agressor, o provedor, o auxiliar, a pessoa buscada, o mandante, o herói e o falso herói). Não podemos nos esquecer, contudo, da tonalidade crítica da leitura feita por nosso autor a respeito da morfologia em questão, visto que, em primeiro lugar, considera inseparável a ação daquele que a faz ou sofre, o que exige a adscrição da ação ao agente, do enredo à personagem, como revelam as leituras ricoeurianas tributárias de Claude Bremond e A. J. Greimas.[28] Em segundo lugar, Ricoeur considera que:

> O protoconto reconstruído por Propp não é um conto; assim, não é contado por ninguém a ninguém. É um produto da racionalidade analítica: a fragmentação em funções, a definição genérica das funções e sua colocação

27 Declara Propp no prefácio de *Morfologia do conto maravilhoso*: "[...] no âmbito do conto popular, folclórico, o estudo das formas e o estabelecimento das leis que regem sua disposição é possível com a mesma precisão da morfologia das formações orgânicas" (PROPP, 1984, p. 13). E completa no capítulo introdutório: "Vemos, assim, que a classificação dos contos maravilhosos não chegou a constituir pleno êxito. E, contudo, a classificação é uma das primeiras e principais etapas da investigação. Basta lembrar a importância que teve para a botânica a primeira classificação científica de Lineu" (*Ibid.*, p. 20).

28 Para não nos afastarmos do escopo deste texto, não entraremos no diálogo de Ricoeur com as teorias de Claude Bremond e A. J. Greimas. Cf. RICOEUR, 2010b, p. 68-102; *Id.*, 1996a, p. 295-328.

num único eixo de sucessão são operações que transformam o objeto cultural inicial em objeto científico. (RICOEUR, 2010b, p. 67)

O formalismo de Propp entra, portanto, no rol das teorias criticadas por Ricoeur por desprezarem fatores extralinguísticos e por se concentrarem em investigações que priorizam os métodos explicativos das ciências da natureza, junto com a antropologia estrutural de Lévi-Strauss e a linguística moderna de Saussure. Entretanto, sem menosprezar o potencial crítico da retomada de Propp por Ricoeur, devemos fazer jus às contribuições da *Morfologia do conto maravilhoso* para o escalonamento proposto pelo filósofo francês. Ao comentar que as trinta e uma funções aludidas por essa teoria morfológica constituem um esquema e uma "unidade de medida" a ser seguida pelos contos individualmente, Ricoeur em nota de rodapé (n. 15) defende:

> Se o esquema pode servir de unidade de medida para os contos particulares é sem dúvida porque o conto maravilhoso não coloca nenhum problema de desvio comparável ao que coloca o romance moderno. [...] no conto popular, o paradigma e a obra singular tendem a ser correspondentes. É sem dúvida por causa dessa correspondência que o conto maravilhoso fornece um terreno tão fértil para o estudo das injunções narrativas, o problema das "deformações regradas"[29] reduzindo-se à omissão de certas

29 Discutiremos o que Ricoeur entende por "deformação regrada" na segunda parte deste capítulo. Antes, contudo, vale citar um trecho que pode ser esclarecedor, extraído do ensaio "A vida: uma narrativa em busca de narrador": "As regras constituem uma espécie de gramática que rege a composição de novas obras, novas antes de se tornarem típicas. Cada obra é uma produção original, um novo existente no reino do discurso. Mas o inverso não é menos verdadeiro: a inovação permanece uma conduta governada por regras: a obra da imaginação não parte de nada. Está ligada de uma maneira ou de outra aos modelos recebidos pela tradição. Pode, porém, entrar numa relação variável com esses modelos. O leque das soluções é largamente desdobrado entre os dois polos da repetição servil e do desvio calculado, passando por todos os graus de deformação regrada. Os contos populares, os mitos, as narrativas tradicionais em geral se mantêm mais próximos do polo da repetição. É por isso que constituem o reino

funções ou à especificação dos traços genéricos pelos quais uma função se define. (*Ibid.*, p. 64)

Em resumo, os desvios de que são capazes as obras singulares em relação ao gênero a que pertencem são menores quando se trata do conto maravilhoso relativamente ao romance moderno; ou seja, o conto maravilhoso é muito mais regrado e menos suscetível a metamorfoses. Sem dúvida, isso de alguma forma se deve à limitação de variedade a que estão submetidas as identidades das personagens (no formalismo de Propp, reduzidas a sete classes de papéis rigidamente sistematizados).

Com base ainda no escalonamento feito por Ricoeur, podemos concluir que, do surgimento do romance à sua "idade de ouro" (o século XIX de Dostoievski e Tolstoi), o polo de mesmidade, apesar de decrescer, não se desestabilizou, o que lhe garantiu a manutenção de certo equilíbrio com a ipseidade. É interessante notar que esse movimento coincide com o fato de a menor fixidez da identidade da personagem permitir o ordenamento do enredo ao mesmo tempo que dá vazão a maiores transformações na trama, de certo modo porque os dois – personagem e enredo – continuam a se alinhar e a se condicionar, enriquecendo-se e tonando-se mutuamente complexos (considere-se que a intriga do gênero romanesco é esculpida pela personagem e que, particularmente nos romances do XIX, tal elo com o enredo permanece em sintonia, não obstante o desafio de enfrentar as variações pelas quais passa a personagem).

Antes de prosseguirmos no exame, vale o seguinte alerta: quando aborda esse assunto no primeiro volume de *Tempo e narrativa*,

---

privilegiado do estruturalismo [e aqui Ricoeur se refere também ao formalismo de Propp]" (RICOEUR., 2010d, p. 202-203).

Ricoeur insiste em falar de caráter (*caractère*) no sentido estrito de agente da intriga, recorrendo ao termo tal como fora utilizado por Aristóteles na *Poética*[30]. É lícito, nesse caso, substituirmos a palavra "caráter" por "personagem"[31], para que não caiamos no erro de cravar a caracterização – ou qualificação – da personagem em termos bem definidos, eximindo-a de uma oscilação ontológica e aproximando-a do segundo sentido de caráter (mesmidade) proposto pelo filósofo francês.[32] Vejamos o que diz Ricoeur sobre o romance da "idade de ouro" (repare que a palavra caráter é usada aqui na mesma acepção de *Tempo e narrativa I*, a saber, como sinônima de personagem):

> Na idade de ouro do romance do século XIX, de Balzac a Tolstoi, a técnica romanesca antecipara-a [a expansão do caráter à custa da intriga], tirando todos os recursos de uma fórmula narrativa bastante antiga, que consiste em aprofundar um caráter contando mais sobre ele e em tirar da riqueza de um caráter a exigência de uma maior complexidade episódica. Nesse sentido, caráter e intriga condicionam-se mutuamente. (RICOEUR, 2010b, p. 15)

Observando as variações narrativas posteriores a esse período do século XIX, Ricoeur verifica que o movimento de anulação do caráter, entendido agora como a instância que porta a mesmidade, corre em paralelo à dinâmica de liberação da personagem do

---

30 Em *O si-mesmo como outro*, o termo "caráter" também fora emprestado de Aristóteles, mas de sua ética, que associava o caráter à prática reiterada de uma ação. (ver nota 65)

31 No grego à época da *Poética*, não existia uma designação com equivalente perfeito para a palavra "personagem", por isso Aristóteles fala de "caráter" (*êthos*) ou de "aqueles que agem" (perífrase em português para o particípio presente *práttontas* – outro significado possível: "agentes").

32 Doravante, quando nos referirmos à personagem trazendo à tona concomitantemente o conceito da *Poética* aristotélica, poderemos empregar a locução "caráter-personagem". Quando nos referirmos ao caráter na concepção de permanência no tempo, como se encontra em *O si-mesmo como outro*, poderemos empregar a locução "caráter-mesmidade".

domínio da intriga – dinâmica que, no gênero romanesco, estava presente desde seu surgimento, mas que, após a "idade de ouro", corromperá progressivamente certa sintonia salutar, levando a personagem a concorrer com a intriga e até mesmo a eclipsá-la. Ou seja, a intensidade da presença do caráter-mesmidade na narrativa é, diante dos exemplos que a história da literatura oferece, inversamente proporcional à presença autônoma da personagem: quanto mais engessada for a identidade da personagem, menos poder ela exercerá sobre a identidade da intriga, que passará a veicular outras ações, envolvendo outros agentes, a fim de dar mais movimento à narrativa; de outro modo, quanto mais conflituosa e à deriva for a identidade da personagem, mais suas dúvidas e confusões particulares prevalecerão, exigindo maior espaço dedicado exclusivamente a ela no encadeamento da intriga, a qual, por seu turno, demandará soluções mais complexas. Apesar de o romance partir de um patamar comum – o da autonomização da personagem –, as formas como esse elemento se liberta da trama variam até o ponto em que a intriga é totalmente subjugada. Para ilustrarmos bem a questão, vejamos agora o que escreve Paul Ricoeur sobre o romance de fluxo de consciência do século XX, exemplificado pela obra de Virginia Woolf, lembrando que esse tipo de romance inverte o modelo aristotélico de submissão da personagem à intriga – nas palavras de Benedito Nunes, é a "passagem da consciência individual ao posto de centro mimético da narrativa" (NUNES, 1995, p. 56):

> Uma nova fonte de complexidade apareceu, principalmente no século XX, com o romance do *fluxo de consciência*, maravilhosamente ilustrado por Virginia Woolf. Estudaremos adiante [no segundo volume de *Tempo e narrativa*] uma obra capital do ponto de vista da percepção do tempo [*Mrs. Dalloway*]: o que agora interessa é o inacabamento da personalidade, a diversidade dos níveis de consciência, de subconsciência e de

inconsciência, o fervilhar dos desejos não formulados, o caráter incoativo e evanescente das formações afetivas. A noção de intriga parece estar aqui definitivamente abalada. (RICOEUR, 2010b, p. 16)

Como ajuda a explicitar Ricoeur, os desejos não formulados e a personalidade pouco consistente[33] de Clarissa, em *Mrs. Dalloway*, fervilham nos níveis do subconsciente e do inconsciente. A inconsistência atravessa uma personagem que, apesar de muitas vezes não reconhecer a si mesma nas próprias escolhas – como que tendo perdido seus predicados ou mesmo se dessubstanciado[34] –, ocupa uma das vértebras desse romance de Virginia Woolf cujo núcleo mimético foi deslocado para as consciências individuais. O que dizer, então, da outra vértebra (o duplo de Clarissa), esta baseada no comportamento de uma personagem não menos significativa, o delirante e insensível Septimus Warren Smith[35]? Se a identidade "Clarissa", repleta de memórias juvenis que antecedem a experiên-

33 Um sintoma dessa personalidade inconsistente, inscrito na própria percepção que a personagem tem de si mesma: "[...] depois de tantos anos, [Clarissa] sentia que só lhe era possível traçar um simples esboço de Clarissa [...]" (WOOLF, 2006, p. 77).

34 Um dos momentos mais marcantes que mostram Clarissa descorporificada: "Era verdade que estava em forma; e tinha lindas mãos e lindos pés; e vestia-se bem, considerando o pouco que gastava. Mas muitas vezes aquele corpo que habitava (parou para olhar um quadro holandês), aquele corpo, com toda a sua consistência, não parecia nada – absolutamente nada. Tinha a esquisita sensação de estar invisível; despercebida; desconhecida; de não ser mais casada, não ter mais filhos agora, apenas aquela espantosa e um tanto solene marcha com os demais, por Bond Street, ser esta Mrs. Dalloway; nem mais Clarissa: Mrs. Dalloway somente" (*Ibid.*, p. 17-18).

35 Sobre um Septimus delirante: "A terra vibrava debaixo dele. Flores vermelhas cresciam-lhe através da carne; as folhas rígidas murmuravam junto à sua cabeça. Ali em cima, na rocha, começou a ouvir-se música. É uma buzina de auto, lá embaixo, na rua, disse ele; mas ali em cima repercutia de rocha em rocha, dividia-se, entrechocava-se, erguendo-se em lisas colunas de sons (a música visível era outra descoberta), e tornava-se um cântico de alegria, uma antífona que espiralava da flauta de um jovem pastor (é um velho mendigo que toca diante de um café, murmurou) e que, quando o jovem estacava, se elevava borbulhando, e, quando ele subia mais alto, se convertia num esquisito lamento sobre o rumor do tráfego. Essa elegia do pastor é executada em meio ao tráfego, pensou Septimus. Mas agora ele se retira para as neves, e rosas pendem-lhe em redor... as grandes rosas vermelhas que florescem nas paredes de meu quarto, lembrou. Parou a música. – Ganhou esmola – raciocinou em voz alta –, e foi para o café mais próximo" (*Ibid.*, p. 68-69).

cia matrimonial, é com o tempo esvaziada pelo *status* de esposa de Dalloway – um sobrenome que lhe é impresso sem que ela mesma tenha adquirido segurança de o ostentar –, o que dizer de Septimus Smith, cujos traumas da guerra o consomem, provocando nele alucinações indecifráveis e o "pecado do não sentir"? Tudo indica que, no caso de *Mrs. Dalloway*, o fulcro do romance, ao mesmo tempo que permite realçar a consciência em fluxo das personagens, conduz para a periferia a intriga – confinada em dois episódios próximos ao fim da trama: um suicídio e um jantar, os quais, por sinal, acontecem no mesmo dia. E, ao se valer de personagens que, apesar de densas ou enigmáticas, não se sustentam sobre uma sólida ossatura garantidora de uma personalidade estável e harmônica, compromete-se, assim, a configuração da narrativa.[36] São personagens constituídas por diversas peças de um quebra-cabeça que não se completa. Vê-se Clarissa, mais nitidamente que Septimus, ser portadora de um "eu" volúvel, cuja flutuação segue a dinâmica das relações construídas com as demais personagens, à mercê da interpretação dos outros, como um automóvel que percorre os caminhos

36 A respeito da densidade psicológica das personagens do romance em questão e sua concomitante instabilidade, Paul Ricoeur afirma: "[...] dando uma espessura temporal à narrativa, a imbricação do presente narrado com o passado relembrado confere uma espessura psicológica aos personagens, sem nunca, contudo, conferir-lhes uma identidade estável, tanto as percepções dos personagens sobre os outros e sobre eles mesmos são discordantes; o leitor é deixado com as peças soltas de um grande jogo de identificação dos caracteres, cuja solução lhe escapa tanto quanto aos personagens da narrativa" (RICOEUR, 2010b, p. 180). Um trecho paradigmático do romance de Woolf que mostra percepções discordantes que a personagem Clarissa tem de si mesma, sem se decidir por reconhecer-se de modo definitivo: "Não, agora nunca mais diria, de ninguém neste mundo, que eram isto ou aquilo. Sentia-se muito jovem; e, ao mesmo tempo, indizivelmente velha. Passava uma navalha através de tudo; e ao mesmo tempo ficava de fora, olhando. Tinha a perpétua sensação, enquanto olhava os carros, de estar fora, longe e sozinha no meio do mar; sempre sentira que era muito, muito perigoso viver, por um só dia que fosse. Não que se julgasse inteligente, ou muito fora do comum. Nem podia saber como tinha atravessado a vida com os poucos dedos de conhecimentos que lhe dera Fräulein Daniels. Não sabia nada; nem línguas, nem história; raramente lia um livro agora, exceto memórias, na cama. Mas como a absorvia tudo aquilo, os carros passando; e não diria de Peter, não diria de si mesma: sou isto, sou aquilo" (WOOLF, 2006, p. 16).

fugazes abertos pelos demais veículos, uma metáfora conveniente para o tráfego da vida moderna.

Em *Mrs. Dalloway*, Clarissa e Septimus, com suas oscilações e dúvidas, seus delírios e estados de confusão, têm mais a dizer do que os próprios eventos ocorridos na trama. Nesse caso, a intriga encontra-se em maus lençóis, porquanto passa a ser eclipsada no comércio com as personagens. A complexidade psicológica e a densidade de Clarissa e Septimus dispensam o encadear de ações e sobrepõem-se à temporalidade da intriga, a qual podemos considerar infinitamente inferior à temporalidade psíquica das personagens. Comentando esse romance, Ricoeur se interroga: "Pode-se ainda falar de intriga, quando a exploração dos abismos da consciência parece revelar a impotência da própria linguagem em se reunir e tomar forma?" (RICOEUR, 2010b, p. 16).

A conclusão válida para o exemplo analisado de romance de fluxo de consciência é inequívoca: quanto menor a expressão do caráter-mesmidade, de modo mais calcinante o caráter-personagem se manifesta na narrativa. Nesse caso, a história da literatura parece ter se encaminhado, por um lado, para o congraçamento do caráter-personagem e, por outro, para o colapso do caráter-mesmidade, dinâmica que Paul Ricoeur identifica nos romances contemporâneos, como explicaremos mais adiante. É aqui que a crise do narrar se instaura, pois, à medida que a personagem reina dentro da narrativa, ela também tem seu caráter fatalmente dissolvido. No limite, trava-se um processo de subordinação da pálida intriga – e o consequente livre trânsito da densidade da personagem na tessitura da trama narrativa –, acoplado à dissolução do que a personagem porta de concordante. Levando em conta a escala sugerida por Ricoeur, irrompe-se, então, a discordância em último grau.

Se os holofotes são posicionados acima da personagem, analisemos mais detidamente o que acontece com sua identidade em casos que culminam no eclipsar do caráter-mesmidade. Ricoeur diz que, "À primeira vista[37], esses casos podem ser descritos como ficções da perda de identidade" (*Id.*, 2014, p. 156). Mas o que significa, então, perder a identidade? O filósofo responde:

> Minha tese é que, situados no âmbito da dialética entre o *idem* e o *ipse*, esses casos desconcertantes da narratividade podem ser reinterpretados como desnudamento da ipseidade por perda de suporte da mesmidade. É nesse sentido que eles constituem o polo oposto ao do herói identificável por sobreposição entre ipseidade e mesmidade. O que agora se perde, com o título de "propriedade", é o que possibilita igualar a personagem a seu caráter. (*Ibid.*, p. 157)

À primeira vista, portanto, a identidade e o caráter seriam eclipsados conjuntamente. Com essa solução, porém, corremos o risco de tomar o todo pela parte, isto é, considerar que a identidade da personagem diz respeito apenas a seu caráter (a identidade é colapsada porque parte da identidade – o caráter – foi colapsada). Averiguemos de outro modo.

Comecemos com uma pergunta basilar: o que é a identidade da personagem? Se narrar, em sentido extensivo, é responder às perguntas "Quem?", "O quê?", "Como?" e "Por quê?" encadeando-as temporalmente, a identidade da personagem corresponde, certamente, às indagações: "*Quem* fez tal ação? *Quem* é seu agente, seu autor?" (*Id.*, 2010c, p. 418), o que vale tanto para as histórias factuais da vida (identidade da pessoa) como para as fictícias, urdidas literariamente, sendo que em ambos os casos a identificação em pauta se dá narrativamente, isto é, de maneira estruturada no tempo humanizado. Resta saber, então, em que se ancora esse *quem*. Ricoeur esclarece:

---

37 É importante frisar a expressão "à primeira vista", como mostraremos mais à frente.

> Para começar, responde-se a essa pergunta nomeando alguém, isto é, designando-o por um nome próprio. Mas qual é o suporte da permanência do nome próprio? O que justifica que se considere que o sujeito da ação, assim designado por seu nome, é o mesmo ao longo de toda uma vida que se estende do nascimento até a morte? A resposta tem de ser narrativa. (RICOEUR, 2010c, p. 418)

Caso o leitor fique insatisfeito com uma explicação que parece mais apropriada à lógica da vida do que à da literatura, Paul Ricoeur, com termos muito semelhantes aos da citação anterior, assim define o que é a personagem no primeiro volume de *Tempo e narrativa*: "Uma personagem pode ser identificada, designada por um nome próprio, tida por responsável pelas ações que lhe são atribuídas; é sua autora ou sua vítima; elas a tornam feliz ou infeliz" (*Id.*, 2010a, p. 318). Nessa definição, como no comentário transcrito anteriormente, aparece um "nome próprio" ao qual se atribui a autoria de certas ações descritas ou relatadas narrativamente, por essa razão pode-se dizer que tal "nome próprio" serve para designar uma identidade narrativa à qual se imputa a responsabilidade dos atos por ela cometidos, sendo essa identidade expressa tanto no que concerne ao domínio da pessoa quanto ao da personagem literária.

Estávamos seguros de que a identidade narrativa não é "estável e sem falhas" (*Id.*, 2010c, p. 422), de que ela "não cessa de se fazer e de se desfazer" (*Ibid.*), ou seja, de que é mais a promessa de uma busca do que a certeza de um encontro; isso porque está submetida ao que a identidade tem de mutável e de flexível, atendendo às flutuações da vida. Como sublinhou Jean Greish, a ontologia proposta por Ricoeur – e que está por trás da teoria acerca da narratividade – é mais uma "terra prometida" do que uma "terra conquistada" (GREISH, 1988, p. 95). Ocorre que a pergunta "Quem?" requer algum lastro na mesmidade, à cata de regiões do "eu" que tenham sido colonizadas por um nome próprio. Ora, se o território do Mesmo é completamente abolido, inviabilizamos, portanto, que uma pessoa ou uma personagem sejam designadas por um nome próprio, isto é, sejam reconhecidas e a elas imputadas ações pelas quais devam responder. Tentemos imaginar, por exemplo, um sujeito biológico sem código genético e constatemos a impossibilidade de que ele de fato exista. O sujeito necessita de algo que o individualize, desentranhando nele uma humanidade em particular, bem como a personagem terá sua identidade entorpecida se não puder ser identificada por nenhuma de suas ações, se seus atos se acumularem como uma pilha de escombros formada por fragmentos dispersos do "eu". Aparentemente, é esse processo de entorpecimento da identidade que se efetiva, por exemplo, no romance *O homem sem qualidades*, de Robert Musil. Assim comenta Paul Ricoeur:

> Com Robert Musil, por exemplo, *O homem sem qualidades* – ou mais exatamente sem propriedades (*ohne Eigenschaften*) – torna-se, em última análise, não identificável, num mundo, como se diz, de qualidades (ou de propriedades) sem homens. A ancoragem do nome próprio torna-se derrisória a ponto de tornar-se supérflua. (RICOEUR, 2014, p. 156)

O exemplo elaborado por Musil, como aprofundaremos na segunda parte deste capítulo, permite constatar que a suposta perda da identidade (e a perda do caráter) consiste em não encontrar nenhuma resposta segura diante da pergunta "Quem?". Quais são as consequências desse inominável? De acordo com Ricoeur, é a evanescência do inominável que ocasiona a ruína da narrativa romanesca, uma vez que a complexidade enigmática do elemento inominável acarreta a dissolução dos demais elementos narrativos (lembremos: por uma questão de gênero literário, há o privilégio da personagem em detrimento da intriga). O filósofo conclui:

> O não identificável torna-se inominável. Para tornar mais preciso o que está em jogo, filosoficamente, em semelhante eclipse da identidade da personagem, é importante notar que, à medida que a narrativa se aproxima do ponto de anulação da personagem, o romance também vai perdendo suas qualidades propriamente narrativas, mesmo que interpretadas, como acima, do modo mais flexível e mais dialético possível. À perda da identidade da personagem corresponde, assim, a perda da configuração da narrativa e, em particular, uma crise da conclusão da narrativa. (RICOEUR, 2014, p. 156-157)

Paul Ricoeur assinala enfaticamente que a identidade narrativa da personagem é composta pela síntese entre duas modalidades de identidade, a mesmidade (caráter) e a ipseidade (possibilidade de mudança). No entanto, parece que é apenas a anulação da mesmidade que provoca a perda da identidade. O filósofo pouco diz sobre como esta fica se a ipseidade for completamente dissipada em benefício da permanência no mesmo, o que parece ser o caso da personagem do conto de fadas e do folclore, que, apesar de "identificável e reidentificável como mesmo", mantém-se existindo sem o polo da mudança. Resta, então, supor que o domínio narrativo desse tipo de identidade se mobiliza em função de outros elementos que vão além da personagem estática, a qual, nesses casos, não consegue adquirir autonomia para se descolar do enredo e se posicionar acima dele, processo catalisado pelo romance.

Voltemos a um detalhe importante: por que motivo, há pouco, fizemos questão de destacar a expressão "à primeira vista"? Se Ricoeur afirma que à primeira vista a personagem perde a identidade, isso quer dizer que essa perda é de alguma forma relativizada. Com efeito, veremos que o filósofo realiza um salto argumentativo ao solicitar que pensemos na perda da identidade como uma espécie de nudez ou despojamento, e não como anulação ou nulidade.

A alteração do percurso explicativo se dá quando a dialética da concordância discordante é transferida da personagem para a identidade pessoal do leitor. Essa pirueta retórica é realizada na conferência "Identidade narrativa", apresentada por Ricoeur em 1986 por ocasião do recebimento de título doutor *honoris causa* outorgado pela Universidade de Neuchâtel, e é somada às análises esboçadas no livro *O si-mesmo como outro*, ambos posteriores à publicação do último volume de *Tempo e narrativa* (1985). Tanto no pronunciamento como na obra mencionada, Ricoeur destaca que a dissolução da identidade da personagem operada por Musil mergulha o leitor numa perplexidade: "[...] com a volta da ficção à vida, o leitor em busca da identidade se vê diante da hipótese de sua própria perda de identidade" (*Ibid.*, p. 178). O problema aqui não diz respeito ao fato de situações semelhantes serem documentadas pelos casos perturbadores da literatura, mas ao desconforto gerado quando transpostas para o registro da vida. Em circunstâncias assim, o si "refigurado pela narrativa é na realidade posto diante da hipótese de seu próprio nada" (*Ibid.*). Para Paul Ricoeur:

> [...] esse nada não é o nada do qual não há nada que dizer. Essa hipótese, ao contrário, dá muito que dizer, como demonstra a imensidade de uma obra como *O homem sem qualidades*. A frase: 'Não sou nada' deve manter sua forma paradoxal: 'nada' não significaria mais nada, se 'nada' não fosse atribuído a 'eu'. Mas quem é ainda *eu* quando o sujeito diz que não é nada? Um si privado do socorro da mesmidade, dissemos e repetimos. Que seja. Nesse aspecto, a hipótese não carece de verificações existenciais: poderia ser que as transformações mais dramáticas da identidade pessoal tivessem de atravessar a prova desse nada de identidade, nada que seria o equivalente da casa vazia nas transformações tão prezadas por Lévi-Strauss[38].

38 Em sua célebre "Introdução à obra de Marcel Mauss", Claude Lévi-Strauss fala de "casa

> Várias narrativas de conversão dão testemunho de tais noites da identidade pessoal. Nesses momentos de despojamento extremo, a resposta nula à pergunta *quem sou?* não remete à nulidade [*nullité*], mas à própria nudez [*nudité*] da pergunta. (RICOEUR, 2014, p. 178-179)

Nas noites da identidade, esta seria vítima de uma dramática nudez, em vez de anular-se por completo. Logo, uma personagem não deixaria de ser personagem, mesmo que fosse colocada a nu pela pergunta "Quem sou?", bem como um ser humano, em situação similar, não seria destituído de sua humanidade. Como indaga Ricoeur, o não sujeito não seria "uma figura do sujeito, mesmo que no modo negativo" (*Ibid.*, p. 178)? O conflito aflitivo inscrito pelo desnudamento identitário não é suficiente, pois, para amputar o traço irredutível que torna uma personagem aquilo que ela é, personagem, e que torna um ser humano aquilo que ele é, ser humano. Em última instância, mesmo que não existisse nada de permanente e duradouro para narrar acerca dessa identidade, ela persistiria na existência como uma estrutura temporal (personagem ou pessoa) aberta ao exterior, aguardando um possível preenchimento. Pensemos brevemente no exemplo da conversão de Santo Agostinho, narrada no Livro VIII das *Confissões*: se antes o desencanto dos apetites mundanos que lhe pesavam a alma fazia-o verter rios de lágrimas, Agostinho, após ser arrebatado pelo

---

vazia" enquanto "valor simbólico zero", isto é, "um signo que marca a necessidade de um conteúdo simbólico suplementar àquele que pesa já sobre o significado, mas que pode ser um valor qualquer, com a condição de fazer parte ainda da reserva disponível e de já não ser, como dizem os fonólogos, um termo de grupo" (LÉVI-STRAUSS, 2003, p. 43). Em nota de rodapé, acrescenta, citando Jakobson e Lotz: "Os linguistas já foram levados a formular hipóteses desse tipo. Assim: 'Um fonema zero... opõe-se a todos os outros fonemas do francês por não comportar nenhum caráter diferencial e nenhum valor fonético constante. Em contraposição, o fonema zero tem por função própria opor-se à ausência de fonema' (JAKOBSON; LOTZ, 1949, p. 155)" (*Ibid.*, p. 43-44). Em resumo, noções de "valor simbólico zero" opõem-se à ausência de significação, sem comportar, contudo, nenhuma significação particular.

sagrado, acalmará seu coração e converterá o pranto em alegria. Na situação dramática e dolorosa que antecede o encontro verdadeiro com a luz divina, impuseram-se o desencantamento, a perda de si, a cegueira profunda no abismo, o que Ricoeur chamou de a noite da identidade pessoal. Para livrar-se desse estado, no cerne do episódio de conversão, foi relatada a transformação do desejo carnal (fonte de dor) em querer espiritual (fonte de alegria). Com efeito, antes de ser inteiramente efetivada, essa mudança drástica prenunciada no coração de Agostinho colocou-o diante da nudez da pergunta "Quem sou?", mas nem por isso o levou à anulação angustiante de sua identidade, pelo contrário, conduziu-o a afirmar mais vivamente sua filiação ao divino (AGOSTINHO, 2017, p. 193-219). Meditemos agora sobre outro exemplo: se voltarmos ao caso do romance *O homem sem qualidades*, será que na fragmentação absoluta a própria fragmentação não se tornaria permanência? Em vez de um *nada* do qual não se tem nada a dizer, a nudez da personagem Ulrich, pelo contrário, não teria justamente levado Musil a escrever centenas de páginas sem conclusão? Isso nos induz a pensar que essa identidade, embora vaporosa, carrega uma complexidade enigmática; ela, em vez de sequestrar a caneta do escritor, na verdade dá muito o que falar.

Por fim, Ricoeur acaba saindo novamente em socorro da narrativa, colocada em risco pela crise anunciada contra a figuração da personagem e a configuração da intriga, alegando que a personagem, apesar de suscetível ao despojamento extremo, permanece sendo ao menos uma personagem, uma estrutura temporal aberta, passível de moldar-se ou desmoldar-se ao longo da cadência da trama. Já havíamos salientado outrora que a narrativa, para o filósofo, nunca deixou de estar segura, dada a universalidade do ato imemorial de narrar. A esse argumento, une-se o da impossibilidade de anulação completa da personagem, a impossibilidade da discordância absoluta, como vimos. Diante de tal panorama, retomamos a pergunta inicial: quais são os limites da narrativa?

Afora as fronteiras evocadas pela incompreensão do mal padecido e do desejo como desejo, quais fatores podem ainda limitar o potencial narrativo? Parece que ao fim Paul Ricoeur escapa em definitivo dessa questão, como declara no ensaio redigido em 1992 em resposta a uma pergunta formulada por Barbara Cassin – "O que lhe inspira a *Poética* de Aristóteles?" –, complementando suas análises empreendidas na trilogia sobre o tempo. Nas linhas finais desse texto, "Uma retomada da *Poética* de Aristóteles", o filósofo convida o leitor a, com ele, acreditar que as metamorfoses da narrativa "conjurariam o seu esgotamento" (RICOEUR, 1996a, p. 342). As razões disso, afirma Ricoeur, "devem ser procuradas no lado da recepção mais que no da produção da narrativa" (*Ibid.*). Aqui, percebemos a dívida do filósofo para com a estética da recepção proposta por Hans Robert Jauss, cuja influência já se fizera sentir em *Tempo e narrativa*, na medida em que retoma de Jauss a ideia segundo a qual o texto só se converte em obra na interação com o receptor. Desse modo, somos conduzidos a transpor o debate, antes centrado no tecer a intriga, em direção ao mundo do leitor, no qual se dá o que Ricoeur designa como "refiguração". Seguindo a mesma tendência que focaliza a recepção da obra, o filósofo destaca de que modo a literatura pode operar como laboratório para experiências possíveis no campo do real, o que notadamente coloca Ricoeur em dívida com Ernst Bloch: "é no espaço de jogo da ficção que testamos as preferências, as avaliações de que a ética se encarrega" (*Ibid.*, p. 343.). Por fim, e sem mais delongas, opta pela conclusão:

> Tal é, na minha opinião, a razão fundamental que me faz dizer que o ato de contar ainda se transformará, mas não perecerá. Constatamos isso em

torno de nós: quando a demanda de narrativa não encontra alimento na literatura contemporânea, pois bem, relê-se Dostoievski e, por que não, a *Ilíada*! É nossa vez de nos rebelar contra as imposições de certa crítica literária. Com isso atestamos que não temos nenhuma ideia do que seria uma cultura na qual não se soubesse mais o que significa *contar*. (*Ibid.*)

Ao que tudo indica, o último argumento de Ricoeur se apoia na necessidade cultural que o ser humano tem de ser refigurado pelas narrativas. E, se aquelas construídas em nosso tempo já não são capazes de responder a nossas questões, que retomemos as do passado, num retorno perpétuo ao *récit*. Argumento muito distinto daquele proposto no célebre ensaio benjaminiano "O narrador", no qual se discute que a arte de narrar está em vias de extinção tanto por uma falência da faculdade de intercambiar experiências (lembremos o exemplo dado por Walter Benjamin de soldados que voltavam mudos das trincheiras da Primeira Guerra, pobres em experiência comunicável) quanto por uma transformação na recepção, no sentido de que o leitor moderno substituiu a amplitude interpretativa subjacente ao espírito narrativo pelo nível explicativo da informação (BENJAMIN, 1994, p. 197-203). Resumindo, se para Benjamin as sociedades burguesas produziram novas formas de recepção que levaram o narrativo a perder sua vitalidade, para Ricoeur o desenvolvimento do modo de produção capitalista não foi capaz de ofuscar a necessidade que o ser humano tem de se servir do ato imemorial de narrar.

2.1.3. A força da discordância na dialética concordante-discordante

A princípio, o concordante parece ter sido um aspecto preconizado por Paul Ricoeur na concepção do conceito de identidade narrativa. Do ponto de vista da composição da intriga, isso faz todo o sentido: é o concordante que ordena uma constelação de histórias e personagens em torno de um só eixo organizador, produzindo uma totalidade una e coerente. Do ponto de vista da figuração da personagem, há também bastante razoabilidade em favorecer a concordância: uma personagem coesa e nominável não põe em risco nem a intriga em particular nem a narrativa como procedimento. Passando da personagem ao domínio da vida, a concordância é até mesmo desejada: exila de nós mesmos a dimensão do ininteligível, a qual suscita uma existência conflituosa e aflitiva; o "eu" acossado, como diz Butler, padece sob a ameaça iminente de uma espécie de morte, instante em que o sujeito se converte em não narrável. Não é à toa que Ricoeur lança mão do conceito de "unidade narrativa de uma vida", extraído do livro *After virtue*, de MacIntyre, e o associa ao conceito ético de "boa vida": viver bem equivale a ter a vida concentrada por inteiro em forma narrativa, sem que fios de história escapem a esse todo, gerando, assim, um viver mais suportável e menos angustiante.[39]

Isso não quer dizer que Ricoeur feche os olhos para a discordância inevitável exigida seja pela intriga, seja pela personagem ou

39 Na obra mencionada, MacIntyre destaca a importância do conceito de inteligibilidade na medida em que este se vincula aos de ação e de narrativa, no sentido de que um acontecimento se torna inteligível quando discursivamente são descritos propósitos, motivos e intenções que mobilizaram o agente, processo que garante, ainda, pensar na imputabilidade da ação. Daí a conclusão de que vivemos narrativamente e só podemos ter um entendimento de nossas vidas em termos narrativos. Tão fundamental quanto o conceito de ação, para MacIntyre, é o de história – enquanto sequência narrativa –, por isso defende: "[...] o homem, tanto em suas ações e suas práticas como em suas ficções, é essencialmente um animal que conta histórias" (MACINTYRE, 2007, p. 216). E é no relato inteligível por trás da unidade narrativa de nossas vidas que encontraremos resposta para o viver bem. Assim diz MacIntyre sobre a relevância de sermos tema de nossa própria história para que tenhamos uma vida boa: "[...] sou aquele por quem me têm justificadamente os demais no transcurso de uma história que vai desde o meu nascimento até minha morte; sou o *tema* de uma história que é minha própria e de ninguém mais, que tem seu próprio e peculiar significado. Quando alguém se lamenta – como faz quem tenta se suicidar ou se suicida – de que sua vida não tem significado, talvez muitas vezes tenha lamentado que a narrativa de sua vida se tornou ininteligível para ele, que carece de qualquer meta, de qualquer movimento em direção a um clímax ou a um *telos*" (*Ibid.*, p. 217).

pela vida de uma pessoa. Se recuperarmos as análises levantadas no primeiro volume de *Tempo e narrativa* sobre o conceito aristotélico de *katharsis*, entenderemos um pouco o caminho percorrido por Ricoeur para sustentar o quanto a discordância subjacente às mutações da narrativa é até mesmo desejada pela literatura (para que esta se torne comovente e significativa na recepção feita pelo leitor). É certo que, quando tratamos de Aristóteles, o foco não é mais tanto a identidade da personagem, que permanece fixa, quanto à do enredo. É certo também que Aristóteles, na *Poética*, trata especificamente da tragédia, ao passo que Ricoeur se liberta desse paradigma com amplificações que abarcam quer a teoria da história, quer a teoria da ficção, mas que nem por isso alteram radicalmente o caminho já delineado pelo modelo aristotélico. De qualquer modo, sob o risco de não mobilizar os sentimentos do público, mantém-se a advertência de que o discordante seja absorvido pela narrativa, de maneira similar ao mecanismo depurativo da catarse. Nesse sentido, explica o professor Hélio Salles Gentil:

> Para Ricoeur, "é incluindo o discordante no concordante que a intriga inclui o comovente no inteligível", na medida em que o "lamentável e o aterrorizante são qualidades estritamente ligadas às mudanças de sorte mais inesperadas". A depuração ou purificação, a famosa *katharsis*, diz respeito, sem se esgotar nisso, a tornar necessários e verossímeis os incidentes discordantes, isto é, incluindo o discordante no concordante, o emocional no inteligível – o que é feito, num primeiro momento, pela intriga, pelo ato de pôr em relação ordenada os elementos díspares da realidade, e só depois pela experiência do espectador. (GENTIL, 2004, p. 99)

A catarse é um dos conceitos aristotélicos que sobejamente irrigaram o debate sobre a arte poética, tendo atravessado com pujança mais de vinte séculos, como atesta, por exemplo, o eco agudo nas investigações de Gotthold Ephraim Lessing. Curioso é o fato de que uma palavra de ocorrência tão diminuta no *corpus* aristotélico tenha sido capaz de suscitar tanta reflexão e correr a tinta de diferentes filósofos e de inúmeros comentadores, avolumando páginas e páginas de estudos sobre a temática. Entre as raras incidências, há um momento escorregadio na *Política* (Livro VIII) que desvia para outro escrito, como podemos perceber: "O que entendemos por catarse? Por ora, empregamos esse termo em sentido geral, mas falaremos dele mais claramente na *Poética*" (ARISTÓTELES, 1962, p. 582-583). Já na *Poética*, ou no que nos restou dela, a palavra está inserida no início do Capítulo VI, sem apor qualquer definição ao conceito nem cumprir a promessa expressa na *Política*: "A tragédia é a representação de uma ação nobre [...]; e, ao representar a piedade e o temor, realiza uma depuração [*katharsis*] desse gênero de emoções" (*Id.*, 1980, p. 53)[40]. Aqui, na *Poética*, a catarse se refere à tragédia. Lá, na *Política*, diz respeito à música, visto que a passagem está inserida em considerações acerca do prazer causado pelos cânticos nos homens. Ou seja, tanto num caso como no outro, o objeto associado à catarse é de natureza artística. Há que se notar, ademais, a conotação médica do termo, incorporada aos escritos biológicos redigidos por Aristóteles sob inspiração da tradição hipocrática (*Geração dos animais* e *História dos animais*, por exemplo). Nessa acepção, a catarse consiste em purgar o organismo vivo de algo que o perturba, como se o submetesse a um tratamento terapêutico. Segundo os tradutores e comentadores franceses Dupont-Roc e Lallot, a inserção enigmática e lacunar do termo no interior da

---

40 Neste caso em específico, optamos por traduzir literalmente a tradução francesa de Dupont-Roc e Lallot, que é a utilizada por Ricoeur na redação do primeiro volume de *Tempo e narrativa*. A tradução brasileira proposta por Paulo Pinheiro é um tanto diferente: "É pois a tragédia a mimese de uma ação de caráter elevado [...], e que, em função da compaixão e do pavor, realiza a catarse de tais emoções" (ARISTÓTELES, 2017, p. 72-73).

obra de Aristóteles dá margem apenas a interpretações hipotéticas. A leitura proposta por ambos – e aquela que Ricoeur escolhe acompanhar – atenta para uma espécie de alquimia que transforma a piedade e o temor, produtos da atividade mimética (e não de uma experiência patológica do espectador[41]), em prazer. Para Dupont--Roc e Lallot, portanto, a catarse musical e a catarse trágica nada têm a ver com o sentido médico que associa a depuração catártica a um potencial curativo (DUPONT-ROC; LALLOT, 1980, p. 188-193). Dessa forma, no trecho mencionado da *Poética*, não se trata de fornecer o antídoto para a cura de um espectador teatral enfermo, e sim de transformar a resposta emocional do público diante da cena. Vejamos o que diz Ricoeur sobre uma pista para ler essas linhas do texto aristotélico:

> A meu ver, Else e Dupont-Roc-Lallot entenderam bem a intenção de Aristóteles, refletida na construção da frase [sobre a catarse na *Poética*]: a resposta emocional do espectador é construída no drama, na qualidade dos incidentes destrutivos e dolorosos para as próprias personagens. (RICOEUR, 2010a, p. 76)

Testemunhamos, então, o interesse aristotélico em desvendar os processos que determinam a recepção do drama trágico, a fim de conceber sua influência sobre o espectador: as tragédias podem causar pouca ou muita comoção no público, a depender de sua força catártica. Mesmo que tais processos não tenham sido profundamente investigados nos demais capítulos da *Poética*, a menção à catarse deve ser considerada um momento especial do livro, porque desvia a matéria de discussão, frequentemente dirigida à compo-

41 A crítica aqui é direcionada à tradição que associa a *katharsis* à medicina, iniciada pelos influentes estudos de Jacob Bernays, no século XIX (Cf. DUPONT-ROC; LALLOT, 1980, p. 189).

sição poética, para os efeitos provocados durante sua recepção. Como Ricoeur ficaria em silêncio diante de tal conceito, se tantas vezes demonstrou preocupação em examinar o desenvolvimento da refiguração (o modo como a narrativa se constrói na interação com o leitor)?

No Capítulo XI da *Poética*, Aristóteles fala da reviravolta do drama, procedimento que, apesar de estar em conformidade com o verossímil e o necessário, conduz a ação a um caminho inesperado. Um exemplo de reviravolta extraído da tragédia *Édipo*: "o mensageiro chega pensando que vai reconfortar Édipo e libertá-lo do pavor que sente em face de sua mãe, mas, à medida que revela quem de fato era Édipo, produz, justamente, o inverso" (ARISTÓTELES, 2017, p. 105).[42] Segundo o filósofo grego, a reviravolta de súbito se manifesta como elemento de desarranjo para, logo em seguida, propiciar uma modalidade de reconhecimento que permite restaurar a ordem evocada pelos sempre atuantes componentes da verossimilhança e da necessidade. Ao fim, graças à reviravolta, o espectador passa da ignorância ao conhecimento (no caso de *Édipo*, a confirmação da desdita com o fim do autoengano do rei), fenômeno que, pela lucidez capaz de instaurar, compensa o efeito surpresa, gerando a boa sensação recoberta pelo conhecer. Em outros termos, o reconhecimento virá a partir da peripécia, que produzirá no espectador a piedade e o temor; o conhecimento adquirido, por sua vez, transformará essas emoções em prazer lúcido, consequên-

42 Lembremos que nessa tragédia de Sófocles o rei Édipo recebeu do mensageiro a notícia de que Políbio, seu suposto pai, havia morrido em consequência da idade avançada e de uma enfermidade, não se cumprindo, portanto, o destino de parricida que tanto o atemorizava, o que teria, inclusive, libertado Édipo do pavor de manter relações incestuosas com a mãe. Esse instante de alento, no entanto, é rompido por uma descoberta que o mensageiro ajuda a revelar: na verdade, Políbio não é seu legítimo pai, e sim Laio, a quem Édipo matara e cuja esposa, sua própria mãe, ele mesmo posteriormente desposara. Dessa forma, o caminho de prosperidade é subitamente perturbado para dar lugar à concretização do destino adverso (Cf. SÓFOCLES, 2016, p. 80-97).

cia característica da poesia trágica.[43] De acordo com Ricoeur, essa reviravolta a princípio ameaça a coerência da trama, pois carrega um acontecimento imprevisto que se converte em incidente digno de piedade e atemorizante. Logo, não é difícil perceber a reviravolta como o coração da discordância que desestabiliza a via concordante da narrativa trágica, uma exigência dissonante operada pela própria intriga e que faz dela comovente na medida em que, ao produzir piedade e temor, possibilita a eclosão da catarse. Ricoeur sublinha:

> [...] a catarse, o que quer que esse termo signifique, é operada pela própria intriga. A partir daí, a discordância primeira são incidentes atemorizantes e dignos de piedade. Constituem a principal ameaça para a coerência da intriga. É por isso que Aristóteles fala deles novamente com relação ao necessário e ao verossímil e no mesmo contexto da crítica da peça em episódios (Capítulo IX). (RICOEUR, 2010a, p. 76)

Não devemos nos esquecer de que o movimento de discordância, o qual parece fragilizar a intriga com incidentes inesperados – dignos de piedade e pavor –, leva a poesia, na verdade, a recuperar com ainda mais força sua potência de expressão. Esse processo se efetiva ao transformar, em decorrência do conhecimento ora adquirido, aquelas desordens (piedade e temor) em prazer, concluindo o efeito catártico através de uma nova resposta emocional que completa o ciclo de concordância momentaneamente rompido. Nesse caso, o fator discordante serve de mola mestra para a propulsão da intriga, atingindo de modo mais eficiente os sentimentos e a com-

43 Vale notar que em *Édipo* a reviravolta e o reconhecimento ocorrem simultaneamente, pois são marcados pela morte de Jocasta, mãe e esposa do rei, e pela motivação que a levou ao suicídio: a descoberta da identidade de Édipo (Cf. *Ibid.*, p. 100-101). Por tal simultaneidade, Aristóteles trata essa tragédia como exemplo das mais belas formas de reconhecimento (Cf. ARISTÓTELES, 2017, p. 107).

preensão do público. Assevera Ricoeur: "É incluindo o discordante no concordante que a intriga inclui o comovente no inteligível" (RICOEUR, 2010a, p. 79). Em suma, o filósofo aprova, com o auxílio dos subsídios teóricos fornecidos por Dupont-Roc e Lallot, uma leitura da *katharsis* em chave bastante distinta da médica, uma leitura que permite conjugar emoção e conhecimento. Pensando nesses termos, Ricoeur, em um texto posterior, "A vida: uma narrativa em busca de narrador", assevera:

> A narrativa, dissemos, é uma síntese do heterogêneo. Mas a concordância não caminha sem discordância. A tragédia é, no que toca a isso, exemplar. Não há tragédia sem peripécias, golpes da sorte, acontecimentos pavorosos e lamentáveis, um erro imenso feito mais de falta de reconhecimento e de desprezo do que de maldade. (*Id.*, 2010d, p. 210)

Marcando a diferença entre tratar da ficção trágica e do cotidiano real, Ricoeur assegura que "é na vida que o discordante arruína a concordância, não na arte trágica" (*Ibid.*, p. 77). Essa afirmação, contudo, deve ser balizada com cuidado, visto que é admitida a manifestação inelutável da discordância na esfera do viver – "o que é vivo, por ser vivo, se contrai", diria Clarice Lispector, em sintonia com Ricoeur (LISPECTOR, 1999, p. 435). Se a expressão de completa discordância pode tornar a existência insuportável, não é verdade que sua manifestação em menor grau arruíne integralmente a coesão de uma vida. Por exemplo, Ricoeur reconhece a impossibilidade de o sujeito dar um fechamento narrativo plenamente concordante à sua própria história, e isso não decorre apenas do fato de sofrer um mal inexplicável ou de sustentar um desejo insondável, mas por uma razão bem elementar, como alega o filósofo:

> [...] nada na vida real tem valor de começo narrativo; a memória perde-se nas brumas da primeira infância; meu nascimento e, com mais razão, o ato pelo qual fui concebido pertencem mais à história dos outros, no caso a de meus pais, que a mim mesmo. Quanto à minha morte, só será um fim narrado na narrativa [d]aqueles[44] que sobreviverem a mim; estou sempre a caminho de minha morte, o que exclui que eu a apreenda como fim da narrativa. (RICOEUR, 2014, p. 171)

Nosso surgimento e nosso fim são cenas indiretamente assimiladas, dependentes, pois, ou de uma prática dialógica ou de um espelhamento na alteridade, processos efetivados ou quando nos tornamos interlocutores para ouvir nossas próprias histórias, no caso daquelas que nos são contadas e se referem à primeira infância, ou quando observamos o nascimento, a infância e a morte dos outros. O primeiro descerrar das pálpebras para sorver a intensa luminosidade do mundo, a mais forte e dolorosa contração das pupilas, as cenas inaugurais fora da caverna uterina, o desejo de expressão que leva a ensaiar as primeiras palavras, se tudo isso nos escapa, pode ser, no entanto, detalhada e afetivamente decalcado na memória de um outro. Ainda mais primordial: a trajetória percorrida até sermos desalojados do corpo materno pertence às experiências de quem acompanha a gravidez de que somos fruto – e só pode ser narrada por esta(s) pessoa(s). Daí a apropriação que Ricoeur faz do conceito literário de *in media res* transpondo-o para o viver, no sentido de que nossa história só se inicia para nós mesmos momentos depois de esta já ter se iniciado para alguém. Assim como o primeiro clarão enxergado, o derradeiro movimento das pálpebras tam-

44 Pequeno ajuste na tradução. Texto original: "Quant à ma mort, elle ne sera fin racontée que dans le récit de ceux qui me survivront; je suis toujours vers ma mort, ce qui exclut que je la saisisse comme fin narrative" (RICOEUR, 1990, p. 190).

bém já não nos pertencerá. Não conseguiremos apreender nosso último sopro de vida, tornando-nos mais uma vez personagens de narrativas franqueadas apenas a outras pessoas. Em poucas palavras, cravam-se limites, não raro, à construção do relato *de* e *por* nós mesmos, o que, em última análise, bloqueia o acesso à completude de nossas histórias, obstando a sanha por unidade e concordância na narrativa de nossas próprias existências. Agostinho nos dá um bom exemplo de como a totalidade do relato de si é algo que não está sob nosso poder. Nas *Confissões*, ao descrever seus primeiros anos de "vida mortal", o bispo de Hipona fala desse período como de uma história que lhe foi contada por "pai e mãe carnais", narrativa reforçada pela observação da vivência de outras crianças, dado o limite temporal imposto à sua memória da infância. O mais curioso desse exemplo é que o crédulo e sempre fiel Agostinho admite desconhecer, durante tal fase inefável, a força sagrada que o tornava dependente de Deus, dependência que só poderia ser apreendida mais tarde, porque até então tudo o que sabia era "mamar e me apaziguar nos prazeres, ou chorar pelas ofensas à minha carne, nada mais" (AGOSTINHO, 2017, p. 38).

Além da primeira infância e da morte – não narráveis pelo si mesmo –, o fechamento narrativo de uma vida, para Paul Ricoeur, é embaraçado pela série de discordâncias e pelas múltiplas possibilidades acumuladas no cotidiano inconcluso:

> A essa dificuldade fundamental se soma outra, que não deixa de ter relação com a anterior; sobre o percurso conhecido de minha vida, posso traçar vários itinerários, tramar vários enredos, em suma, contar várias histórias, uma vez que a cada uma falta o critério da conclusão [...]. (RICOEUR, 2014, p. 171)

Em resumo, se o concordante foi preconizado por Ricoeur, vemos que o discordante também acaba por conquistar sua relevância. Na síntese dialética concordante-discordante, ambos os aspectos exercem funções indispensáveis. No caso da literatura, por exemplo, o discordante, em vez de estiolar a coesão da narrativa, fortalece seu potencial, ao contribuir para a comoção do leitor. Assim, concordância e discordância, na verdade, auxiliam-se mutuamente. Todavia, como salientamos no tópico "A discordância e os paradoxos da experiência temporal humana" do capítulo precedente, o concordante, na teoria de Ricoeur sobre a narratividade, tende sempre a coroar o processo que assimila discordâncias, restaurando a ordem momentaneamente rompida. É precisamente assim que atua o conceito de reconhecimento durante o processo catártico. Entretanto, mesmo que a concordância vença a disputa, isso não torna menos imprescindível a existência de elementos discordantes. Nas palavras de Ricoeur, "Se, então, a concordância vence a discordância, o que produz narrativa é bem a luta entre concordância e discordância" (*Id.*, 2010d, p. 210).

Quando nos perguntamos pelos limites da narrativa, há que se considerar isso tudo, sem nos esquecermos de que, apesar das instabilidades e perturbações enfrentadas pela ação de narrar, apesar de por vezes ela esbarrar no inominável, no não narrável, nas dimensões ininteligíveis do ser humano, a narrativa, ela mesma, acaba arquitetando recursos para eludir seu próprio fim, como defende Ricoeur. Nesta parte investigamos os limites internos da narrativa que perfazem seu esgotamento até a fronteira do inescrutável. A seguir, daremos continuidade ao tema sob outro viés: a superação da narrativa romanesca por outras formas de dizer o tempo.

2.2. Sobre os limites externos da narrativa: o ensaio para além do romance

Paul Ricoeur deposita um otimismo implacável[45] no ato imemorial de narrar e sustenta "acreditar que novas formas narrativas, que ainda não sabemos nomear, e que já estão nascendo, irão atestar que a função narrativa pode se metamorfosear, mas não morrer" (RICOEUR, 2010b, p. 50). Essa ideia de narrativa capaz de se metamorfosear sempre que se depara com novos desafios tem lastro na própria dinâmica da história da literatura. Na modernidade, isso não poderia ser diferente, sobretudo a partir do nascimento do romance, um gênero literário considerado essencialmente plástico, do qual teriam sido banidas as convenções que pudessem engessá-lo. Assim afirma Ricoeur:

> O romance moderno, efetivamente, anuncia-se desde o nascimento como o gênero proteiforme por excelência. Chamado a responder a uma demanda social nova e rapidamente mutável, foi logo subtraído ao controle paralisante dos críticos e censores. Ora, foi ele que constituiu, durante ao menos três séculos, um prodigioso canteiro de experimentação no domínio da composição e da expressão do tempo. (*Ibid.*, p. 13)

Em que pese a articulação comumente suposta entre a literatura e a maneira como se organiza a sociedade, a grande plasticidade do romance foi por muitos autores destacada com cores ainda mais fortes ao ser atribuída à formatação social que está na base

---

45 Esse otimismo se manifesta na obra de Ricoeur repetidas vezes e pode ser notado por meio do uso da expressão "ato de fé", que o filósofo emprega para descrever sua esperança na sobrevida da narrativa: "[...] chegamos até a fazer o ato de fé de que a capacidade de metamorfose da narrativa permitirá que, por muito tempo ainda, esta última conjure o cisma" (RICOEUR, 2010c, 457).

de seu surgimento. Georg Lukács é esclarecedor quando afirma que "a problemática da forma romanesca é a imagem especular de um mundo que saiu dos trilhos" (LUKÁCS, 2009, p. 12). Marshall Berman, ao tratar dos tempos de Dostoievski, ilumina a mesma questão quando diz que ser moderno implica uma vida de paradoxos e contradições: "Todos conhecem a vertigem e o terror de um mundo no qual 'tudo o que é sólido desmancha no ar'" (BERMAN, 2007, p. 21). Seguindo esse diapasão, nada mais esperado que o gênero literário fundamentalmente fruto da vida moderna encarnasse a mutabilidade que experimenta o indivíduo de seu tempo – de modo análogo, é verdade, ao que ocorrera em outras épocas (por exemplo, a relação da epopeia com o espírito mítico e heroico). Constitutivamente, a estrutura do romance acaba por coincidir com a situação do mundo e mimetiza, portanto, um devir contínuo, um movimento conforme o fluxo instável das relações e do viver modernos. Lukács afirma que o romance é a epopeia de um mundo sem substância e abandonado pelos deuses:

> A psicologia do herói romanesco é o campo de ação do demoníaco. [...] Súbito descortina-se então o mundo abandonado por deus como falta de substância, como mistura irracional de densidade e permeabilidade: o que antes parecia o mais sólido esfarela como argila seca ao primeiro contato com quem está possuído pelo demônio, e uma transparência vazia por trás da qual se avistavam atraentes paisagens torna-se bruscamente uma parede de vidro, contra a qual o homem se mortifica em vão e insensatamente, qual abelhas contra uma vidraça, sem atinar que ali não há passagem. (LUKÁCS, 2009, p. 92)

A aparente negatividade de que se reveste a ausência de substancialidade no mundo prosaico do romance é substituída, no caso específico do gênero romanesco, pela aventura de superar os desafios interpostos à narrativa, especialmente se nos atentarmos para o fato de que a volatilidade da identidade das personagens – correlativa à dinâmica da vida moderna – pode encontrar respaldo num gênero igualmente volátil. O curioso é que Ricoeur, quando trata de radicalizar essa mutabilidade na literatura, lança mão do exemplo oferecido pelo gênero ensaístico, abandonando o foco antes projetado sobre o romance (sobretudo o do século XX). Vejamos uma passagem que posteriormente exploraremos melhor:

> A erosão dos paradigmas [...] atinge ao mesmo tempo a figuração da personagem e a configuração do enredo; assim, no caso de Robert Musil, a decomposição da forma narrativa, paralela à perda de identidade da personagem, leva a extrapolar as fronteiras da narrativa e atrai a obra literária para as proximidades do ensaio. Não é por acaso que várias autobiografias contemporâneas – a de Leiris, por exemplo – se afastam deliberadamente da forma narrativa e também se aproximam do gênero literário menos configurado que é o ensaio, precisamente. (RICOEUR, 2014, p. 157)

Dando prosseguimento às nossas análises, traçaremos um breve panorama sobre o ensaio, a fim de mais adiante resgatarmos comparativamente o tema do romance. Começaremos abordando o recurso ao gênero ensaístico no século XVIII na França, pois lá ele aparece de maneira acentuada, apesar de o contexto ser palco do enaltecimento sistemático da razão e do rigor epistêmico livre das amarras da fé.

No século XVIII, o ensaio vem a lume com grande força, em franca expansão da iniciativa de Montaigne no XVI. Na França, data do século da revolução o surgimento de grandes ensaístas, como Voltaire, Diderot e também Rousseau, cuja letra mordaz e radical culmina nos eventos marcantes de 1789. Nesse período, a filosofia será enriquecida por obras que destacam no próprio título o gênero a que pertencem: *Ensaio sobre os costumes e o espírito das nações*, *Ensaios sobre a pintura*, *Ensaio sobre a origem das línguas*, para ficarmos apenas com três célebres exemplos.

No vasto projeto empreendido pela racionalidade iluminista, a *Enciclopédia* de Diderot e D'Alembert, ao termo "*essai*" foram dedicados verbetes cujos autores provêm de variada extração, abrangendo os territórios da gramática, da literatura e até mesmo da química metalúrgica. Se para os gramáticos a palavra "*essai*" pode designar a porção de um produto comercializável, especialmente do gênero alimentício, que é submetido à prova do público, na literatura a acepção remete aos *Ensaios* de Montaigne, com o intento de demarcar um gênero de obras que tratam vertiginosamente de assuntos diversos ou mesmo de um assunto em particular, mas sem aspirar a aprofundá-lo e esgotá-lo, entendendo, ainda, que intitular uma obra como "*essai*" pode sinalizar para a modéstia assumida de antemão por seu autor. Numa terceira chave de compreensão, o sentido de "*essai*" repousa sobre o exame científico de um mineral, visando identificar as substâncias que o compõem e a proporção em que nele estão contidas.[46] Apesar de usos cabalmente distintos, notamos certa aproximação entre os termos da primeira e da terceira acepção, por direcionarem, ambos, à noção de tentativa, como sugere um dos empregos correntes do verbo *essayer* à época[47]. Se revisitarmos Montaigne, veremos que a segunda acepção de certo modo também esposa a noção costumeira. Os *Ensaios* são assim nomeados porque seguem as flutuações interiores de seu autor; esses escritos representam tentativas vacilantes de um "eu" para conhecer

46 Cf. MALLET, Edmé-François; D'ALEMBERT, Jean Le Rond; VILLIERS, Jacques-François de. Verbetes "*essai*". Disponível em: https://archive.org/stream/dictionnaireuniv03fure#page/864/mode/2up. Acesso em: 29 abr. 2022.

47 Cf. Dictionnaire de Trévoux. t. III. Paris, 1771. p. 864. Disponível em: https://archive.org/stream/dictionnaireuniv03fure#page/864/mode/2up. Acesso em: 29 abr. 2022.

a si mesmo à medida que pincela seu autorretrato: "[...] sou eu mesmo a matéria deste livro, o que será talvez razão suficiente para que não empregues teus lazeres em assunto tão fútil e de tão mínima importância" (MONTAIGNE, 2016, p. 40). Diferentemente do viés científico esboçado pela química, essas tentativas vacilantes do "eu" não lavram uma certeza comprovada, são antes caminhos mutáveis e passíveis de contradição, por isso o sinal de modéstia implícito na denominação "ensaio". Para ilustrar, vejamos o que diz Montaigne, no ensaio "Do arrependimento", sobre a tentativa de capturar seu próprio "eu":

> O mundo é movimento; tudo nele muda continuadamente; a terra, as montanhas do Cáucaso, as pirâmides do Egito, tudo participa do movimento geral e do seu próprio; e a imobilidade mesma não passa de um movimento menos acentuado. Não posso fixar o objeto que quero representar: move-se e titubeia como sob o efeito de uma embriaguez natural. Pinto-o como aparece em dado instante, apreendo-o em suas transformações sucessivas, não de sete em sete anos, como diz o povo que mudam as coisas, mas dia por dia, minuto por minuto. É pois no momento mesmo em que o contemplo que devo terminar a descrição; um instante mais tarde não somente poderia encontrar-me diante de uma fisionomia mudada, como também minhas próprias ideias possivelmente já não seriam as mesmas. Observo e anoto os diversos acidentes que ocorrem dentro de mim e as concepções mais ou menos fugidias que minha imaginação engendra, as quais são por vezes contraditórias ou porque tenha mudado eu, ou porque o objeto da observação apareça dentro de um quadro e de uma luz diferentes. Daí acontecer-me, não raro, cair em contradição, embora, como diz Dêmades, não deixe de ser autêntico. Se minha alma pudesse fixar-se, eu não seria hesitante; falaria claramente, como um homem seguro de si. Mas ela não para e se agita sempre à procura do caminho certo. (*Ibid.*, p. 760)

Indo de encontro à matriz literário-filosófica embebida de dogmatismo e sistematicidade, a postura de Montaigne talvez se apresente como uma alternativa ao espírito da razão que se arroga absoluto; uma forma de escrita cujo interesse incide mais no processo interrogativo do que na segurança de cristalizar respostas – segundo as belíssimas metáforas de Merleau-Ponty, o método diletante de Montaigne é "uma busca sem descoberta", "uma caçada sem presa"(MERLEAU-PONTY, 1991, p. 226). Os *Ensaios* consistem, sob esse prisma, mais em uma tentativa desordenada e sincera de autodesvelamento[48] do que em uma sistematização da verdade. Em torno das características de que o ensaio é dotado – antidogmatismo e antissistematicidade –, séculos mais tarde gravitarão as investigações de Adorno, que no texto "O ensaio como forma" ressalta tanto o caráter antissistemático do gênero em questão – por introduzir conceitos imediatamente, sem rodeios – quanto o fato de o ensaio negligenciar o ideal de atingir uma certeza indubitável. Assim Adorno comenta:

> O ensaio não segue as regras do jogo da ciência e da teoria organizadas, segundo as quais, como diz a formulação de Espinosa, a ordem das coisas seria o mesmo que a ordem das ideias. Como a ordem dos conceitos, uma ordem sem lacunas, não equivale ao que existe, o ensaio não almeja uma construção fechada, dedutiva ou indutiva. Ele se revolta sobretudo contra a doutrina, arraigada desde Platão, segundo a qual o mutável e o efêmero não seriam dignos da filosofia; revolta-se contra essa antiga injustiça cometida contra o transitório, pela qual este é novamente condenado no conceito. O ensaio recua, assustado, diante da violência do dogma, que atribui dignidade ontológica ao resultado da abstração, ao conceito invariável no tempo, por oposição ao individual nele subsumido. (ADORNO, 2003, p. 25)

---

48 Sobre a escrita de ensaios como meio de autodescoberta por Montaigne, cf. AUERBACH, 2007, p. 145-166.

Não surpreende, pois, que o expediente antissistemático e antidogmático do ensaio desemboque, para Adorno, em um anticartesianismo:

> O ensaio desafia gentilmente os ideais da *clara et distincta perceptio* e da certeza livre de dúvida. Ele deveria ser interpretado, em seu conjunto, como um protesto contra as quatro regras estabelecidas pelo *Discours de la méthode* de Descartes, no início da moderna ciência ocidental e de sua teoria. (ADORNO, 2003, p. 31)

Tais procedimentos distanciariam o ensaio do controle da ciência, mas o aproximariam do fazer artístico, especialmente em virtude da autonomia e da liberdade imbricadas na escrita ensaística. Contudo, segundo acusações de Adorno, não deveríamos cair no mesmo engodo que Lukács, o qual, apesar de seu primoroso estilo ensaístico, teria conduzido o gênero para o domínio da forma artística, sem considerar que o ensaio se diferencia da arte "tanto por seu meio específico, os conceitos, quanto por sua pretensão à verdade desprovida de aparência estética" (*Ibid.*, p. 18).[49] O risco subjacente a esse tipo de equívoco,

49 O comentário de Adorno parte da conclusão a que Lukács chegou em "Sobre a essência e a forma do ensaio: uma carta a Leo Popper", assim enunciada: "[...] o ensaio é uma forma de arte, uma configuração própria e cabal de uma vida própria e completa" (LUKÁCS, 2015, p. 52-53). Todavia, parece uma armadilha atribuir a essas palavras uma espécie de equívoco cometido pelo autor de *A alma e as formas*, já que ele mesmo, na sequência de sua argumentação, reafirma as diferenças entre o ensaio e a obra de arte, como o fez em tantos outros momentos do texto em questão – por exemplo, na seguinte passagem: "Somente agora não soaria contraditório, ambíguo e equívoco referi-lo como obra de arte e ao mesmo tempo ressaltar enfaticamente suas diferenças em relação à arte: o ensaio se posiciona diante da vida com o mesmo gesto de uma obra de arte, mas apenas o gesto, a soberania de sua tomada de posição, pode ser o mesmo; fora isso, não resta nenhum contato entre eles" (*Ibid.*, p. 53). Lukács, à semelhança de Adorno, propõe dissolver o antagonismo entre os domínios da teoria e da arte, não temos dúvida quanto a isso, o que não o leva, porém, a neutralizar a dimensão teorética e a suprimir qualquer aspiração à objetividade filosófica. Veja no fragmento a seguir outro exemplo de como, no ensaio, a teoria (sob o registro da objetividade científica) e a arte são mescladas por Lukács: "É certo que há e tem de haver uma ciência da arte. E os maiores defensores do ensaio são justamente os que menos podem renunciar a ela: o que eles criam também precisa ser

aponta Adorno[50], é o de a forma converter-se em superficialidade erudita, como nas biografias romanceadas da indústria cultural, cuja criação está atrelada a interesses econômicos: "Livre da disciplina da servidão acadêmica, a própria liberdade perde a liberdade, acatando a necessidade socialmente pré-formada da clientela" (*Ibid.*, p. 20). Segundo o professor Rodrigo Duarte, tais riscos associados à forma ensaística decorrem "de uma determinação essencial do ensaio: o caráter de tentativa[51], inerente a uma busca do objeto, cuja inexistência de uma pré-fixação constitui, simultaneamente, sua fraqueza e sua força" (DUARTE, 1997, p. 74).

---

ciência, mesmo que sua visão da vida haja transcendido o círculo da ciência" (*Ibid.*, p. 46).

50 E nisso ele está de acordo com o espírito acadêmico científico, que sempre concedeu ao ensaio a pecha de subproduto cultural por seu caráter híbrido, responsável pela mescla indissolúvel de ciência e arte. Para o purismo científico, o impulso expressivo do sujeito é visto como prejudicial à integridade do objeto.

51 Há outros autores que insistem na ideia de ensaio como tentativa; esse é o caso de Max Bense: "Podemos então admitir que entre a poesia e a prosa, entre o estado estético da criação e o estado ético da convicção, há um terreno intermediário que é digno de nota. De aspecto iridescente, oscilando numa ambivalência entre a criação e a convicção, ele se fixa na forma literária do ensaio. E com isso chegamos a nosso objeto. O ensaio é uma peça de realidade em prosa que não perde de vista a poesia. Ensaio significa *tentativa*. Podemos bem nos perguntar se a expressão deve ser entendida no sentido de que aqui está se *tentando* escrever sobre alguma coisa – isto é, no mesmo sentido em que falamos das ações do espírito e da mão – ou se o ato de escrever sobre um objeto total ou parcialmente determinado se reveste aqui do caráter de um *experimento*. Pode ser que ambos os sentidos sejam verdadeiros. O ensaio é expressão do modo experimental de pensar e agir, mas é igualmente expressão daquela atividade do espírito que tenta conferir contorno preciso a um objeto, dar-lhe realidade e ser [*Sein*]. Nem os objetos nem os pensamentos a seu respeito se dão em âmbito eterno ou absoluto, uns e outros se mostram como objetos relativos e pensamentos relativos. Por isso mesmo, o ensaio não chega a formular leis; contudo, seus objetos e pensamentos vão se ordenando lentamente, de modo tal que podem um dia vir a ser tema de teoria. Todo físico sabe que o experimento conduzido sobre um caso particular pode servir para a dedução de uma teoria, de certas leis; da mesma maneira, o ensaio prepara substratos, ideias, sentimentos e formas de expressão que algum dia virão a se tornar prosa ou poesia, convicção ou criação. O ensaio significa, nesse sentido, uma forma de literatura experimental, do mesmo modo que se fala de física experimental em contraposição à física teórica. Por isso, o ensaio não se confunde com a tese ou o tratado. Escreve ensaisticamente quem tenta capturar seu objeto por via experimental, quem descobre ou inventa seu objeto no ato mesmo de escrever, dar forma, comunicar, quem interroga, apalpa, prova, ilumina e aponta tudo o que pode se dar a ver sob as condições manuais e intelectuais do autor. O ensaio busca apreender um objeto abstrato ou concreto, literário ou não literário, tal como ele se dá nas condições criadas pela escrita" (Disponível em: https://www.revistaserrote.com.br/2014/04/o-ensaio-e-sua-prosa/. Acesso em: 29 abr. 2022)

Quando se trata de pensar o ensaio, certamente tendo em vista sua maior autonomia, Paul Ricoeur considera-o um gênero literário "menos configurado" do que as narrativas tradicionais (epopeia, drama, romance etc.). Por isso, o autor sustenta que a crise da figuração da personagem e da configuração do enredo, cisma expresso na perda da identidade da personagem e na decomposição da narrativa, leva um escritor como Robert Musil "a extrapolar as fronteiras da narrativa e atrai a obra literária para as proximidades do ensaio" (RICOEUR, 2014, p. 157). Tal conclusão, sem dúvida, não seria inferida apenas por alguns raros leitores diligentes, já que salta aos olhos, no romance de Musil *O homem sem qualidades*, a recorrência a debates teóricos comprometidos com a suposta imparcialidade de um homem sem características particulares, deixando flagrante o pleito por expressão teórica, mas que, não obstante, impulsiona também a expressão estética, tida como inovadora. Em 1959, com a publicação de *O livro por vir*, Maurice Blanchot afirmaria que a linguagem de Musil oscila entre a "impessoalidade da verdade objetiva" e a "subjetividade de sua pessoa", movimento típico do ensaio, como vimos. Ao tratar do "homem sem particularidades" (ou "sem propriedades") criado pela engenhosidade de Musil – definido por Blanchot como "o homem qualquer, e mais profundamente o homem sem essência, o homem que não aceita cristalizar-se num caráter, nem fixar-se numa personalidade estável" (BLANCHOT, 2013, p. 201), "o homem qualquer das cidades grandes, homem intercambiável, que não é nada e não parece nada, o 'Fulano' cotidiano, o indivíduo que não é mais um particular mas se confunde com a verdade congelada da existência impessoal" (*Ibid.*, p. 206) –, o crítico literário ainda comenta:

> Musil foi muito consciente da experiência própria que é a literatura. O homem sem particularidades é precisamente o homem do "ainda não",

> aquele que não considera nada como seguro, detém todo sistema, impede toda fixação, que "não diz não à vida, mas ainda não", que age enfim como se o mundo – o mundo da verdade só devesse começar no dia seguinte. No fundo, é um puro escritor e ele não saberia ser outra coisa. A utopia do "ensaio" é o que ele persegue com frieza apaixonada. (*Ibid.*, p. 219)

Essa "frieza apaixonada" não seria justamente a objetividade científica somada, no ensaio, à subjetividade artística? Não seria a atitude desse *homo duplex* que é o ensaísta, a sustentar simultaneamente o sangue-frio dos conceitos e a paixão pela arte? Sabendo, então, que posicionar o romance de Musil na vizinhança do ensaio não é uma conduta exclusiva de Paul Ricoeur, vale investigar por que caminho específico nosso filósofo segue nessa manobra, o que implica examinar a consideração de que o ensaio é o gênero "menos configurado". Em que consiste, para Paul Ricoeur, o fato de um gênero literário ser "menos configurado"? Antes, o que suscita a ideia de configuração? O filósofo, de pronto, dispensa a ideia de que a atividade de configuração esteja sob o jugo de coerções limitadoras impostas pelo paradigma trágico forjado por Aristóteles na *Poética*. O interesse de Ricoeur é menos descritivo e normativo do que investigativo – isto é, em vez de impor condições formais singularizantes e regras restritivas à composição da intriga, à *poiesis* do poema, o filósofo busca desvendar com minúcia como se dá esse processo em suas partes mais gerais –, estendendo sua investigação igualmente a outras formas literárias que mantêm um substrato comum com a tragédia. Tal configuração trata especificamente da composição formal da trama, do "tecer a intriga", operação que Ricoeur aloja sob o conceito de *mimesis* II, responsável por mediar os conceitos de *mimesis* I (prefiguração da intriga) e *mimesis* III (refiguração da intriga). Podemos distinguir, ainda, três funções envolvidas na atividade mediadora da configuração: a) mediar incidentes individuais em torno de uma história organizada, de uma totalidade una e inteligível, extraindo de uma simples sucessão uma configuração; b) mediar fatores heterogêneos, como agentes, interações, circunstâncias, meios, fins etc., fazendo concordar o discordante; c) mediar a dimensão cronológica do tempo e a dimensão não cronológica, sendo que a primeira está associada ao caráter episódico da narrativa e a segunda se refere à história maior, considerada como uma unidade, provocando, assim, a síntese do heterogêneo.[52]

Para Ricoeur, as formas, os gêneros e tipos literários trabalham, em seus diferentes paradigmas, com as três mediações executadas pela configuração. Na história da literatura, o jogo entre tradição e inovação se faz aparentemente sem prejuízo dessas funções. Em outras palavras, embora a imaginação criadora atue na formação de diferentes modelos, um substrato comum de configuração parece sempre preservado.

Nesse jogo, vale frisar um aspecto significativo:

> [...] a inovação é uma conduta governada por regras: o trabalho da imaginação não surge do nada. Liga-se de uma maneira ou de outra aos paradigmas da tradição. Mas pode estabelecer uma relação variável com esses paradigmas. O leque de soluções é amplo; abre-se entre os dois polos da aplicação servil e do desvio calculado, passando por todos os graus da "deformação regrada". O conto, o mito e em geral a narrativa tradicional mantêm-se o mais perto possível do primeiro polo. Mas, à medida que nos afastamos da narrativa tradicional, o desvio, o afastamento tornam-se a regra. Por isso o romance contemporâneo admite ser definido, em grande parte, como antirromance, na medida em que a contestação predomina sobre o gosto de simplesmente variar a aplicação. (RICOEUR, 2014, p. 121)

52 Cf. RICOEUR, 2010a, p. 114-118. Essa discussão foi levada a cabo no item "A instância da narrativa", presente no capítulo 1.

Os paradigmas da tradição carregam o horizonte do comum de que falamos e, mesmo quando recusados pelo surgimento de um novo tipo, uma nova forma ou um novo gênero, manifestam-se na inovação como condição de regramento. É exatamente em decorrência disso que Paul Ricoeur fala em graus de "deformação regrada". Se pensarmos, do ponto de vista do gênero romanesco, no amplo espectro de variações entre a "aplicação servil" e o "desvio calculado", poderíamos efetuar o seguinte escalonamento: de um lado, a máxima aplicação servil corresponderia aos romances que não contestam seu próprio gênero, como são, por exemplo, os do século XIX; de outro, o máximo desvio calculado corresponderia ao romance que subverte a gramática própria ao gênero, como no caso do antirromance contemporâneo. Mas veja que o antirromance nasce e é radicado, necessariamente, como um desdobramento do gênero romanesco após este ter sido, ele mesmo, consolidado. Ou seja, o antirromance não passa de uma manifestação negativa do próprio romance, manifestação possível em virtude das condições de possibilidade criadas após este ter se tornado cânone.

Ressaltemos que a deformação a que tipos, gêneros e formas estão submetidos insinua um *regramento*, bem como o desvio insinua um *cálculo* – vale um comentário de Blanchot[53] a res-

---

53 Para Maurice Blanchot, um romance inovador, quando parece resistir solitariamente contra o fluxo de um manancial de obras exemplares que reforçam a tradição, surge como um testemunho do aberrante – este foi o caso dos escritos de Virginia Woolf, na Inglaterra, e de Robert Musil, na Alemanha. O aberrante dá a impressão de ter quebrado alguma coisa, mas Blanchot defende, contudo, que tal ruptura, em vez de constituir-se como negação, reafirma a força mutável do romance, deslocando seus limites para além do já conhecido e fixando suas fronteiras cada vez mais longe, pensamento em consonância com as reflexões suscitadas pelo autor a respeito da própria literatura: "Quem afirma a literatura nela mesma não afirma nada. Quem a busca só busca o que escapa: quem a encontra só encontra o que está aquém ou, coisa pior, além da literatura. É por isso que, finalmente, é a não literatura que cada livro persegue, como a essência do que ama e desejaria apaixonadamente descobrir" (BLANCHOT, 2013, p. 294). Blanchot insiste que, apesar de desviar-se da tradição, um romance aberrante ainda comportaria traços compatíveis com convenções gerais, como assevera: "O romance se anuncia por sinais claros que não se prestam a mal-entendidos. A predominância do romance, com suas

peito da deformação representada pelo romance na história dos gêneros: "Dizem frequentemente que o romance é monstruoso, mas, com poucas exceções, é um monstro bem-educado e muito domesticado" (BLANCHOT, 2013, p. 299). Não estariam regramento e cálculo embutidos no que chamávamos antes de funções mediadoras da configuração da intriga, o substrato comum das narrativas? Parece mesmo que os princípios de configuração da trama não sucumbem à ciranda promovida pelo vasto laboratório que mescla tradição e inovação, laboratório que podemos batizar genericamente como literatura.

Ricoeur diz, ainda, que a deformação pode ocorrer tanto nos tipos e gêneros quanto no princípio formal de concordância-discordância (RICOEUR, 2010a, p. 122). Relativamente aos tipos, o desvio parece ser constitutivo de qualquer obra singular, considerada desviante quando comparada a outra. Em relação ao gênero, o desvio é a criação de um novo gênero baseado em outros precedentes, como foi o romance comparativamente ao drama (ou mesmo como é o antirromance comparado ao romance). A dificuldade desponta quando o filósofo semeia a deformação no princípio formal de concordância-discordante. É a gravidade desse desvio que induz Ricoeur a perguntar pela morte da própria narrativa. Com efeito, falar de um desvio de tal princípio não equivaleria a deformar a base sobre a qual se ergue todo o edifício de configuração narrativa, sob o risco de jogá-lo ao chão?

Pensando nesses termos, o anti-herói Ulrich, do antirromance de Musil, não seria um exemplo de deformação, no âmbito da per-

---

liberdades aparentes, suas audácias que não colocam o gênero em perigo, a segurança discreta de suas convenções, a riqueza de seu conteúdo humanista, é, como outrora a predominância da poesia regrada, a expressão da necessidade que temos de nos proteger contra aquilo que torna a literatura perigosa: como se, ao mesmo tempo que o veneno, esta se apressasse a segregar para nosso uso o antídoto que permite seu consumo tranquilo e durável. Mas talvez ela morra do que a torna inofensiva" (BLANCHOT, 2003, p. 299).

sonagem, daquilo que denominamos princípio de concordância--discordante? Não poderíamos dizer que ele está na contramão de tudo o que fixa uma personagem em seu caráter? Não seria, então, a figura do anticaráter e, por isso mesmo, da antipersonagem? Talvez constatássemos, portanto, na fratura romanesca de *O homem sem qualidades*, um sintoma da derrocada da narrativa em geral. O crítico Frank Kermode, em *The sense of an ending*, uma das obras que influenciaram a redação de *Tempo e narrativa*, apontou para esse caminho de cisma duplo, o da personagem e o da narrativa. Para desenvolver suas análises, Kermode se serve de um desejo velado de escritores e leitores: descobrir na vida a simplicidade inerente à ordem narrativa. Esse desejo seria aquele de transpor a causalidade evocada pelos episódios narrativos ("Quando aquilo havia acontecido, então isso aconteceu") para o horizonte da vida, à maneira da ordem unidimensional produzida por um matemático, atribuindo às contingências do viver um verniz de necessidade. Ocorre que, já de saída, Kermode indica, a partir da leitura de *O homem sem qualidades*, que tal desejo é frustrado pela negação da simplicidade da própria ordem narrativa, colocada em xeque pelo protagonista Ulrich, por este ter perdido seu componente narrativo elementar e se tornado multidimensional, fragmentado (ou seja, sem a possibilidade de um fim narrativo), ao sabor de contingências (KERMODE, 2000, p. 127-128). Vale salientar que a noção de fim é fundamento do livro de Kermode, como se nota de antemão pelo título. Para o autor, sociedades tão díspares quanto a do mundo medieval – à espera do apocalipse – e a do mundo moderno – em que se vislumbra um prolongamento interminável no tempo – ritmam a existência com base em compreensões distintas de "fim". Sendo considerado a antecâmara das práticas literárias de uma época, o modo como se concebe o "fim" determina a noção de tempo imbricada na narrativa. Se pensarmos no panorama de Musil, ao construir uma personagem que impede qualquer fechamento narrativo, o romancista supostamente colocaria em xeque também a narratividade, e não por estabelecer decisivamente um fim – como propõe a ideia de crise apocalíptica –, mas justamente por esmaecer a linha que poderia demarcar um desfecho narrativo, dissolvendo a esperança de defrontar-se com a plenitude conclusiva de um fim.

Todavia, como constatamos no estudo do tópico anterior, para Ricoeur, a figuração da personagem, apesar de perturbada nesses casos, não impede que a personagem continue subsistindo mesmo que em sua versão negativa (antipersonagem), bem como outrora ressaltamos que o antirromance existe enquanto versão negativa do cânone romanesco. Lembremos que, nesses casos, a morte do romance não passaria, pois, de uma miragem inalcançável: quanto mais conduzisse a literatura além, ampliando as paragens do romance, tanto mais se certificaria da vitalidade deste. O crítico literário Antoine Compagnon entrevê na modernidade estética algo que poderíamos estender para o gênero romanesco: uma contradição interna que "afirma e nega ao mesmo tempo a arte, decreta simultaneamente sua vida e sua morte, sua grandeza e sua decadência" (COMPAGNON, 2010, p. 10). Apropriando-nos de metáforas lançadas por Compagnon, o romance seria a um só tempo "a ferida e o punhal", "a bofetada e a face", "os membros e a roda", "a vítima e o carrasco" – e o que mais surpreende: na iminência da morte (do romance), é o próprio algoz (antirromance) quem robustece a vítima. O professor Francesco Campana explica muito bem esse caráter paradoxal do romance associando-o ao espírito da modernidade:

> Nesse contexto, surge o paradoxo do fim do romance. Este gênero [...] representa um dos principais gêneros da modernidade, talvez *o* gênero da modernidade, que expressa a modernidade e no qual a modernidade reco-

> nhece a si mesma. Nesse sentido, o debate do fim do romance conta a história da contradição de uma época que tem como fundamento e, ao mesmo tempo, como característica conflitante o contínuo repensar de si mesma. A modernidade se reafirma continuamente no e por meio do romance, mesmo quando ela vai além de si mesma e se descreve, por exemplo, como pós-modernidade. O romance, por sua vez, representa a persistência desse fim e a afirmação da necessidade de um início perpetuamente novo em uma sequência implacável de mortes e sucessivos renascimentos. Mais do que acontece com outros gêneros literários, mostra como a literatura traz em si os germes de seu fim e como, na modernidade, esse caráter de fim que a enerva se manifesta com toda sua força paradoxal. (CAMPANA, 2019, p. 114)

Além disso – colocando-nos ainda em defesa da sobrevida do romance –, Frank Kermode, em *The sense of an ending*, cuja leitura tanto inspirou Ricoeur, ressalta que "nenhum romance pode evitar ser em algum sentido o que Aristóteles chama de 'uma ação completa'" (KERMODE, 2000, p. 138). Se a experiência da finitude humana, mergulhada na contingência e na multiplicidade, de algum modo dificulta que a causalidade e as ideias de início, meio e fim sejam aplicadas às nossas vivências[54], isso não quer dizer que a ficcionalidade obedeça aos mesmos princípios e seja incapaz de absorver o ordenamento da natureza. Ora, em contrapartida, não é também verdade que a ficção oferece uma gama de experimentação muito maior do que o viver, já que a imaginação não tolera tanta censura quanto a realidade em si? Em outras palavras, não é verdade, em contrapartida, que a literatura, muito mais do que a vida, é capaz de romper com a necessidade e emaranhar-se na con-

54 Discutimos sobre a dificuldade em aplicar a causalidade rigorosa às nossas vivências ao tratarmos, anteriormente, da diferença entre tempo cósmico e tempo humanizado.

tingência? Sim, por um lado, a literatura pode radicalizar a série de discordâncias existentes na experiência humana – e ela não precisa, sob muitos aspectos, consentir com a "unidade da ação trágica"[55] requerida por Aristóteles, que defendia a sucessão de incidentes conforme o necessário ou provável, depurando da poesia qualquer elemento dissonante que venha a atrapalhar sua simetria. Por outro lado, a literatura pode também seguir uma ordem rigorosamente causal, a depender do objeto literário que temos diante dos olhos. Devemos precisamente a essas duas possibilidades extremas a ampla gama de criações efetuadas pelo vasto laboratório da literatura. Ocorre que, de uma ponta a outra, para Kermode, o gênero romanesco em algum aspecto, mesmo que minimamente ou não em sua totalidade, incorpora a noção aristotélica de "ação completa". Se isso não é feito do ponto de vista da deferência à causalidade ou à cronologia linear – dada a variedade de exemplos oferecidos pela história da literatura que não compactuam com esses princípios[56] –, deve ser feito de outro modo. Poderíamos, então, supor que há algo na própria linguagem textual (a estrutura) inviabilizando o caos

55 Sobre a unidade da ação trágica, vale citar a fonte do conceito, Aristóteles: "Quanto à mimese narrativa em verso, é evidente que se devem compor os enredos como nas tragédias: dramaticamente e em torno de uma ação una, formando um todo e estendendo-se até seu termo, tendo começo, meio e fim, para que, como um ser vivo uno e formando um todo, ela [a mimese] produza o prazer que é próprio a esse gênero de poesia" (ARISTÓTELES, 2017, p. 185).

56 Por exemplo, Benedito Nunes, em seu livro *O tempo e a narrativa*, destaca a antiguidade da anacronia como procedimento literário, contrariando quem imaginasse que a ruptura com a linearidade cronológica ocorrera somente na modernidade: "Expor-se-ia ao ridículo quem apresentasse a *anacronia* como uma 'raridade ou como uma invenção moderna: ela é, ao contrário, um dos recursos tradicionais da narrativa literária' (GENETTE, Gerard). Encontramo-la já no começo *in media res* dos poemas homéricos, que, utilizando um procedimento que se tornaria exemplar dentro da tradição clássica, principiam num momento avançado da ação principal, para depois recuarem à sua origem. Para citarmos somente o caso da *Odisseia*, o Canto I desse poema apanha o herói astucioso, Odisseus, 'que muito peregrinou, dês que esfez as muralhas sagradas de Tróia', no meio de sua errância, quando detido pela ninfa Calipso, na companhia de quem passou sete anos, antes de poder reencetar a viagem de retorno a Ítaca. O recuo à origem da ação só ocorre no Canto IX, onde o próprio Odisseus relata ao rei Alcino as suas aventuras, desde o fim da guerra de Tróia até chegar à ilha de Calipso" (NUNES, 1995, p. 31).

da contingência pura e que requer o apoio de um ordenamento lógico; ou, então, que o compromisso estabelecido entre escritor e leitor implica não colocar o segundo em completo embaraço. Essas são hipóteses que podemos levantar nos baseando no diagnóstico de Kermode: "[...] existe um mínimo de geometria absolutamente irredutível – de forma ou estrutura humanamente necessárias – que finalmente limita nossa capacidade de aceitar a *mimesis* da contingência pura" (KERMODE, 2000, 132). Com base nessas mesmas considerações de *The sense of an ending*, Paul Ricoeur investigou no gênero romanesco algum traço residual de ordenamento lógico que fosse indício da "ação completa" e concluiu que, não obstante toda a convulsão causada pelo antirromance, sempre é preservado algum vestígio de inteligência narrativa, a atividade de incorporar a concordância na discordância. Não que isso signifique o triunfo absoluto da ordem, pois facilmente flagramos o contrário (basta lembrar dos romances de Robert Musil, James Joyce, Samuel Beckett e de outros tantos), mas exige de nós despender esforços para enxergar algum tipo de concordância mesmo naquilo que nos parece mais caótico. Pensemos, por exemplo, na fascinação que nutrimos pelo informe e na maneira como a modernidade ocidental rompe com a ideia de um fim fixo. Se os antirromances produzidos nesse período refletem tal concepção de fim, não poderíamos dizer que pelo menos concordam ou seguem a ordem paradigmática do contexto histórico no qual estão inseridos? Ao menos nesse sentido há um sinal de concordância da narrativa com a estrutura temporal com que compactua. Em outras palavras, o caos proposto pelo antirromance se desdobra, na verdade, a partir de um imperativo do próprio tempo de onde irrompe, tal como a característica proteiforme do romance resultou de um alinhamento com a época em que surgira. Nesse sentido, o caótico e o contingente estão em consonância com a fascinação pelo informe – e nisso há uma espécie de pareamento entre o antirromanesco e a realidade, garantindo, pelo menos sob esse prisma, a concordância de um conjunto dissonante.

Em última análise, proceder conforme a sedimentação histórica impressa na noção de fim (no caso da modernidade ocidental: a indeterminação de um desfecho conclusivo) é condição *sine qua non* da qual mesmo na ruptura, mesmo na inovação, não é facultada à narrativa esquivar-se. Lembremos, que, segundo uma expressão ricoeuriana já mencionada, nas narrativas inovadoras há "desvios calculados".

Partindo dessa questão aberta com base no romance, podemos tentar arrematar a discussão sobre o texto ensaístico. Como realçamos, para Paul Ricoeur, o ensaio é o gênero menos configurado – e isso quer dizer exatamente que o ensaio tem o menor compromisso de aderir ao princípio formal de concordância-discordante. Tudo o que falamos sobre o zelo pela configuração da intriga e seu potencial mediador sofre um abalo se nosso objeto literário de exame se converte, então, em ensaio. Se o antirromance contemporâneo parecia ameaçar a figuração da personagem e, por conseguinte, parecia ser capaz de fissurar a identidade do enredo e decretar o fim da própria narrativa – o que, como vimos, não passa de ilusão –, o ensaio, com maior contundência, por ser o gênero literário menos configurado, parece ser aquele que está mais próximo, hoje, de uma nova forma de dizer o tempo, algo que ainda não poderíamos nomear. Lembremos que, de acordo com Ricoeur, não é o ensaio que se aproxima do romance quando se convulsiona a configuração do tecido literário, mas sim precisamente o contrário: o romance se aproxima do ensaio ao ter seu princípio formal de concordância-discordante colapsado em algum grau – este é o caso de *O homem sem qualidades*, como aponta o filósofo francês. A possibilidade de indeterminação da narrativa parece, assim, abrigar-se no gênero ensaístico.

Por orquestrar autonomia poética e menor configuração da intriga, vimos que o ensaio conquista maior liberdade, desbaratando-se dos limites externos impostos à narrativa. O termo "liberdade" fulgura nas representações e definições que são feitas desse tipo de discurso: o ensaio revolta-se contra a violência e a estabilidade do dogma, seguindo a marcha de um espírito livre – nas palavras de Adorno, "o próprio espírito, uma vez emancipado, é instável" (ADORNO, 2003, p. 41). Não é à toa que Jean Starobinski, conhecido por primar pelo estilo ensaístico, considera-o "o gênero literário mais livre". O genebrino ressalta que tal liberação deve muito à liberdade espiritual experimentada pelo tempo e pelo lugar de onde irrompe. Faz crer que o ensaio, num tempo permeado por intolerância e num Estado fundado sobre preceitos totalitários, é substituído por textos rigidamente protocolares e dogmáticos. Com efeito, são esses os textos que permitem controlar e disciplinar os sujeitos através da administração de uma verdade operacional e repetitiva. Assim Starobinski comenta a inexpressão ensaística quando o discurso é subordinado ao aprisionamento do espírito:

> Roger Caillois [...] falando das dificuldades encontradas em suas atividades de redator-chefe da *Diogène*, revista internacional de filosofia e ciências humanas, dizia-me que recebia, vindos de países totalitários, textos cuja maior parte poderia se definir como relatórios, protocolos estereotipados, declarações de princípios, glosas do dogma. Tudo, exceto verdadeiros ensaios, com aquilo que o ensaio pode comportar de arriscado, de insubordinado, de imprevisível, de perigosamente pessoal. Creio que a condição do ensaio, e ao mesmo tempo seu desafio, é a liberdade do espírito. A liberdade do espírito: a fórmula talvez pareça um pouco enfática, mas a história contemporânea se encarrega, infelizmente, de nos ensinar que ela é um bem, e que este não é partilhado por todos. (STAROBINSKI, 2011, p. 22)

Em vista disso, tal como procedera ao divisar os limites internos da narrativa, Ricoeur, ao tratar de seus limites externos – como vimos particularmente no exemplo do romance que se aproxima do gênero ensaístico –, insiste em preservar a força e a vitalidade do *récit*. Tanto num caso como no outro, o filósofo optou por destacar os aspectos irredutíveis da narrativa responsáveis por mantê-la concordante. Desta vez, sob o plano dos limites externos, se a liberdade e a menor configuração caracterizantes do ensaio foram também incorporadas a alguns romances, nem por isso tais narrativas se tornaram território para franca expansão da discordância, pois, como demonstrado nas análises de *O homem sem qualidades*, há elementos concordantes indispensáveis que permanecem estruturando a configuração da intriga e permitindo que a inteligibilidade narrativa atue na síntese do heterogêneo. Podemos, então, delinear aqui uma breve conclusão para o capítulo, pois ambos os caminhos por nós percorridos conduziram à mesma constatação: a narrativa pode se metamorfosear, mas não morrer. Por mais que tenhamos examinado os limites do narrar, a teoria de Ricoeur em nenhum momento precipitou em direção à liquidação sumária da narrativa (e mesmo do romance), pelo contrário, selou a importância do narrar associando-o ao domínio da vida, unindo o procedimento narrativo à própria experiência temporal humana. Por essa razão, é lícito rever o título do capítulo e relativizá-lo: se os limites do narrar impõem ao *récit* uma espécie de traição (isto é, de ruptura com a tradição narrativa), essa traição não passa, contudo, de uma ruptura ainda muito fiel.

CAPÍTULO 3

SILÊNCIO: O NARRAR COMO PODER

Neste último capítulo, trata-se de rastrear situações em que a ação de narrar é bloqueada pelo exercício de poderes dominantes. Nessas circunstâncias, indivíduos banidos, considerados ameaçadores da ordem ou em situações de exclusão serão impossibilitados de narrar suas próprias histórias. Constata-se, então, que há uma espécie de silenciamento conduzido por uma estrutura de poder que deseja deter para si não só a versão correta ou oficial dos fatos, como também a verdade em si mesma e a capacidade de compartilhá-la. Analisaremos duas situações em específico: o silêncio promovido pela ordem da razão, isto é, as narrativas bloqueadas quando não se enquadram no padrão de racionalidade ocidental; e o silêncio promovido pelos abusos da memória e do esquecimento, isto é, as narrativas bloqueadas ideologicamente porque dariam voz a grupos oprimidos.

3.1. O silêncio promovido pela ordem da razão

No documentário *Paul Ricoeur, filósofo de todos os diálogos* (2007), dirigido por Caroline Reussner a partir do testemunho de grandes interlocutores do filósofo, entre eles Olivier Abel e François Dosse, Paul Ricoeur aparece na cena inicial em frente a um dos grandes murais de ninfeias pintados por Claude Monet e instalados no Museu da Orangerie, em Paris. Nessa cena, certamente uma gravação da década de 1990, o filósofo diz que a pintura coloca um problema semelhante ao da narrativa literária, porque em ambas há a criação de uma ordem, de um mundo completo, um mundo que efetivamente nunca vimos, mas que é possível habitar através da obra, por isso a pintura poderia ser classificada como uma narrativa pictórica. Nesse sentido, nada seria mais enganador do que afirmar, assumindo uma postura platônica, que diante da pintura temos apenas uma imagem que diz menos do que o real, pois, na verdade, esse objeto frio e fechado que é a tela surpreendentemente nos conduz para além de suas próprias fronteiras, oferecendo-nos mais do que a própria realidade. Ricoeur assevera que a pintura é como um horizonte de percepção, e não como um objeto de percepção. Isso vai ao encontro do que o autor dizia sobre a capacidade de a literatura operar variações imaginativas sobre o real ao metamorfosear a realidade cotidiana (RICOEUR, 1986, p. 115). Nessa cena do documentário, nota-se que Ricoeur apresenta algumas de suas ideias sobre a pintura tendo como panorama o impressionismo de Monet, artista que, apesar de romper com uma representação realista do mundo em busca de captar a intencionalidade da impressão, não abdicou do recurso à arte figurativa. E é nesse contexto que o filósofo fala da criação de uma ordem e de um mundo completo, tal como na narrativa literária. Mas como defender, por exemplo, a manifestação de um princípio ordenador na arte não figurativa?

Paul Ricoeur é um grande apreciador da pintura e da escultura não figurativas do século XX, tendo explicitado esse gosto em entrevista sobre sua experiência estética publicada em *A crítica e a convicção*. Para ele, é por meio desse tipo de arte que se descortina o sentido pleno de *mimesis*, dissociando a atividade mimética da mera reprodução do real. Comenta o filósofo:

> [...] foi quando a pintura, no século XX, deixou de ser figurativa que pudemos, por fim, avaliar plenamente a *mimesis*, que não tem por função ajudar-nos a reconhecer objetos, mas a descobrir dimensões da experiência que não existiam antes da obra. Porque Soulages ou Mondrian não imitam a realidade, no sentido limitativo do termo, pois não fazem uma réplica sua, é que a sua obra tem o poder de nos fazer descobrir, na nossa própria existência, aspectos ainda desconhecidos. Num plano filosófico, isso conduz a impugnar de novo a concepção clássica da verdade como adequação ao real, pois, se podemos falar de verdade a propósito da obra

> de arte, é na medida em que designamos por tal a sua capacidade para abrir um caminho no real renovando-o *segundo ela*, se assim se pode dizer. (*Id.*, 2009, p. 272-273)

Tomemos o nome de Pierre Soulages, mencionado por Ricoeur. O abstracionismo de Soulages, como estampa a obra de 1959 genericamente intitulada *Composição*, parece escapar da normatividade de tradições pictóricas e nem por isso é menos capaz de comunicar perfeitamente algo ao observador. A tela *Composição*, não suportando ser administrada por técnicas de representação e de figuração, não possui linhas que a estruturem, mas pinceladas largas que se tornam faixas predominantemente pretas, assemelhando-se a uma ideografia chinesa cuja tinta excessiva transborda. Nessa obra se revela o gesto do artista, sua obsessão por provocar nossos sentidos com uma luminosidade atípica, construída a partir de tons negros que inundam a superfície branca da tela, o que de certo modo traduz alguma intencionalidade. A ausência de representação é ainda reforçada pelo título genérico dado à obra. Poderíamos aplicar a esse quadro uma leitura geral de Ricoeur sobre a pintura não figurativa: "[...] é a nudez da experiência singular que é comunicada sem a mediação de regras suscetíveis de serem reconhecidas numa tradição, sem esse elemento de normatividade" (*Ibid.*, p. 282).

Para Ricoeur, "uma vez abolida a representação, torna-se patente que a obra diz o mundo de um modo diferente da representação; di-lo iconizando a relação singular do artista com o mundo" (*Ibid.*, p. 283) – conclusão sobre a pintura não figurativa que poderia ser igualmente depreendida da tela de Soulages. Desse modo, o filósofo mostra como a atividade mimética na pintura não figurativa suplanta a pretensão de representar o real, escapando, assim, de regras e normas de composição. Parece, portanto, bem difícil ver se manifestar na arte não figurativa algum princípio ordenador.

Há, contudo, uma consideração de Ricoeur que nos dá pistas acerca da dificuldade de abolição completa da representação figurativa na pintura. O filósofo, lançando mão do exemplo de quatro telas de Alfred Manessier – *A Paixão segundo São Mateus*, *A Paixão segundo São Lucas*, *A Paixão segundo São João* e *A Paixão segundo São Marcos* –, sustenta que há nessas obras, consideradas não figurativas, uma alusão à realidade e ao figurativo, o qual, embora recessivo, não está de todo ausente (RICOEUR, 2009, p. 273). O resquício de figuração se manifesta, por exemplo, nas formas de cruz que sobressaem do fundo de cada uma das quatro telas de Manessier.

Poderíamos supor que esse grau irredutível de representação corresponde ao resquício de normatividade em face dos elementos de ruptura presentes na arte não figurativa. Aquele desvio calculado que na literatura se impunha como condição de regramento se manifesta aqui como uma estrutura mínima que é preservada na narrativa pictórica, inviabilizando, no abstracionismo, o caos completo e a contingência pura. O mesmo acontece em alguma medida com a tela de Soulanges, que parece figurar uma espécie de ideografia chinesa. Nesse sentido, poderíamos deduzir que, para Ricoeur, mesmo na pintura que se quer não figurativa existiria a criação de uma ordem, como ocorre em antirromances contemporâneos cuja redação aparentemente é pautada pela subversão de regras, mas que ao fim e ao cabo obedecem a algum ordenamento indestrutível.

O mesmo drama de dissolução do figurativo de que padece a pintura não figurativa não se aplicaria de maneira análoga, sob a perspectiva da literatura, aos casos de perda da identidade narrativa? Os antirromances contemporâneos – que subordinam o enredo à personagem e, ao mesmo tempo, instabilizam a identidade desta, comprometendo por consequência a identidade da intriga – não fariam as vezes da pintura não figurativa no plano da literatura? Com efeito, parece ser isso o que ocorre em *O homem sem qualidades*, de Robert Musil, em que se instaura uma crise dupla, de figuração da personagem e de configuração da narrativa, como tratamos no capítulo anterior. No ensaio sobre o mundo do texto e o mundo do leitor, presente no terceiro volume de *Tempo e narrativa*, Ricoeur menciona também o exemplo do romance *Ulisses*, de James Joyce, a fim de mostrar a instabilidade da intriga, gerada, neste caso, por uma ilegibilidade ardilosamente tramada pelo autor. Explica Ricoeur:

> [...] o ato de leitura tende a se tornar, com o romance moderno, uma réplica à estratégia de decepção tão bem ilustrada por *Ulisses* de Joyce. Essa estratégia consiste em frustrar a expectativa de uma configuração imediatamente legível. E em colocar nas costas do leitor a tarefa de configurar a obra. A pressuposição sem a qual essa estratégia careceria de objeto é que o leitor espera uma configuração, que a leitura é uma busca de coerência. A leitura, diria eu na minha linguagem, torna-se ela mesma um drama de concordância discordante, na medida em que os "lugares de indeterminação" [...] já não designam somente as lacunas que o texto apresenta com relação à concretização imagética, mas resultam da estratégia de frustração incorporada ao próprio texto, no seu nível propriamente retórico. Trata-se então de algo bem diferente do figurar para si mesmo a obra; resta dar-lhe forma. Ao contrário de um leitor ameaçado de tédio por uma obra didática demais, cujas instruções não deixam espaço para nenhuma atividade criativa, o leitor moderno corre o risco de vergar sob o fardo de uma tarefa impossível, quando lhe pedem para suprir a falta de legibilidade maquinada pelo autor. A leitura é esse piquenique em que o autor traz as palavras e o leitor a significação. (*Id.*, 2010c, p. 289)

Nessa passagem, Ricoeur denuncia a postura de romancistas como James Joyce, que intencionalmente constroem narrativas acatando a ilegibilidade, em uma atitude verdadeiramente desconfigurante, enquanto a tarefa desafiadora de configurar a obra é delegada aos leitores, que arcam com o fardo da produção de sentido. A sagacidade de Joyce coincide com a de um romancista cuja narrativa é desconfigurada por ele mesmo para que não seja lida, o que produz inegável opacidade para o leitor. Como diz Lacan, o texto de Joyce é um texto "que se lê mal, ou que se lê de través, ou que não se lê" (LACAN, 2008, p. 42). Em uma anedota relatada por Ricardo Piglia fica evidente a ilegibilidade empregada por Joyce como método de escrita.[1] O escritor argentino conta que certa vez James Joyce consultou Carl Gustav Jung sobre a saúde mental de sua filha Lucia Joyce, que sucumbira à psicose, revelando ao psicanalista alguns textos escritos por ela, textos em que o romancista notava estreitas semelhanças com a forma como ele mesmo, naquele momento, redigia *Finnegans Wake*, ou seja, textos marcados pela fragmentação, pela linguagem dispersa, pela fantasia.[2] Quando descrita essa semelhança, Jung teria ponderado: "Só que onde o senhor nada, ela se afoga". Há de se destacar que, tanto em Joyce e Musil quanto em Manessier e Soulages, a ruptura com o anseio de produzir uma representação bem determinada, isto é, uma figuração estável, torna-se estratégia autoral para compor obras singulares. A indeterminação, portanto, é

---

1 Cf. PIGLIA, Ricardo. O melodrama do inconsciente. *Folha de S.Paulo*, 21 jun. 1998. Disponível em: https://www1.folha.uol.com.br/fsp/mais/fs21069813.htm. Acesso em 29 abr. 2022.

2 *Finnegans Wake* narra a história da personagem HCE, um taverneiro do subúrbio de Dublin com comportamento sexual reprovável. A título de ilustração, vale citar as primeiras linhas do romance, reforçando a dificuldade de tradução suscitada por esse tipo de texto-limite: "correorrio, após Adão e Eva, da contornada costa à encurvada enseada, nos leva por um commodius vicus recirculante de volta para Howth Castle e Entornos. Sir Tristam, violer d'amores, pour sobre o minguado mar, passencorado revoltou da Armonica do Norte a esse escarpeludo istmo da Europa Menor para guerrebradar na sua penisolada guerra. D'compondo uma bicada d'malte Jhem ou Shen fermentaram com incendiarco e ao final avermelhando para que o arcanciel fosse visto numbrulho da aquaface" (JOYCE, 2018, p. 19).

intencional ou, como afirmou Ricoeur, maquinada pelo autor. O que dizer, porém, de uma ruptura com a ordem que não seja artifício ou estratégia, mas resultado natural da própria mentalidade criadora? Queremos, com essa pergunta, chamar a atenção para as narrativas produzidas por pessoas que não compartilham dos padrões de racionalidade sacramentados pela cultura ocidental.

Michel Foucault, em sua *História da loucura na idade clássica*[3], publicada em 1961, traça uma história epistemológica e arqueológica do padrão de racionalidade sustentado pela cultura ocidental, retomando o debate acerca da loucura e o tratamento destinado ao louco desde a Idade Média, embora se baseie fundamentalmente no cenário construído a partir do século XVII, período que foi palco da criação de instituições de internamento que obedeciam a interesses políticos, sociais, religiosos, econômicos e morais, a exemplo do Hospital Geral, inaugurado em Paris por Luís XIV em 1657.[4] Do ponto de vista das práticas que dizem respeito ao louco, esse tipo de instituição assistencial, longe de fundar-se em

---

3 O livro de Foucault foi lido e mencionado por Ricoeur em alguns de seus escritos, mas sem grandes repercussões nas principais obras. No texto "A diferença entre o normal e o patológico como fonte de respeito", Ricoeur menciona Foucault quando trata da exclusão social e institucional das pessoas com deficiência. Vejamos: "Michel Foucault escreveu paralelamente a história da loucura e a história da prisão. Ele narra a lenta conquista do tratamento sobre a violência física e mental. Mas continua havendo confusão no plano do subconsciente coletivo entre tratamento e punição. O 'louco' continua assustando e provocando a rejeição que – suspeita-se – o hospital realiza com outro nome. Para o imaginário coletivo, hospital psiquiátrico e prisão fazem parte da pólis. Simbolicamente, existem fora dos muros" (RICOEUR, 2008b, p. 217). Há também uma alusão de Ricoeur a Foucault no livro *A memória, a história, o esquecimento*, em uma nota de rodapé que diz: "[...] a insistência de Foucault nas exclusões, nas interdições por meio das quais se constitui nossa cultura ameaça deixar a cultura popular existir somente por meio do 'gesto que a suprime', como na *História da loucura*. Se a loucura somente se exprime na única linguagem disponível, a da razão que a exclui, os protagonistas estão fadados ao silêncio" (*Id.*, 2007, p. 224).

4 *Em As palavras e as coisas*, Michel Foucault considera o classicismo o período que, na história da filosofia, abarca de René Descartes a Immanuel Kant. Em *História da loucura na idade clássica*, os marcos históricos que definem o início e o término do classicismo são, respectivamente, a fundação do Hospital Geral, em 1657, e a liberação dos loucos acorrentados em Bicêtre no ano de 1794, conduzida por Philippe Pinel.

interesses médicos de recuperação, servia como aparato repressivo para a exclusão de uma heterogeneidade de pessoas (pobres, ociosos, doentes venéreos, sodomitas, libertinos etc.), embora todas elas consideradas perigosas para a ordem vigente. Do ponto de vista epistemológico, Foucault demonstra que a loucura foi exilada da cultura do Ocidente, donde a exemplaridade da pintura *Nau dos loucos* (c. 1500), de Hieronymus Bosch, que, apesar de representar a loucura livremente, como o fez a iconografia do Renascimento, mostra-a em alto-mar, à deriva, proscrita do solo continental da razão, antecipando o imaginário fortalecido na idade clássica. Na pintura, retratando um típico ritual de banimento, a tripulação acometida pela loucura é escorraçada das cidades, onde vigora a ordem racional, e convidada por marinheiros a embarcar em uma viagem sem regresso. Como um expurgo merecedor da excomunhão social, a loucura esteve por muito tempo condenada à segregação e ao silenciamento. Na era clássica, foi banida da ordem racional com o apoio indispensável do filósofo René Descartes, que consolidou sua condenação ao silêncio na economia da dúvida inscrita na "Primeira meditação", ao colocar a princípio a loucura ao lado do sonho e do erro, para, em seguida, distingui-la e bani-la.[5] Ocorre que, como

5 No percurso da dúvida descrito na "Primeira meditação", diz Descartes: "Tudo o que recebi, até presentemente, como o mais verdadeiro e seguro, aprendi-o dos sentidos ou pelos sentidos: ora, experimentei algumas vezes que esses sentidos eram enganosos, e é de prudência nunca se fiar inteiramente em quem já nos enganou uma vez. Mas, ainda que os sentidos nos enganem às vezes, no que se refere às coisas pouco sensíveis e muito distantes, encontramos talvez muitas outras, das quais não se pode razoavelmente duvidar, embora as conhecêssemos por intermédio deles: por exemplo, que eu esteja aqui, sentado junto ao fogo, vestido com um chambre, tendo este papel entre as mãos e outras coisas desta natureza. E como poderia eu negar que estas mãos e este corpo sejam meus? *A não ser, talvez, que eu me compare a esses insensatos, cujo cérebro está de tal modo perturbado e ofuscado pelos negros vapores da bile que constantemente asseguram que são reis quando são muito pobres; que estão vestidos de ouro e de púrpura quando estão inteiramente nus; ou imaginam ser cântaros ou ter um corpo de vidro. Mas quê? São loucos e eu não seria menos extravagante se me guiasse por seus exemplos.* Todavia, devo aqui considerar que sou homem e, por conseguinte, que tenho o costume de dormir e de representar, em meus sonhos, as mesmas coisas, ou algumas vezes menos verossímeis, que esses insensatos em vigília" (DESCARTES, 1983, p. 85-86; grifo nosso).

comenta Foucault, o exercício da razão, de acordo com Descartes, só encontra armadilha no erro e perigo no sonho, exilando a loucura como impossibilidade do pensamento – por isso ou se é louco ou se pensa, já que não existe pensamento insensato, de modo que seria impossível a afirmação "Eu sou louco". Explica Foucault:

> A Não Razão do século XVI constituía uma espécie de ameaça aberta cujos perigos podiam sempre, pelo menos de direito, comprometer as relações da subjetividade e da verdade. O percurso da dúvida cartesiana parece testemunhar que no século XVII esse perigo está conjurado e que a loucura foi colocada fora do domínio no qual o sujeito detém seus direitos à verdade: domínio este que, para o pensamento clássico, é a própria razão. Doravante, a loucura está exilada. Se o *homem* pode sempre ser louco, o *pensamento*, como exercício de soberania de um sujeito que se atribui o dever de perceber o verdadeiro, não pode ser insensato. Traça-se uma linha divisória que logo tornará impossível a experiência, tão familiar à Renascença, de uma Razão irrazoável, de um razoável Desatino. (FOUCAULT, 2019a, p. 47-48)

Assim, a loucura é excluída do *cogito* cartesiano, uma das mais emblemáticas formulações do século XVII. Com a ajuda de Descartes, um dos arautos do ideal de humanidade como realização da razão, ela é então banida e condenada ao silêncio na idade clássica: ou a loucura ou o pensar, e evidentemente a época que vislumbra os progressos da racionalidade opta pelo segundo. Comenta Foucault sobre esse processo de silenciamento, o qual impede, inclusive, que a loucura fale de si mesma:

> A loucura clássica pertencia às regiões do silêncio. Há muito tempo se havia calado essa linguagem de si mesma sobre si mesma que entoava seu elogio. São sem dúvida inúmeros os textos dos séculos XVII e XVIII

onde se aborda a loucura: mas neles ela é citada como exemplo, a título de espécie médica ou porque ela ilustra a verdade abafada do erro; é considerada obliquamente, em sua dimensão negativa, porque é uma prova *a contrario* daquilo que é, em sua natureza positiva, a razão. Seu sentido só pode aparecer diante do médico e do filósofo, isto é, daqueles que são capazes de conhecer sua natureza profunda, dominá-la em seu não-ser e de ultrapassá-la na direção da verdade. Em si mesma, é coisa muda: não existe, na era clássica da literatura da loucura, no sentido em que não há para a loucura uma linguagem autônoma, uma possibilidade de que ela pudesse manter uma linguagem que fosse verdadeira. Reconhecia-se a linguagem secreta do delírio; faziam-se, sobre ela, discursos verdadeiros. Mas ela não tinha o poder de operar por si mesma, por um direito primitivo e por sua própria virtude, a síntese de sua linguagem e da verdade. Sua verdade só podia ser envolvida num discurso que lhe permanecia exterior. Mas, fazer o quê, "são loucos...". Descartes, no movimento pelo qual chega à verdade, torna impossível o lirismo da desrazão. (FOUCAULT, 2019a, p. 529-530)

Nesse trecho, Foucault destaca que a loucura, nos séculos XVII e XVIII, cujo espírito é governado pela racionalidade cartesiana e iluminista, não tem o direito à palavra. Durante esse período, ela é emudecida, forçada a se calar, pois somente há espaço para linguagens que pretendam alcançar a verdade. Assim, a loucura pode ser tema dos discursos médico e filosófico, que supõem conhecê-la e dominá-la e que transformam o seu não-ser em objeto de conhecimento científico/filosófico, mas em si mesma a linguagem da loucura é silenciada, destituída do poder de narrar sua própria história. O classicismo está assentado em um monólogo da razão sobre a loucura, é a época em que a experiência narrativa como forma de dizer o tempo humano esteve bloqueada para os chamados insensatos. É como se a figura do louco não pudesse exercer a parte de sua humanidade que é capaz de experienciar narrativamente o tempo, sendo sua existência então reduzida a um superficial mecanismo animalesco e instintivo, uma vez desprovido da espessura do pensamento. Diz Foucault sobre a loucura enjaulada em asilos-zoológicos durante a idade clássica:

> Durante o período clássico, ela [a loucura] é mostrada, mas do lado de lá das grades; se ela se manifesta, é à distância, sob o olhar de uma razão que não tem mais nenhum parentesco com ela e que não deve mais sentir-se comprometida por uma semelhança demasiado marcada. A loucura tornou-se algo para ser visto: não mais um monstro no fundo de si mesmo, mas animal de estranhos mecanismos, bestialidade da qual o homem, há muito tempo, está abolido. (*Ibid.*, p. 150-151)

Como resultado, no internamento clássico, as figuras concretas dos delirantes não preencheram com suas singularidades os registros dos asilos, apagando-se a multiplicidade dessas existências, todas elas igualmente diluídas em um conjunto tratado como bestiário. De acordo com Foucault, "Nessa época, a loucura não tinha memória, e o internamento constituía o selo desse esquecimento" (*Ibid.*, p. 453). Como falar de memória onde a possibilidade mesma de narrativa esteve bloqueada? Desse modo, durante grande parte da história ocidental, as existências delirantes foram submetidas ao silêncio e abandonadas ao esquecimento. Apesar de a narrativa estar bloqueada para os insensatos, tendo a episteme cartesiana tornado impossível o lirismo da desrazão, a loucura se tornou, já no século XIX, instrumento para enriquecer a literatura, que começou a se valer da experiência da loucura revelada em sua própria linguagem, oposta à linguagem exterior fornecida pelo conhecimento científico e filosófico. A literatura será, para Foucault, o solo fértil sobre o qual proliferará o discurso contraepistêmico da experiência trágica da loucura, fundamentando uma espécie de estética da transgressão. Talvez o primeiro exemplo disso se dê no crepúsculo da idade clássica, com a obra *O sobrinho de Rameau*, publicada por Denis Diderot em 1805, romance filosófico que põe em diálogo duas personagens anônimas: o filósofo, que diz *moi* e representa a racionalidade, e o sobrinho do músico Rameau, que corresponde ao *lui* (o outro) e representa a desrazão. Nesse romance, o encontro entre as duas personagens serve para colocar lado a lado a loucura e a razão, sem subordinar aquela à ordem imperiosa desta, uma vez que, diante da autoridade do filósofo, o louco não deixa de dizer destemidamente o que pensa, pois resiste com teimosia à domesticação e aos interditos sociais.[6] A loucura é assim valorizada como a coragem de assumir a verdade do que se é e deixa de ser vista como a impossibilidade do pensamento. Em *O sobrinho de Rameau*, o louco pode perfeitamente afirmar "Eu sou louco". Posteriormente, na primeira metade do século XX, a loucura seria utilizada como estratagema para a inovação do romance, incentivando metamorfoses no gênero para vencer a instabilidade suscitada pela perda da identidade narrativa. Não seria esse o caso da personagem Septimus Warren Smith no romance *Mrs. Dalloway*, de Virginia Woolf?

---

6 Atentemo-nos na passagem a seguir para o modo como a personagem filósofa descreve seu interlocutor, o sobrinho de Rameau: "Numa tarde, eu estava lá, observando muito, falando pouco e escutando o mínimo possível, quando fui abordado por uma das mais bizarras personagens dessas que, neste país, Deus nunca deixou faltar. É uma mistura de altivez e de baixeza, de bom senso e desatino. As noções de honestidade e desonestidade devem estar estranhamente misturadas em sua cabeça, pois ele mostra as boas características que a natureza lhe conferiu sem ostentação e as más, sem pudor. De resto, é dotado de uma organização robusta, uma imaginação extraordinariamente acesa e um vigor de pulmões pouco comum. Se alguma vez vocês o encontrarem, que a originalidade dele não os detenha; ou vocês meterão os dedos nos ouvidos, ou fugirão. [...] Não estimo tais originais. Outros fazem deles conhecidos próximos, até mesmo seus amigos. Eles ganham minha atenção de tempos em tempos, quando os encontro, porque seu caráter se destaca em relação ao dos outros, e porque rompem essa cansativa uniformidade que nossa educação, nossas convenções sociais, nossas regras de etiqueta introduziram. Se um aparece num grupo, é um grão de lêvedo que fermenta e restitui a cada um uma porção de sua individualidade natural. Ele sacode, agita, faz aprovar e censurar, faz surgir a verdade, revela as pessoas boas, desmascara os patifes. É então que o homem de bom senso escuta e decifra seu mundo" (DIDEROT, 2019, p. 30, 32).

Não seria esse também o caso das experimentações radicais da linguagem no laboratório da literatura conduzido por Beckett (por exemplo, no romance *Malone Morre*)? A loucura serviria, portanto, de mecanismo de transgressão dos limites que estabeleceriam a regularidade do gênero romanesco. Vejamos o que diz Foucault sobre esse modo literário que se difunde no começo do século XIX a partir da publicação do romance filosófico *O sobrinho de Rameau*.

> Ora, aquilo que *O sobrinho de Rameau* já indicava, e depois dele todo um modo literário, é o reaparecimento da loucura no domínio da linguagem, de uma linguagem onde lhe era permitido falar na primeira pessoa e enunciar, entre tantos propósitos inúteis e na gramática insensata de seus paradoxos, alguma coisa que tivesse uma relação essencial com a verdade. Essa relação começa agora a desembaraçar-se e a oferecer-se em todo o seu desenvolvimento discursivo. Aquilo que a loucura diz de si mesma é, para o pensamento e a poesia do começo do século XIX, igualmente aquilo que o sonho diz na desordem de suas imagens: uma verdade do homem, bastante arcaica e bem próxima, silenciosa e ameaçadora; uma verdade abaixo de toda verdade, a mais próxima do nascimento da subjetividade e a mais difundida entre as coisas; uma verdade que é a retirada profunda da individualidade do homem e a forma incoativa do cosmos [...]. (FOUCAULT, 2019a, p. 530)

Nesse contexto, a loucura ganha sua própria linguagem, uma linguagem transgressora, elogiada pelo poder de revelar sua própria verdade, mais próxima da experiência trágica, ou seja, em consonância com a dimensão conflituosa da existência.[7] Linguagem que

---

7 A noção de experiência trágica é fundamental para que se entenda a *História da loucura*. Para Roberto Machado, essa ideia remete ao Nietzsche de *O nascimento da tragédia*, livro com o qual o comentador defende que a *História da loucura* apresenta uma homologia estrutural. Vale destacar, ainda, que o filósofo alemão é frequentemente mencionado por Foucault como

nasce como uma explosão lírica e que aceita carregar paradoxos e incompreensões, revelando verdades secretas do existir humano e transformando a maneira como a figura do louco é vista. Comenta Foucault:

> Agora, ele [o louco] é olhado simultaneamente com mais neutralidade e mais paixão. Mais neutralidade, uma vez que nele se descobrirão as verdades profundas do homem, essas formas adormecidas nas quais nasce aquilo que ele é. E mais paixão também, uma vez que não se poderá reconhecê-lo sem se reconhecer a si mesmo, sem ouvir subir em si mesmo as mesmas vozes e as mesmas forças, as mesmas estranhas luzes. Esse olhar, que pode prometer-se o espetáculo de uma verdade enfim nua do

---

um autor que viveu a experiência trágica da loucura. Comenta Roberto Machado: "O objetivo final de *O nascimento da tragédia*, dito em poucas palavras, é denunciar a modernidade como civilização socrática, racional, por seu espírito científico ilimitado, por sua vontade absoluta de verdade, e saudar o renascimento de uma experiência trágica do mundo em algumas das realizações filosóficas e artísticas da própria modernidade. Essas criações filosóficas e artísticas, identificadas pelo Nietzsche da época sobretudo em Schopenhauer e Wagner, retomam a experiência trágica existente na tragédia grega, que, durante determinado momento, possibilitou, pela arte, a experiência do lado terrível, tenebroso, cruel da vida como forma de intensificar a própria alegria de viver do povo grego, mas foi reprimida, sufocada, invalidada pelo 'socratismo estético', que subordinara a criação artística à compreensão teórica, ou, pela metafísica, que, como dirá depois *Além do bem e do mal*, cria a oposição de valores: bem e mal, verdade e ilusão etc. Oposição metafísica que está na origem da razão, e que Nietzsche procurou desmistificar sem se situar no nível da própria razão, do pensamento racional, e por isso conferiu tanta importância à arte, sobretudo à arte trágica, o que o levou inclusive a escrever *Assim falou Zaratustra* mais como uma tragédia do que como um livro sistemático e conceitual. Ora, do mesmo modo que, para Nietzsche, a história do mundo ocidental é a recusa ou o esquecimento da tragédia, a história da loucura, tal como interpretada por Foucault, é a história do vínculo entre a racionalidade moderna, tal como aparece nas ciências do homem, e um longo processo de dominação que, ao tornar a loucura objeto da ciência, a destitui de seus antigos poderes. [...] Deste modo, a loucura tal como aparece no livro, além de figura histórica, é também e fundamentalmente uma experiência originária, crucial, essencial, que a razão, ao invés de descobrir, encobriu, ocultou, mascarou, dominou, embora não a tenha destituído totalmente, por ela ter-se mostrado ameaçadora, perigosa. Assim como o primeiro livro de Nietzsche consiste na denúncia da racionalização, e portanto da morte, da tragédia a partir da experiência trágica presente nos poetas gregos pré-socráticos, a primeira pesquisa arqueológica de Foucault é a interpretação, ou reinterpretação, da história da racionalização da loucura, a partir de seu confronto vertical com uma experiência, ou uma estrutura trágica – constante, mais fundamental –, que permite denunciar como encobrimento esse 'devir horizontal' que, em sua etapa moderna, define a loucura como doença mental" (MACHADO, 2005, p. 25-26).

> homem (é dele que já falava Cabanis, a respeito de um asilo ideal), já não pode mais evitar a contemplação de um impudor que é o seu próprio. Ele não vê sem ver a si mesmo. E o louco, com isso, redobra seu poder de atração e fascinação; ele carrega mais verdades, além da sua própria. (FOUCAULT, 2019a, p. 532)

A literatura opera, dessa maneira, ao modo de um veículo que restaura o diálogo entre a loucura e o pensar. Como afirma o professor Roberto Machado, "se a razão se constitui pela exclusão da loucura como alteridade, a abertura indefinida da literatura em direção à loucura é a tentativa de transgredir, de ultrapassar as fronteiras entre a loucura e a razão, reinstaurando a linguagem comum entre as duas" (MACHADO, 2005, p. 37). O que se vê, contudo, é que a linguagem exercida pela loucura equivale a uma linguagem que, em última instância, é-lhe emprestada. Bem como nos séculos XVII e XVIII a linguagem dos médicos e a dos filósofos descreviam a loucura e falavam por ela, a partir do século XIX, a linguagem de poetas e romancistas como Diderot fornecerá os contornos daquilo que se pode identificar como a linguagem da loucura. A diferença entre os dois momentos consiste no fato de que, se no primeiro deles a loucura era simplesmente silenciada pela consciência crítica enquanto impossibilidade mesma do pensamento e, por consequência, não teria uma linguagem sua, na segunda, a linguagem da loucura é reabilitada pelo reconhecimento lírico e pode, assim, conviver com o pensar. Nas duas situações, entretanto, não é o louco mesmo que fala, sendo que, na segunda, a razão apenas veste a máscara da desrazão. No fim, não estaria aí preservado, tal como no diálogo de *O sobrinho de Rameau*, o distanciamento que garante ao si o lugar do entendimento e ao outro o lugar da loucura? O si mesmo como outro, mas no sentido fraco da expressão, isto é, uma alteridade que é apenas comparação, em vez de ingrediente constitutivo da própria ipseidade. Não haveria certa ingenuidade na atitude desses escritores de tentar sair da racionalidade procedendo, no entanto, com as ferramentas por ela fornecidas? Isso não preservaria o gesto de força cartesiano que deslocou a loucura para a posição de uma alteridade, o que sem dúvida facilitou seu exílio? Como diz o ditado, "o louco se afoga no mar em que o poeta nada", quer dizer, enquanto o poeta vaivém ao visitar periodicamente a alteridade da loucura, o louco está nela preso sem a possibilidade de fuga. Vemos, desse modo, a narrativa *sobre* e *da* loucura, quando, na verdade, estamos aqui em busca de uma narrativa composta pela própria loucura, narrativa que se desvencilhe completamente do monopólio da razão.

Todavia, Michel Foucault nos dá exemplos de escrita conduzida pela desrazão: Friedrich Höderlin, Gérard de Nerval, Friedrich Nietzsche, Raymond Roussel e Antonin Artaud. Nesse panteão da loucura é incluído também um criador de narrativas pictóricas – Van Gogh. Mas, ao contrário do que poderíamos supor, a desrazão, para escritores e pintores que a vivem no espírito, não opera como motor da imaginação produtiva quando culmina em um estágio avançado da loucura. Em vez disso, promove até o ponto da tragédia um bloqueio da obra, subtraindo-se a linguagem no infinito do delírio. Em outras palavras, em algum momento mais dramático da experiência delirante, o discurso torna-se silêncio. A partir daí, a loucura constitui um momento de abolição e de ruptura absoluta da obra. Aquela fórmula cartesiana de exclusão – ou pensamento, ou loucura – é substituída por Foucault pela fórmula "ali onde há obra, não há loucura" (FOUCAULT, 2019a, p. 551). Atentemo-nos para o que diz Foucault sobre o jogo de vida e de morte entre a loucura e a obra, trazendo à tona as experiências de Artaud, Nietzsche e Van Gogh.

> [...] a partir de Hölderlin e Nerval, o número dos escritores, pintores e músicos que "mergulharam" na loucura se multiplicou, mas não nos enganemos a respeito; entre a loucura e a obra, não houve acomodação, troca mais constante ou comunicação entre as linguagens; o confronto entre ambas é bem mais perigoso que outrora, e a constatação que hoje fazem não perdoa; o jogo delas é de vida e de morte. A loucura de Artaud não se esgueira para os interstícios da obra; ela é exatamente a *ausência de obra*, a presença repetida dessa ausência, seu vazio central experimentado e medido em todas as suas dimensões, que não acabam mais. O último grito de Nietzsche, proclamando-se ao mesmo tempo Cristo e Dioniso, não está nos confins da razão e da desrazão, nas linhas de fuga da obra, seu sonho comum, enfim tocado e que logo desaparece, de uma reconciliação dos "pastores da Arcádia e dos pescadores de Tiberíades"; é bem o próprio aniquilamento da obra, aquilo a partir do que ela se torna impossível, e onde deve calar-se; o martelo acabou de cair das mãos do filósofo. E Van Gogh sabia muito bem que sua obra e sua loucura eram incompatíveis; ele que não queria pedir "aos médicos a permissão para fazer quadros". (*Ibid.*, p. 550)

Nota-se que a loucura, para Foucault, torna-se, então, fator impeditivo para a continuidade da obra, tendo em vista que suscita uma interrupção e abre um vazio na trajetória de escrita do autor, instaurando um tempo de silêncio. Entretanto, no prefácio da primeira edição de *História da loucura*, Foucault ressalta que a cultura ocidental rejeitou a loucura em sua história, considerando-a exterior, reduzindo-a ao silêncio, a murmúrios, a uma ausência de obra, o que nos faz suspeitar de que o filósofo se posicione contra a desqualificação do potencial da loucura, incluindo aí a atribuição de uma ausência de obra.[8] Além disso, como o filósofo bem

8 O conceito de ausência de obra aparece nas últimas páginas de *História da loucura na idade*

sabe, desde o século XVI há uma considerável literatura escrita por loucos, os *fous littéraires*. Nesse século, por exemplo, é conhecida a história de que o duque de Bouillon imprimiu por vontade própria os textos de loucos para que os franceses com eles se deleitassem. Esses fatores nos induzem a crer que a noção de ausência de obra tem conotações mais sutis do que poderíamos imaginar à primeira vista. Grosso modo, não devemos entender por ausência de obra aquilo que primeiro nos vem à cabeça, quer dizer, que a loucura cerceia a linguagem e se torna incapaz de, por seus próprios esforços, compor uma obra. Há, então, certo estranhamento por parte de nós leitores que nos deparamos com a formulação explícita de Foucault – ou obra, ou loucura –, mas que conhecemos o intento geral do livro em questão, que é o de denunciar o silenciamento da loucura. Esse estranhamento é muito bem captado por Peter Pál Pelbart, por isso vale a pena transcrever uma longa passagem de seu livro *Da clausura do fora ao fora da clausura*.

> A loucura é ruptura absoluta de obra, diz Michel Foucault. À primeira vista tudo parece claro. Por obra entendemos trabalho, construção, consistência, produto, comunicação, estrutura – tudo aquilo de que são incapazes nossos loucos, impotentes e desmilinguidos. Obra é a materialização de trabalho, forma, inserção do homem no espaço e inauguração de história. Os que não produzem, não formam, não comunicam, não têm lugar – a esses nós chamamos de loucos. A conclusão se impõe: ausência de obra vale como critério-limite para discriminar o produtor do improdutivo, o estruturado do desmanchado, o existente do desistente, o são do insensato.
>
> A essa evidência se contrapõem duas séries de objeções. A primeira: 1) Não se vê por todos os lados grandes obras de grandes loucos? Não

clássica, mas voltará a ser discutido por Michel Foucault em um texto de 1964 intitulado "A loucura, ausência da obra". Cf. FOUCAULT, 2019a, p. 573-582.

> estão aí Hölderlin, Nerval, Artaud, Lautréamont e Van Gogh para atestá-lo? 2) Não vemos com frequência cada vez maior exposições feitas por instituições manicomiais que testemunham a vitalidade e criatividade até de pacientes cronificados por anos de hospitalização? [...] 3) Quem conhece de perto o cotidiano das clínicas psiquiátricas e o trabalho de certos profissionais da área [...] sabe perfeitamente que as afirmações sobre a improdutividade da loucura não têm fundamento.
>
> A segunda série de objeções resume-se no seguinte: hoje em dia basta visitar uma Bienal qualquer para se certificar de que grande parte das obras parecem sugerir uma desmontagem da estrutura, da forma, da comunicação, de seu caráter de produto finalizado; atentando contra a consistência, essas obras lembram mais a ruína do que propriamente um movimento de construção [...]. Nada similar à noção vulgar de obra. A elas melhor se aplicaria o termo feliz de Blanchot — desobramento. Se há ali trabalho, visa à demolição da própria noção de trabalho, de obra, de linguagem, de palavra, do enquadre, da inteligibilidade etc. (PELBART, 1989, p. 173-174)

Somos obrigados, assim, a retomar a formulação de Foucault e a reinterpretá-la. Será que a ausência de obra não consistiria na transgressão das leis da linguagem e dos limites instaurados pela racionalidade? Não seria a ideia de ausência de obra compatível com a quebra do estatuto de obra criado pela razão clássica ocidental? Se respondermos afirmativamente a essas peguntas, o problema não incidiria sobre a obra compreendida como materialização do trabalho, mas sobre a obra como resultado de uma perspectiva racional adversária da loucura. Em outras palavras, a noção de ausência de obra seria válida para expressar a ausência de uma obra conformada segundo os princípios da racionalidade clássica, e não de uma obra que é fruto do espírito produtivo. Roberto Machado explica:

> A questão da literatura moderna – que é essencialmente uma questão de linguagem – é de como ultrapassar, transgredir, contestar o limite da obra, da razão, do sentido. A experiência literária da linguagem, se é uma experiência trágica, radical, é transgressora com relação à obra: subverte, contesta, ameaça a obra, fazendo-a ir além dos limites estabelecidos. Mas, por outro lado, não pode deixar de ser obra. Daí o estatuto paradoxal da obra literária moderna: ela é obra que põe em questão seus limites como obra, que enuncia sua própria impossibilidade, que nega a ideia de obra; é uma experiência negativa, uma experiência de negação, que, ao mesmo tempo, é sua própria realização como obra. (MACHADO, 2005, p. 42)

Não é exatamente esse potencial transgressor que Paul Ricoeur apontou nos antirromances contemporâneos, que estendem os limites do gênero romanesco até uma experiência radical de "desobramento"? Ricoeur mostra que, no jogo entre tradição e inovação, o romance se metamorfoseia e alarga suas potencialidades, criando um novo limite, até o momento em que esse limite é incorporado pela tradição para que seja posteriormente rompido e, assim, o ciclo seja reiniciado. O antirromance executa esse movimento ao negar e concomitantemente afirmar o romance, do mesmo modo que, para Foucault, a ausência de obra a um só tempo nega e afirma a obra. Acontece que, para Ricoeur, os exemplos mais perturbadores na literatura contemporânea de "desobramento" são oferecidos por autores como Robert Musil, Virginia Woolf e James Joyce, os quais, a despeito de sofrimentos psíquicos (depressão, luto, angústia etc.) possivelmente vividos, escreveram monólogos da racionalidade sobre a loucura, preservando certo ordenamento clássico no *mythos*. Mas é precisamente sobre a obra produzida no contexto autoral da loucura em exercício, da desordem ativa, que incide o foco de nossa investigação atual. Talvez a crítica que Jacques Derrida, em 1963, dirigiu à *História da loucura* nos dê subsídios para encaminhar o problema. Vejamos.

No prefácio de *História da loucura*, Foucault afirma que seu propósito nesse livro, mais do que traçar a história da linguagem da loucura, é fazer a arqueologia de seu silêncio (FOUCAULT, 2019b, p. 153). Derrida, no entanto, questiona a possibilidade de se arquitetar uma história do silêncio e discorda de que o percurso arqueológico de Foucault poderia conduzir a um estado selvagem da loucura em que ela estaria descolada da ideia de razão produzida a partir do século XVII.[9] Para Derrida, o empreendimento de Foucault, uma vez investido de uma perspectiva ordenadora, adotou em si mesmo a linguagem policial e policiada da razão clássica e, nesse sentido, não se identifica com um projeto que coloque a loucura como porta-voz, até porque acabou por manter a racionalidade em sua articulação. De acordo com Derrida, seria inviável tratar de uma arqueologia do silêncio sem uma abordagem que requeresse como condição de possibilidade o uso da linguagem da ordem. Logo, a compreensão do silêncio invariavelmente se constitui por meio da linguagem lógica, de uma linguagem organizada, de uma sintaxe da obra. Em resumo, a arqueologia do silêncio é erguida justamente por meio dos instrumentos que perpetraram o banimento da loucura. Defende Derrida:

> Ao escrever uma história da loucura, Foucault quis – e nisso reside todo o valor mas também a impossibilidade própria de seu livro – escrever

---

9 Ora, o próprio Foucault questiona a possibilidade do encontro com o estado selvagem da loucura, como fica nítido no prefácio de 1961 de *História da loucura*: "Fazer a história da loucura quererá então dizer: fazer um estudo estrutural do conjunto histórico – noções, instituições, medidas jurídicas e policiais, conceitos científicos – que mantém cativa uma loucura cujo estado selvagem jamais poderá ser restituído nele próprio; mas, na falta dessa inacessível pureza primitiva, o estudo estrutural deve remontar à decisão que liga e separa, ao mesmo tempo, razão e loucura; deve tender a descobrir a troca perpétua, a obscura raiz comum, o afrontamento originário que dá sentido à unidade tanto quanto à oposição entre o sentido e o insensato. Assim, poderá reaparecer a decisão fulgurante, heterogênea ao tempo da história, mas inapreensível fora dele, que separa da linguagem da razão e das promessas do tempo esse murmúrio de insetos sombrios" (FOUCAULT, 2019b, p. 158).

> uma história da loucura por ela mesma. Por ela mesma. Da própria loucura. Quer dizer, dando-lhe a palavra. Foucault quis que a loucura fosse o sujeito de seu livro; o sujeito em todos os sentidos da palavra: o tema de seu livro e o sujeito falante, o autor de seu livro, a loucura falando de si mesma. Escrever a história da loucura por ela mesma, ou seja, a partir de seu próprio instante, de sua própria instância e não pela linguagem da razão, na linguagem da psiquiatria sobre a loucura [...]. (DERRIDA, 1967, p. 55-56)

Assim sendo, para Derrida, o uso da linguagem da ordem assegura a manutenção de uma estrutura de silenciamento em que a desordem é controlada e impedida de se manifestar livremente. Mas será mesmo que na loucura não reside nenhuma ordem? Será que a loucura é impossibilitada de se comunicar por meio da linguagem estruturada da razão? Um argumento como o de Derrida não deslegitimaria qualquer intenção de orquestrar, por meio da escrita de uma obra investigativa, o lugar da loucura nas culturas e nas sociedades? Não seria válido o empreendimento foucaultiano de defender a dignidade ontológica da loucura, enfrentando as tentativas históricas de reduzi-la a um não-ser, mesmo que para isso tenha lançado mão do discurso filosófico em vez de deixar a loucura falar por ela mesma? Parece-nos que o silenciamento da loucura deve ser interpretado, na obra de Foucault, mais sob o viés de um acontecimento social, econômico e político do que sob o viés de um processo epistemológico que pretensamente subordinaria a loucura à razão clássica. Nesse sentido, talvez a grande contribuição da *História da loucura* esteja em desenvolver uma arqueologia das práticas adotadas contra os loucos, e não tanto em determinar quando e como ocorreu o exílio da loucura fora do solo da razão pela cultura ocidental. Assim, Derrida parece ter se concentrado muito no prefácio da obra foucaultiana e nas três páginas que tratam de Descartes, deixando em segundo plano o que é primordial – as mais de seiscentas páginas que analisam o tratamento prático destinado à loucura.[10]

Seguindo essa linha de pensamento, não encontraríamos nada de estruturado, nenhum ordenamento minimamente racional e nenhum sentido nos últimos poemas de Friedrich Hölderlin, por exemplo. Seriam impossíveis frases, versos, palavras, sílabas... Na loucura, a escrita seria substituída pelo desenho disperso de traços ágrafos. Ocorre que a história nos revela o contrário. Hölderlin é um dos exemplos de que a loucura cria poemas e obras inteiras, bem-acabadas, sendo capaz de estruturar pensamentos. Karl Jaspers, filósofo e psiquiatra alemão que foi tema dos dois primeiros livros de Paul Ricoeur, publicados na década de 1940, revela-nos algo bem distinto daquilo que aponta o caminho de exclusão – ou ordem, ou loucura – sugerido desde Descartes e manifesto na crítica de Derrida a Foucault. Para Jaspers, há formas de loucura que comportam a organização do pensamento e o compartilhamento

10 Michel Foucault em 1972 publica uma resposta à crítica de Jacques Derrida. Nesse texto, o filósofo afirma que a crítica de Derrida está baseada no postulado de que a filosofia está além e aquém de todo acontecimento. Diz Foucault: "[Para Derrida,] Não somente nada pode acontecer-lhe [à filosofia], mas tudo o que acontecer já se encontra antecipado ou envolvido por ela. Ela própria não é senão repetição de uma origem mais que originária e que excede infinitamente, em seu retiro, tudo aquilo que poderia dizer em cada um de seus discursos históricos. Mas, uma vez que é a repetição dessa origem, todo discurso filosófico, desde que seja autenticamente filosófico, excede em sua desmesura tudo aquilo que pode suceder na ordem do saber, das instituições, das sociedades etc. O excesso da origem, que apenas a filosofia (e nenhuma outra forma de discurso e de prática) pode reiterar para além de todo esquecimento, tira toda pertinência do acontecimento. De modo que, para Derrida, é inútil discutir a análise que proponho dessa série de acontecimentos que constituíram durante dois séculos a história da loucura; e, para dizer a verdade, meu livro é bastante ingênuo, segundo ele, ao querer fazer essa história a partir desses acontecimentos derrisórios que são a internação de algumas dezenas de milhares de pessoas ou a organização de uma polícia de Estado extrajudiciária; teria sido mais do que suficiente repetir uma vez mais a repetição da filosofia de Descartes, repetidor, ele próprio, do excesso platônico. Para Derrida, o que se passou no século XVII não seria senão uma 'amostra' (isto é, uma repetição do idêntico), ou 'modelo' (isto é, excesso inesgotável da origem): ele não reconhece de modo algum a categoria do acontecimento singular; é, pois, para ele, inútil – e sem dúvida impossível – ler aquilo que ocupa a parte essencial, senão a totalidade, de meu livro: a análise de um acontecimento" (FOUCAULT, 2019a, p. 610-6111).

de conteúdos racionais reunidos em uma obra. Dada a conotação médica de sua explicação – destaca-se: de uma medicina praticada no início do século passado –, pedimos licença ao leitor para que possamos transcrever uma longa citação, trecho que não poderíamos parafrasear sem o risco de incorrer em alguma imprecisão. Escreve Jaspers em *Psicopatologia geral I*, de 1913, sobre os produtos literários daqueles que sofrem de psicopatologias:

> Os doentes que se entregam à produção literária correspondente ao respectivo grau de instrução apresentam-nos, com abundância notável, certos conteúdos racionais juntamente com os fenômenos expressivos que representam, por si, fala e escrita; em casos raros, produtividade peculiar da fala. Entre esses escritos, distinguimos os tipos seguintes: 1. Escritos plenamente organizados, normais pela linguagem e pelo estilo, pela disposição do curso do pensamento. Só o conteúdo é que é anormal: os doentes relatam suas vivências terríveis e completas, explicam-nas, expõem suas ideias delirantes. Malgrado a tensão elevada dos afetos, tais escritos se mostram lúcidos e controlados. Outras produções são narrativas de pacientes capazes de introvisão, uma vez curada a psicose. Pertencem a este grupo as valiosas autonarrações. – 2. O segundo grupo de escritos é produto de personalidades morbidamente desenvolvidas (querulantes entre outros), que elaboram suas ideias delirantes em estilo natural e com o curso de pensamento absolutamente ordenado, de maneira sempre compreensível para nós, porém desmedida, fantástica, descontrolada e contraditória. Não aparece qualquer descrição de vivências mórbidas – não as tiveram essas personalidades, que dirigem seus ataques contra os frenocômios, as autoridades, os médicos, elaborando ideias de inventores, aventureiros, exploradores etc. Pertence a esse tipo a maior parte dos escritos impressos pelos doentes. – 3. São mais raros aqueles escritos que, usando de expressões variadamente rebuscadas e estilo impressionante e bombástico, porém quase sempre incompreensível, relatam não vivências, nem perseguições,

> ou quaisquer outros fatos pessoais, mas expõem teorias: novo sistema cósmico, nova religião, nova interpretação da Bíblia, problemas universais são o conteúdo, no qual, mais que na forma, se percebe a origem, isto é, de doentes com processo esquizofrênico. É frequente revelar-se também na exposição o delírio de grandeza dos autores (inventores, o Messias). – 4. A partir deste último tipo desenvolvem-se produtos transicionais literários confusos, nos quais disposição alguma se encontra e a conexão ideativa rui, seguindo-se umas às outras estruturas mentais rebuscadas, incompreensíveis. Afinal, nada mais se entende: sinais gráficos hieroglíficos, sílabas soltas, ornatos e cores assinalam os eventos externos. – 5. Por último, temos poemas de psicóticos indubitáveis. [...] Exemplo grandioso e o mais impressionante de todos são os últimos poemas de Hölderlin. (JASPERS, 2000, p. 352-353)

Como bem indicam os escritos últimos de Friedrich Hölderlin, Raymond Roussel e Antonin Artaud, a loucura é capaz de um discurso bem estruturado, bem ordenado. Não que sejam inverossímeis os casos de pessoas que padecem de psicopatologias ou transtornos mentais graves (alguns tipos de esquizofrenia, catatonia, autismo etc.) e que não podem ler palavra alguma, tampouco escrever, pois, quando muito, desenham letras sem sentido e sinais gráficos hieroglíficos (*Ibid.*, p. 332). Entretanto, mesmo que a escrita seja obstada em algumas dessas circunstâncias, não podemos asseverar que a loucura é em si mesma silenciadora. Por que, então, não falar também da narrativa elaborada nesse estado, em vez de preservar a narratividade rigidamente dentro dos códigos da razão clássica? Se a impossibilidade de escrita nas situações mais radicais impede que estendamos sem hesitação a necessidade transcultural da narrativa para o domínio da loucura, o que dizer das narrativas pictóricas que se mantêm plenamente abertas a esses casos mais extremos de fim da escrita? A psiquiatra brasileira Nise da Silveira nos dá exemplos contundentes de narrativas pictóricas desenvolvidas por seus pacientes acometidos por psicopatologias mais severas.

No livro *Imagens do inconsciente*, Nise recupera o período que esteve à frente da seção de terapêutica ocupacional do Centro Psiquiátrico Pedro II, em Engenho de Dentro, no Rio de Janeiro. Nos quase trinta anos dedicados a essa função – até 1975, quando se aposentou compulsoriamente –, Nise dirigiu com vanguardismo um ateliê de pintura para seus pacientes, imbuída do interesse de embrenhar-se no mundo interno dos esquizofrênicos, mas sem procurar nessas pinturas apenas reflexos de sintomas e de ruína psíquica, pois estimava também o valor artístico do trabalho dos internos do hospital – prova disso foi o convite feito ao crítico Mário Pedrosa, que visitou o ateliê entre 1947 e 1952 e designou a arte ali produzida como "arte virgem".[11] Nas palavras da psiquiatra, "Era surpreendente verificar a existência de uma pulsão configuradora de imagens sobrevivendo mesmo quando a personalidade estava desagregada" (SILVEIRA, 2015, p. 15). De acordo com Nise, a arte que se encontrava no ateliê do Engenho de Dentro era marcada pela ausência da figura humana e de formas orgânicas no geral, firmando-se em uma linguagem abstrata, livre de convenções, em que a força psíquica poderia se manifestar diretamente. Segundo a psiquiatra, "Se a linguagem proposicional desarticula-se funcionalmente na esquizofrenia, também o discurso em figuras, narrando uma história, será quase impossível

11 Cf. PEDROSA, 1950. Há alguns detalhes interessantes envolvendo a frequentação de Mário Pedrosa ao ateliê do Centro Psiquiátrico Pedro II. Um deles é que se especula que o reconhecimento do trabalho dos internos do hospital contribuiu para que, naquele momento, fosse estabelecida uma tendência de conversão de jovens artistas figurativos em concretos, tendência da qual emergiram artistas plásticos como Almir Mavignier, Abraham Palatnik e Ivan Serpa. Conta-se, ainda, que "a experiência *sui generis* do ateliê deslocou o eixo da crítica de arte dos meios acadêmicos, oficiais e literários para os meios terapêuticos, científicos e jornalísticos, fazendo da relação entre arte e loucura o centro do debate sobre processo criativo e formação do artista" (VILLAS BÔAS, 2008, p. 198).

e talvez indesejável no sentir do pintor" (*Ibid.*, p. 22). Nas obras ali encontradas não haveria, pois, o mesmo pressuposto narrativo de telas clássicas como *A travessia do Mar Vermelho* (c. 1634), de Nicolas Poussin, que representa figurativamente uma história complexa, uma narrativa bíblica repleta de detalhes. Nem por isso essas obras teriam menos valor artístico ou estariam isentas de narratividade. O que se narra nos desenhos e pinturas não figurativas do ateliê do Engenho de Dentro são os acontecimentos interiores dos pacientes, acontecimentos decalcados com emoção na superfície pálida do papel ou da tela. No entanto, mesmo que haja uma prevalência do não-figurativo nessas obras, a psiquiatra revela que alguns artistas internos transitam entre o figurativo e o não-figurativo, conforme oscilam as intensidades da emoção e da angústia. Vejamos um pequeno comentário de Nise sobre três pinturas de Fernando Pedrosa, diagnosticado com esquizofrenia, obras que, em conjunto, revelam a narrativa dos acontecimentos interiores de um "eu".

> A imagem da personalidade em dissolução, tal como ele próprio [Fernando Pedrosa] se retrata. Escreve EU à esquerda, em cor branca, contrastando com a violência das cores utilizadas para representar sua face convulsa. Dias depois, por meio de duas linhas cruzadas, divide o papel em quatro partes. No alto está a face, já menos convulsa, delimitada pelas linhas do ângulo superior resultante do cruzamento das duas linhas. Os três outros ângulos estão preenchidos por traços desordenados. Um elementar sistema de coordenadas é instintivamente utilizado para dividir e organizar a multiplicidade caótica. Numa terceira pintura, seis dias depois, há no centro da imagem uma cruz de quatro braços iguais que se alargam nas extremidades (cruz-de-malta). Em torno, acham-se dispostos doze círculos alternadamente claros e escuros e ligados entre si por uma linha irregular, porém contínua. De quase todos os círculos partem linhas em direção ao

centro. Destaca-se um círculo de cor diferente, tendo uma cruz no interior, do qual parte linha que, em movimento espiral, vem ter ao centro. Nesta imagem, esboça-se a tentativa de conectar o ego, representado pelo círculo que tem uma cruz no interior, à grande cruz central que representaria o centro ordenador da psique, o *self*. (SILVEIRA, 2015, p. 63-64)

Observa-se que, não obstante a indeterminação característica do não figurativo ou do figurativo convulsionado, as pinturas dos pacientes psiquiátricos do ateliê de Nise podem ser de alguma forma decifradas, deparando-se o leitor da narrativa pictórica com a história de um eu, o que o conecta com a experiência trágica do artista. Assim, mesmo que os pintores possam padecer de uma opacidade no plano da expressão verbal, falada ou escrita, na pintura eles encontram um horizonte aberto para comunicar suas angústias, suas emoções e até mesmo seus delírios. Nesse sentido, não se pode aceitar que o caráter não figurativo (ou em que o figurativo seja recessivo) signifique um embotamento da afetividade e a dissolução do real. Há em cada superfície dessas obras o decalque de uma experiência trágica, real e afetiva, que é de certa maneira organizada e que assim se torna comunicável.

Um rápido passeio pelas salas do Museu de Imagens do Inconsciente, fundado em 1952, onde estão expostas as obras dos artistas do ateliê do Engenho de Dentro, permite ao observador minar as bases do edifício ideológico erguido pela razão clássica, que, de tão fascinada pelo verbal, impedia a loucura de se comunicar, de se fazer compreensível. Nesse museu, a experiência trágica da loucura se materializa em obra. Um tipo de obra que coloca em xeque os alicerces sobre os quais se erigiu o padrão de racionalidade ocidental e que é capaz de, mesmo no caos, falar por si mesma e a respeito de si mesma. O que se comunica nessas obras é a própria experiência trágica da loucura, plenamente capaz de narrar-se, de relatar sua própria interioridade. As obras expostas no Museu de Imagens do Inconsciente são o testemunho vivo de que a narratividade é de fato a forma humana de experienciar o tempo. Se por muitos séculos a experiência trágica da loucura foi silenciada e impedida de narrar a si mesma, isso não significa que ela fosse incapaz de se comunicar, significa tão-somente que foi mutilada pelo violento golpe da razão clássica. Ademais, se hoje essas narrativas se mantêm bloqueadas, nada justifica tal cerceamento senão o erro alimentado por uma concepção de racionalidade ainda impregnada dos limitantes preconceitos clássicos.

Resta-nos, após o desvio pela teoria foucaultiana e pelo ateliê do Engenho de Dentro, explicar o que Paul Ricoeur tem a ver com toda essa discussão. Sabemos que, no primeiro volume de *Tempo e narrativa*, o filósofo francês, ao servir-se do conceito aristotélico de *mythos*, declara o triunfo da ordem na narratividade. Não seria esse tipo de ordem da mesma espécie que aquela evocada pela razão clássica? Embora o responsável direto pela racionalidade do classicismo seja, como demonstrou Michel Foucault, o filósofo René Descartes, não poderíamos convocar certa concepção cartesiana também na defesa de Ricoeur de uma narrativa ordenada? Temos aí uma questão controversa, já que não é nenhuma novidade que Ricoeur confrontou com severidade o que classificou como solipsismo cartesiano. Sob outra perspectiva, Foucault, em sua *História da loucura*, apresentou Friedrich Nietzsche como o embaixador da experiência trágica da loucura. O filósofo alemão teria contribuído para fissurar a hegemonia da razão estabelecida desde Descartes. Paul Ricoeur, em *O si-mesmo como outro*, também contrapôs esses dois filósofos: em uma margem, o sujeito enaltecido pelo *cogito* cartesiano; na oposta, o sujeito humilhado pelo *anticogito* nietzschiano. À transparência de um eu que chega à verdade absoluta de seu existir, opõe-se a opacidade de uma existência trágica. Saindo do embate entre extremos – ou *cogito*, ou *anticogito* –, Ricoeur, como vimos no segundo capítulo desta livro, propôs, a partir da noção de *cogito* ferido, uma hermenêutica do si situada a igual distância desses dois eixos.

Em *Tempo e narrativa*, Nietzsche é lembrado no segundo volume por sua obra *A origem da tragédia*, em um contexto que trata da necessidade que os seres humanos têm, para atribuir sentido à vida, "de lançar um véu apolíneo sobre a fascinação dionisíaca do caos" (RICOEUR, 2010b, p. 47). De certo modo, não seria esse o procedimento adotado por Ricoeur quando imprimiu o selo da ordem narrativa à desordem do tempo? Como sabemos, Nietzsche denunciou, em *O nascimento da tragédia*, a vontade absoluta de verdade que é típica do espírito moderno, fortemente tributário da racionalidade socrática, denúncia que guarda certa homologia com a crítica de Foucault endereçada à razão cartesiana. Talvez, seguindo esse mesmo diapasão, possamos colocar ao lado de Sócrates os filósofos Aristóteles e Descartes, a fim de identificar nesses três autores o desejo pela ordem que guiará a modernidade. Se aceitarmos essa aproximação, teremos que Ricoeur, ao viabilizar uma tática que une a ordem narrativa à desordem do tempo, procederia de modo a conjugar também o pensamento e a experiência trágica da loucura. Ocorre que, como vimos nos capítulos anteriores deste livro, o processo narrativo sempre desembocaria em uma ordem concordante que triunfa sobre a discordância. Nesse sentido, talvez Paul Ricoeur seja mais cartesiano do que ele mesmo gostaria. Será que o fato de nosso filósofo não ter dado mais espaço à desordem – e também à "loucura" – em sua trilogia sobre a narrativa não revelaria justamente esse seu lado cartesiano?

3.2. O silêncio promovido pelos abusos da memória e do esquecimento

Na conferência "Entre tempo e narrativa: concordância/discordância", proferida em Grenoble no ano de 1982, anterior, portanto, à publicação dos três volumes de *Tempo e narrativa*, Paul Ricoeur sinalizou duas questões que serão fundamentais para o desenvolvimento deste tópico: as vidas humanas têm a necessidade de serem narradas e é preciso preservar a história dos vencidos. Citemos:

> O crítico literário formado na tradição aristotélica segundo a qual a história é um artifício criado pelo escritor não ficará nem um pouco satisfeito com essa noção de uma história narrada que esteja em "continuidade" com o enredamento passivo dos sujeitos em histórias que se perdem em um horizonte brumoso. Entretanto, a prioridade dada à história ainda não narrada pode servir de instância crítica ante qualquer ênfase no caráter artificial da arte de narrar. Contamos histórias porque, afinal, as vidas humanas têm necessidade e merecem ser narradas. Essa observação ganha toda a sua força quando evocamos a necessidade de salvar a história dos vencidos e dos perdedores. Toda história de sofrimento clama por vingança e pede narração. (*Id.*, 1982, p. 13-14)

Essencialmente o mesmo trecho será reproduzido posteriormente no primeiro volume de *Tempo e narrativa* (*Id.*, 2010a, p. 129). Nessas palavras, fica evidente que Ricoeur trata a narrativa como uma necessidade, e isso sob dois planos: uma necessidade transcultural da humanidade como um todo e uma necessidade ético-política, um dever que nos orienta na busca por justiça. No primeiro capítulo de nosso livro, vimos que a narrativa é uma necessidade transcultural, uma vez que a experiência humana do tempo transcorre narrativamente. Reforçando essa necessidade, mostramos no segundo capítulo que a narrativa é uma forma de o ser humano tornar a existência mais suportável e menos angustiante. Nesses dois momentos, falamos da narrativa como de uma necessidade humana transmitida no interior de quaisquer culturas. Falta, então, abordar a necessidade que se tem de narrar do ponto de vista ético-político. É nesta segunda abordagem que surgirá o silenciamento promovido pelos abusos da memória e do esquecimento.

Repitamos a última frase da citação anterior: "Toda história de sofrimento clama por vingança e pede narração". Dissecando-a, podemos dizer que houve no passado e certamente há no presente histórias de sofrimento; essas histórias, por sua vez, requerem ações justas que punam o mal cometido, além de medidas que reparem a dor infligida e imponham um fim ao sofrimento; ademais, a frase permite-nos afirmar que essas histórias precisam ser narradas, de modo a reconhecer todo o mal e toda a dor nelas envolvidos, tendo em vista que, se tais histórias não forem relatadas nem forem ouvidas, a sociedade se manterá impassível em relação ao sofrer, impedindo que se articulem ações de reparação da dor e que tenha fim a cadeia de sofrimento outrora iniciada. Nesse sentido, as histórias de sofrimento jamais devem ser esquecidas. Além disso, existe alguma potência no ato de narrar que torna a dor menos insuportável, como está expresso na bela frase de Isak Dinesen, pseudônimo da escritora dinamarquesa Karen Blixen: "Todos os sofrimentos são suportáveis se os colocamos em uma história ou contamos uma história sobre eles", frase que serviu de epígrafe para o capítulo dedicado ao conceito de ação no livro *A condição humana* (1958), de Hannah Arendt (ARENDT, 2020, p. 217). A frase de Dinesen era bem conhecida de Ricoeur e chegou a ser por ele citada em pelo menos duas ocasiões. Em uma entrevista concedida a Giuseppe Martini no ano de 2003, em que o filósofo comenta sobre o talento que temos de criar uma narrativa que torne o sofrimento mais suportável para nós mesmos e para os outros – não que tal narrativa em específico seja a única verdadeira, embora seja, entre várias possíveis, aquela mais aceitável para a redução da dor que sentimos (RICOEUR, 2016, p. 25-26). E em uma conferência intitulada "Memória, história, esquecimento", realizada no mesmo ano em Budapeste. Na ocasião, Ricoeur elaborou uma série de notas sobre os ardis do esquecimento. Para concluir sua exposição de maneira provocativa, o filósofo usou, então, a frase de Dinesen.

Embora tenhamos empregado no parágrafo anterior as palavras "sofrimento" e "dor" indistintamente a fim de evitar a repetição excessiva do primeiro termo, vale salientar que Ricoeur fez uma distinção entre elas. Para o filósofo, no ensaio "O sofrimento não é a dor", o sofrimento não se reduz à dor física ou psíquica, pois corresponde, com um acento espinosano, a uma diminuição da potência de agir, o que afeta também a capacidade de narrar (*Id.*, 2013b). No capítulo anterior já havíamos demostrado que, na teoria de Ricoeur, o mal padecido pode driblar a compreensão humana, oferecendo obstáculos para sua tradução em palavras. Identificamos aí um dos limites da narrativa. No ensaio que ora mencionamos, escrito em 1992 – quando o autor ainda enfrentava um luto interminável decorrente do suicídio de seu filho Olivier, ocorrido em 1986 –, Ricoeur elucida melhor como o sofrimento compromete a capacidade de narrar, prejudicando também o estabelecimento da conexão de quem sofre com a alteridade. Sobre a modalidade do sofrer que afeta o narrar e o narrar-se, o filósofo explica que:

> [...] consiste nos danos causados à função desempenhada pela narrativa na constituição da identidade pessoal. Lembremo-lo: uma vida é a história dessa vida em busca de narração. Compreender-se é poder contar histórias sobre si mesmo que sejam inteligíveis e aceitáveis, especialmente aceitáveis. Os desastres do narrar estendem-se ao eixo do si próprio e do outro.

> O sofrimento aparece aqui como ruptura do fio narrativo, na sequência de uma concentração extrema e de uma focalização pontual no instante. Este, é preciso sublinhá-lo, é diferente do presente, tão magnificamente descrito por Agostinho nas *Confissões*. Enquanto o presente se alimenta da dialética entre a memória (por ele designada como presente do passado), a expectativa (ou o presente do futuro) e a atenção (ou presente do presente), o instante é arrancado a esta dialética do triplo presente, ele é apenas a interrupção do tempo, a ruptura da duração; é assim que todas as conexões narrativas se encontram alteradas. Mas a relação com o outro não é menos alterada que a incapacidade de narrar e de narrar-se, na medida em que a história de cada um está enredada na história dos outros [...]; é assim que a nossa história se transforma em um segmento da história dos outros. É esse tecido internarrativo, se assim se pode dizer, que é interrompido no sofrimento. (RICOEUR, 2013b, p. 22-23)

A ruptura do fio narrativo causada pelo sofrimento coloca em jogo, por um lado, a identidade pessoal, que também assume a forma de uma identidade narrativa, igualmente ameaçada. Por outro lado, não só a relação do indivíduo consigo mesmo é afetada, como também a relação mantida com a alteridade. Quando o sofrimento se instaura, a conexão do sujeito com o outro é também perturbada, na medida em que esta depende da relação que o sujeito trava consigo mesmo. Como sabemos, a hermenêutica ricoeuriana do si requer o desvio necessário pela alteridade (o mundo, a cultura, o outro indivíduo etc.), por isso, uma vez desajustado o movimento mais elementar, que é o de si a si, compromete-se consequentemente o movimento de si ao outro, pois a raiz mesma do processo foi contagiada pela incompreensão. Se o narrar-se é colapsado, tem-se como resultado o desfibramento do tecido internarrativo que esse eu, agora incapaz de narrar a si mesmo, constitui com os outros. Resumindo, uma vez comprometida a identidade narrativa de um sujeito, compromete-se também o modo como ele se relaciona com a alteridade. Paul Ricoeur, ao conceber essa identidade narrativa, remete a Hannah Arendt, como o faz no seguinte trecho do terceiro volume de *Tempo e narrativa*:

> Dizer a identidade de um indivíduo ou de uma comunidade é responder à pergunta: *quem* fez tal ação? *Quem* é seu agente, seu autor? [...] Responder à pergunta "quem?", como disse claramente Hannah Arendt, é contar a história de uma vida. A história contada diz o *quem* da ação. *Portanto, a identidade do* quem *não é mais que uma identidade narrativa*. (*Id.*, 2010c, p. 418)

Certamente Ricoeur está se reportando aos trechos de *A condição humana* que tratam do agente do discurso e da teia de relações humanas, trechos que são precedidos pela epígrafe de Dinesen. Para Arendt – o que também poderia ser facilmente sustentado por Ricoeur –, uma vida sem discurso e sem ação é literalmente morta para o mundo e acaba por perder os traços que a caracterizariam como uma vida humana, pois se resume a uma aparição física inerte, sem a possibilidade de experiências e de compartilhamentos entre as pessoas (ARENDT, 2020, p. 219). Segundo a autora, "É com palavras e atos que nos inserimos no mundo humano, e essa inserção é como um segundo nascimento, no qual confirmamos e assumimos o fato simples do nosso aparecimento físico original" (*Ibid.*). De acordo com a filósofa, existe uma estreita ligação entre a ação e o discurso, como atestam as perguntas colocadas por Ricoeur – "*quem* fez tal ação? *Quem* é seu agente, seu autor?". Para ela, a ação desacompanhada do discurso perderia seu sujeito. Nesse caso, em lugar de seres humanos agentes, teríamos robôs que realizariam atividades humanamente incompreensíveis. Sobre a ação desacompanhada do discurso, afirma Arendt:

> A ação muda deixaria de ser ação, pois não haveria mais um ator; e o ator, realizador de feitos, só é possível se for, ao mesmo tempo, o pronunciador de palavras. A ação que ele inicia é humanamente revelada pela palavra, e embora seu ato possa ser percebido em seu aparecimento físico bruto, sem acompanhamento verbal, só se torna relevante por meio da palavra falada na qual ele se identifica como o ator, anuncia o que faz, fez e pretende fazer. (ARENDT, 2020, p. 221)

Além disso, Arendt explica que é por meio da ação suscetível de ser relatada que os indivíduos mostram quem eles realmente são e revelam suas identidades pessoais únicas. É dessa forma, portanto, que as identidades aparecem no mundo e, segundo a filósofa, tal manifestação no mundo só é possível porque existe uma relação do si com o outro. Nas palavras de Arendt, a "qualidade reveladora do discurso e da ação passa a um primeiro plano quando as pessoas estão *com* as outras, nem pró nem contra elas – isto é, no puro estar junto dos homens" (*Ibid.*, p. 223). Sabendo disso, é difícil negar que a teoria narrativa de Ricoeur tenha encontrado alguma inspiração na teoria de Arendt sobre a ação narrada, até porque, como já vimos, Ricoeur menciona explicitamente a filósofa alemã em *Tempo e narrativa*. Aliás, a primeira tradução francesa de *A condição humana* foi prefaciada por Ricoeur, o que dá sinais inequívocos da admiração do filósofo francês por Arendt – a qual, a propósito, introduziu-o na década de 1970 na Universidade de Chicago – e pelo pensamento político da autora.[12]

---

12 O historiador François Dosse comenta a aproximação intelectual de Arendt e Ricoeur tanto por pensarem a política como um estar junto quanto pela centralidade de uma reflexão sobre o agir, considerando a grande importância do conceito arendtiano de *vita activa* em *A condição humana* e a centralidade do conceito de homem capaz na obra ricoeuriana como um todo. Nesse sentido, escreve Dosse em *Paul Ricoeur: les sens d'une vie*: "O prefácio escrito por Ricoeur para *A condição humana*, de Arendt, revela seu interesse por um pensamento que estabelece uma alternativa à tradição da filosofia política. Até então sempre se pensara a política em termos de dominação, de comando, de obediência. O que o atraiu em Arendt é a inversão

Se voltarmos às duas frases destacadas anteriormente – tanto a frase enunciada por Ricoeur ("Toda história de sofrimento clama por vingança e pede narração"), como a frase de Dinesen ("Todas os sofrimentos são suportáveis se os colocamos em uma história ou contamos uma história sobre eles") – e as analisarmos em conjunto, identificaremos uma violenta ação opressiva nas tentativas de silenciar quem sofre, ação que acaba por amplificar o sofrimento. Impedir que alguém narre sua própria história é impor uma ação muda, é submetê-lo a uma vida que é morta para o mundo e que perde sua condição de humanidade. Soma-se a essa violência, no caso de um silenciamento imposto ao sofredor, uma agressão ainda maior, pois quem sofre deve ter a opção de atenuar seu sofrimento por meio da narração, tornando-o mais suportável. Se o sofrimento reduz a potência de agir, como bem mostrou Ricoeur, poder narrá-lo é opor ativamente resistência a essa redução, é dizer "sim" à vida. Se uma pessoa que sofre é silenciada, tudo indica que haverá uma diminuição ainda maior em sua potência de agir, fragilizando ainda mais sua conexão consigo mesma, com os outros e com o mundo. Quando imposto a qualquer pessoa, o silêncio é o sufocamento da identidade do indivíduo. Quando imposto a quem sofre, ele é, por assim dizer, a aniquilação quase completa do sofredor.

Todo esse debate contribui para postular uma primeira sentença: as vidas humanas têm a necessidade de serem narradas. A narrativa serviria a nós seres humanos como um remédio para curar os sofrimentos de nossa existência, para nos restituir a capacidade de agir. Mas a narrativa pode servir também para restaurar a concordância de nossas vidas, implacavelmente dilaceradas entre o passado, o presente e o futuro, tornando a vida mais coerente, in-

---

que ela efetuou para situar a política no coração do agir, do estar junto em uma dimensão não mais vertical, mas horizontal" (DOSSE, 2008, p. 219-220).

teligível e aceitável. A professora Jeanne Marie Gagnebin vai além sobre a necessidade transcultural que temos da narrativa, referindo-se a seu poder de reconciliar os seres humanos com as aporias da temporalidade.

> [...] queria ressaltar o sentimento muito forte que se apodera do leitor, enredado (!) pela estratégia argumentativa e narrativa de Ricoeur. O sentimento de que somente a arte da narração poderia nos reconciliar, ainda que nunca definitivamente, com as feridas e as aporias de nossa temporalidade – marca inequívoca de nossa morte e finitude e, portanto, de nossa incapacidade em dar de nós mesmos outras imagens e outros conceitos que as formas efêmeras da história. (GAGNEBIN, 2006, p. 172)

Dada a centralidade da reflexão sobre o "homem capaz de..." na obra de Ricoeur, que encontra ressonâncias na teoria narrativa sob a forma do "poder narrar", espera-se que o filósofo abra espaço para investigar as tentativas de tolher a voz humana do poder de narrar sua própria história, de relatar seu próprio sofrimento, tentativas que buscam ceifar a identidade mesma de um sujeito. Uma discussão como essa nos encaminharia para a segunda questão que anunciamos no início deste tópico, qual seja, a de que é preciso preservar a história dos vencidos. Isso nos ajudaria a traçar a necessidade reivindicada pela narrativa sob o plano ético-político, sob a perspectiva da efetivação da justiça. Com efeito, Ricoeur realiza tal empreendimento em uma de suas últimas grandes obras, *A memória, a história, o esquecimento* (2000), como veremos daqui em diante.

Esse livro, que trata de solucionar uma lacuna deixada por *Tempo e narrativa* e *O si-mesmo como outro*, obras que não tematizaram a memória e o esquecimento de maneira aprofundada, tem origem em uma preocupação pública de Ricoeur:

> [...] perturba-me o inquietante espetáculo que apresentam o excesso de memória aqui, o excesso de esquecimento acolá, sem falar da influência das comemorações e dos erros de memória – e de esquecimento. A ideia de uma política da justa memória é, sob esse aspecto, um dos meus temas cívicos confessos. (RICOEUR, 2007, p. 17)

Ricoeur reconhece que existem abusos da memória e do esquecimento e, por meio da escrita desse livro, advoga uma política da justa memória. Para o filósofo, a memória não consiste apenas na recepção de uma imagem do passado, mas compreende também uma espécie de fazer, pois é algo que se busca. Nesse sentido, diz Ricoeur, "o ato de fazer memória vem escrever-se na lista dos poderes, das capacidades, que dependem da categoria do 'eu posso'" (*Ibid.*, p. 71). A filosofia do "homem capaz de...", adquiriu múltiplas formas na obra ricoeuriana, seja a do "posso falar" e a do "posso narrar", seja a do "posso agir" e a do "posso ser responsável por minhas ações", agora adquire uma nova forma, a do "posso lembrar". Como esse ato de fazer memória se trata de um exercício, ele desemboca em bons usos e abusos, o que é tanto mais propício de acontecer por concernir a uma presença representada, à ausência da coisa lembrada, isto é, a uma vulnerabilidade fundamental da memória. Os abusos da memória – que são também abusos de esquecimento: "Dizer 'você se lembrará' também significa dizer 'você não esquecerá'" (*Ibid.*, p. 100) – ocorrem, para Ricoeur, no âmbito coletivo e dizem respeito a formas concertadas de instrumentalização e manipulação da memória por detentores do poder, abusos que se desenvolvem no palco da história e que requerem uma crítica das ideologias.

Quando aborda os abusos da memória, Ricoeur tem como foco processos que a instrumentalizam, levando em conta o sentido weberiano de instrumentalização, segundo o qual a racionalidade visa a um fim, e não a um valor.[13] Assim, manipula-se a memória conforme uma finalidade. Se considerarmos que a memória é uma construção narrativa e que, enquanto experiência comunitária, ela é arquitetada coletivamente, o que reforça a identidade narrativa de determinado corpo social, pressupõe-se que exista alguma fragilidade nessa identidade para que a memória seja manipulável. Do ponto de vista de grupos nacionais, essa narrativa é forjada por atores públicos encarregados de fortalecer uma imagem idealizada de consenso e de ordem nacional que possa também legitimar a estrutura de poder vigente, donde o caráter instrumental aplicado à memória. O professor Johann Michel, especialista na obra de Paul Ricoeur, descreve, no artigo "Podemos falar de uma política do esquecimento?", o que se entende pela instrumentalização política da memória:

> Pode-se chamar de políticas da memória o conjunto de intervenções de atores públicos que visam produzir e impor lembranças comuns a uma dada sociedade, em favor do monopólio de instrumentos de ações públicas (comemorações oficiais, programas escolares de história, leis memoriais, panteonizações etc.). A construção de uma narrativa coletiva feita pelos poderes públicos é parte integrante desse modo de ação pública. Essas narrativas se orientam supostamente para unir membros de uma sociedade ao redor de uma história comum, mesmo que essas configurações narrativas digam mais sobre a maneira pela qual o poder se coloca em cena e seus valores do que sobre o estado efetivo de memória coletiva. (MICHEL, 2011)

De acordo com Ricoeur, para compreendermos a manipulação da memória, precisamos resgatar a problemática da identidade (co-

---

13 Para Weber, quando a ação social é instrumentalizada, ela se determina "de modo racional referente a fins: por expectativas quanto ao comportamento de objetos do mundo exterior e de outras pessoas, utilizando essas expectativas como 'condições' ou 'meios' para alcançar fins próprios, ponderados e perseguidos racionalmente, como o sucesso" (WEBER, 1999, p. 15).

letiva e pessoal) e considerar que a memória instrumentalizada age sobre as fragilidades identitárias visando manter coesa a identidade narrativa. Essas fragilidades se manifestam sob três formas. Em primeiro lugar, a identidade padece de uma dificuldade basilar que diz respeito à sua relação com o tempo. Nas discussões sobre mesmidade e ipseidade, analisamos o jogo de permanências e mudanças executado pela identidade ao longo do tempo, jogo que a faz oscilar entre a rigidez inflexível do *idem* e a flexibilidade do *ipse*. Vimos, no primeiro capítulo de nosso livro, que as aporias da temporalidade colocam a identidade à deriva, flutuando entre a memória, o presente e a expectação. Desse modo, a expressão temporal da identidade é a marca mais elementar de sua fragilidade constitutiva. Em segundo lugar, existe o confronto da identidade com o outro, que é percebido como uma ameaça tanto para a identidade coletiva do "nós" quanto para a identidade pessoal do "eu", levando ao banimento e, por vezes, até mesmo à supressão da alteridade. Sobre essa fragilidade, indaga Ricoeur:

> [...] será mesmo preciso que nossa identidade seja frágil a ponto de conseguir suportar, não conseguir tolerar que outros tenham modos de levar sua vida, de se compreender, de inscrever sua própria identidade na trama do viver-juntos, diferentes dos nossos? Assim é. São mesmo as humilhações, os ataques reais ou imaginários à autoestima, sob os golpes da alteridade mal tolerada, que fazem a relação que o mesmo mantém com o outro mudar da acolhida à rejeição, à exclusão. (RICOEUR, 2007, p. 94-95)

Por fim, Ricoeur atribui a terceira causa de fragilidade da identidade à violência fundadora. Para o filósofo, nunca existiu comunidade histórica que não tivesse surgido de um contexto bélico, basta lembrarmos que muitos Estados surgiram de anexações conflituosas de territórios e populações. Esses acontecimentos fundadores, que promovem ao mesmo tempo a glória e celebração de uns e a humilhação e execração de outros, são, para Ricoeur, "atos violentos legitimados posteriormente por um Estado de direito precário, legitimados, no limite, por sua própria antiguidade, por sua vetustez" (RICOEUR, 2007, p. 95). Para o autor, "É assim que se armazenam, nos arquivos da memória coletiva, feridas reais e simbólicas" (*Ibid.*). Pode-se dizer que esse tipo de fragilidade se funde, por parentesco, com a segunda, aquela que enxerga no outro uma ameaça. Johann Michel explica, no artigo já mencionado, que esses acontecimentos fundadores recebem uma versão oficial a fim de sustentar uma memória e um esquecimento institucionalizados, em proveito de uma precária identidade nacional supostamente reconciliada. Para o autor, recorrendo ao mito fundador da democracia racial brasileira, há uma ideologização institucionalizada da memória que serve de suporte para a manutenção de uma estrutura social desigual e que se empenha em silenciar as vozes dissonantes, mas tudo em nome da ilusória reconciliação nacional.[14] Elucida Johann Michel com base na investigação da antropóloga canadense Francine Saillant:

14 O mito da democracia racial brasileira, segundo Lélia Gonzalez e Carlos Hasenbalg, no livro *Lugar de negro* (1982), serviu para negar o componente racial na geração de desigualdades econômicas e sociais. Vejamos: "A atual versão oficial das relações raciais teve sua formulação acadêmica feita no início da década de 1930 por Gilberto Freyre. Ao destacar as contribuições positivas do africano e do ameríndio para a cultura brasileira, este autor subverteu as premissas racistas presentes no pensamento social do fim do século XIX e início do presente século. Simultaneamente, Freyre criou a mais formidável arma ideológica contra o negro. A ênfase na flexibilidade cultural do colonizador português e no avançado grau de mistura racial da população do país o levou a formular a noção de democracia racial. A consequência implícita desta ideia é a ausência de preconceito e discriminação raciais e, portanto, a existência de iguais oportunidades econômicas e sociais para negros e brancos. Neste ponto é interessante notar que nos Estados Unidos os negros e outras minorias raciais são as exceções reconhecidas à ideologia de igualdade de oportunidades, enquanto na sociedade brasileira, hierárquica e permeada por grandes desigualdades sociais, o ideal de igualdade de oportunidade é predicado fundamentalmente no terreno racial" (GONZALEZ; HASENBALG, 1982, p. 84).

> Francine Saillant analisa como os movimentos afro-brasileiros contemporâneos se dedicam a desconstruir o mito fundador oficial da democracia racial brasileira que define "o sujeito brasileiro como produto de uma fusão de raças e origens, o africano, o indígena e o europeu [...]. Esse mito supõe uma visão harmoniosa das relações sociais e inter-raciais, entendendo que a 'raça' adquire aqui um sentido mais cultural do que biológico" [...]. Como em todo mito, como em todo abuso de memória, esse mito da democracia racial contribui para mascarar o passado escravagista do Brasil e os sofrimentos impingidos à população brasileira de origem africana ou indígena, bem como para ocultar a contribuição dos escravos na construção da sociedade, da cultura e da economia brasileiras. Essa construção amnésica oficial nutre claramente o projeto de não reanimar a lembrança de um povo dividido e hierarquizado (social, econômica e politicamente) em "raças". Recordemos, através de Maurice Halbwachs que são os objetivos políticos, identitários, comunitários do presente ou as projeções futuras que explicam a instrumentalização do esquecimento. No caso em questão, o mito fundador da sociedade brasileira, em nome de uma reconciliação nacional, permite, de um lado, amordaçar as reivindicações materiais e as demandas por reconhecimento dos descendentes de populações oprimidas e, de outro lado, ocultar oficialmente o racismo do qual ainda são vítimas as pessoas negras no Brasil. (MICHEL, 2011)

Como apresentado nessa passagem de Johann Michel, as nações criam a necessidade de uma narrativa integradora que possa compensar a fragilidade identitária resultante de uma violência fundadora ao instaurar uma espécie de ordem nacional. Certamente essa conclusão está em sintonia com o pensamento de Paul Ricoeur, para quem as fragilidades identitárias são, nas sociedades, remediadas por um fator de integração comunitária que resguarde a identidade por meio de mediações simbólicas. Esse fator atua como uma espécie de coerção silenciosa exercida sobre uma estrutura social, cultural e política, garantindo, assim, a manutenção tanto da ordem vigente – a relação orgânica entre o todo e as partes – quanto do poder hegemônico – a relação hierárquica entre governantes e governados. Muito discutido em *A ideologia e a utopia* (1986), o filósofo o designa como fenômeno ideológico, o qual opera em três níveis: o de distorção da realidade, o de legitimação do sistema de poder e o de integração do mundo comum por meio de uma semiótica da cultura com seus sistemas simbólicos. Para Ricoeur, a ideologia operará discretamente, porém de modo inequívoco, como instrumento de manipulação da memória. Explica o filósofo:

> É fácil vinculá-los [os diversos empreendimentos de manipulação da memória], respectivamente, aos diversos níveis operatórios da ideologia. No plano mais profundo, o das mediações simbólicas da ação, a memória é incorporada à constituição da identidade por meio da função narrativa. A ideologização da memória torna-se possível pelos recursos de variação oferecidos pelo trabalho de configuração narrativa. E como os personagens da narrativa são postos na trama simultaneamente à história narrada, a configuração narrativa contribui para modelar a identidade dos protagonistas da ação ao mesmo tempo que os contornos da própria ação. Hannah Arendt nos lembra que a narrativa diz o "quem da ação". É mais precisamente a função seletiva da narrativa que oferece à manipulação a oportunidade e os meios de uma estratégia engenhosa que consiste, de saída, numa estratégia do esquecimento tanto quanto da rememoração. (RICOEUR, 2007, p. 98)

Com base nesse trecho, podemos notar como a ideologia é determinante para a configuração da identidade narrativa de uma comunidade. É a ideologia que realiza a tarefa concordante do *mythos* de reunir fatores heterogêneos, personagens e episódios múltiplos em torno de uma história única e coesa. Assim, ao se configurar a narrativa de um povo ou de uma nação, elegem-se sistemas simbólicos, protagonistas e enredos prioritários, emprestando à narrativa os contornos desejados pela ideologia dominante, o que acaba por ratificar a obliteração de parte do campo do olhar. Esse perspectivismo integrador decorre, como bem sabemos, da impossibilidade de se narrar tudo e da seletividade que se torna então inevitável, seletividade que está frequentemente alinhada aos interesses de quem domina. Segundo Ricoeur, "Assim como é impossível lembrar-se de tudo, é impossível narrar tudo. A ideia de narração exaustiva é uma ideia performativamente impossível. A narrativa comporta necessariamente uma dimensão seletiva" (*Ibid.*, p. 455).

De certo modo, é a própria variedade oferecida pelos diversos elementos de composição da intriga que possibilita à ideologia tramar uma história selecionando o que melhor lhe aprouver a fim de reforçar a perspectiva integrativa que se quer hegemônica. Ricoeur diz que "a ideologização da memória é possibilitada pelos recursos de variação que o trabalho de configuração narrativa oferece" (*Ibid.*). Tendo em vista que a memória, por meio da função narrativa, é costurada com a identidade então reforçada, concluímos que ela se torna manipulável em proveito dos interesses dos sistemas de ordem e de poder vigentes. Se resumirmos o processo, partiremos de uma estrutura de dominação que produz uma ideologia, a qual, por sua vez, controla de maneira silenciosa a identidade narrativa de uma comunidade e, por consequência, dita a memória que será preservada entre seus membros. Como será conduzida a difusão capilarizada dessa ideologia que se impregna na consciência coletiva? Por meio das narrativas ensinadas, da memória instruída pela história, dos acontecimentos fundadores transmitidos pelo saber histórico, dos eventos celebrados em datas comemorativas, enfim, por meio de todo o aparato doutrinário que se reconhece como sendo o porta-voz da história oficial. Vale citar um longo trecho bastante elucidativo do livro *A memória, a história, o esquecimento*:

> [...] é no nível em que a ideologia opera como discurso justificador do poder, da dominação, que se veem mobilizados os recursos de manipulação que a narrativa oferece. A dominação, como vimos, não se limita à coerção física. Até o tirano precisa de um retórico, de um sofista, para transformar em discurso sua empreitada de sedução e intimidação. Assim, a narrativa imposta se torna instrumento privilegiado dessa dupla operação. A própria mais-valia que a ideologia agrega à crença oferecida pelos governados para corresponderem à reivindicação de legitimação levantada pelos governantes apresenta uma textura narrativa: narrativas de fundação, narrativas de glória e de humilhação alimentam o discurso da lisonja e do medo. Torna-se assim possível vincular os abusos expressos da memória aos efeitos de distorção que dependem do nível fenomenal da ideologia. Nesse nível aparente, a memória imposta está armada por uma história ela mesma "autorizada", a história oficial, a história aprendida e celebrada publicamente. De fato, uma memória exercida é, no plano institucional, uma memória ensinada; a memorização forçada encontra-se assim arrolada em benefício da rememoração das peripécias da história comum tidas como os acontecimentos fundadores da identidade comum. O fechamento da narrativa é assim posto a serviço do fechamento identitário da comunidade. História ensinada, história aprendida, mas também história celebrada. À memorização forçada somam-se as comemorações convencionadas. Um pacto temível se estabelece assim entre rememoração, memorização e comemoração. (RICOEUR, 2007, p. 98)

Memória instrumentalizada para atender aos interesses dos grupos dominantes. Abusos da memória que desaguam em uma memória excessiva envolvendo os detentores do poder, em detrimento de uma memória deficitária envolvendo os segmentos marginalizados. Não é assim que tradicionalmente se constitui o ensino de história no Brasil? Uma história que prioriza os eventos ocorridos na Europa e na América do Norte e que relega a segundo plano tudo o que se passou em solo africano, sustentando a amnésia em relação ao violento passado de opressão. Daí a necessidade ético-política de promoção de uma justa memória.[15] Daí a necessidade de integrar os grupos que a história oficial identifica como sendo o outro – isto é, a alteridade que o poder hegemônico vê como uma ameaça à identidade coletiva, a alteridade composta por aqueles que foram execrados e excluídos durante o violento processo de fundação da sociedade. O outro, colocado à margem da história autorizada, converte-se no foco do dever de se fazer justiça, um dever cívico que demanda reparar os males e desconstruir a opressão, além de preservar a história dos vencidos: "O dever de memória é o dever de se fazer justiça, pela lembrança, a um outro que não o si" (*Ibid.*, p. 101).

Comentemos agora um pouco sobre as estratégias de esquecimento. Já vimos que a ideologização da memória opera no campo da configuração narrativa. Nesse trabalho de composição da intriga, escolhe-se não só aquilo que será lembrado, mas, como podemos facilmente supor, também aquilo que será esquecido. Há diversas maneiras de se narrar, dada a multiplicidade de elementos que se apresentam para o narrador durante a *mimesis* II, e, nessa teia de histórias, personagens e pontos de vista, evidentemente o narrador suprimirá o que não é de seu interesse, bem como deslocará as

15 Com vistas à justa memória, no campo da educação, foi criada no Brasil, por exemplo, a Lei n. 10.639, de 9 de janeiro de 2003, que tornou obrigatória a inclusão em todas as escolas do país do "estudo da História da África e dos Africanos, a luta dos negros no Brasil, a cultura negra brasileira e o negro na formação da sociedade nacional, resgatando a contribuição do povo negro nas áreas social, econômica e política pertinentes à História do Brasil" (BRASIL, 2003).

ênfases e pintará as personagens com as cores que forem de sua preferência. Para Ricoeur, o perigo se instala quando esse narrador – individual ou coletivo – se utiliza do poder a ele outorgado como estratégia para propositalmente encerrar grupos oprimidos no esquecimento. Quando isso ocorre, há a imposição de uma narrativa canônica que deve ser considerada a história oficial. Tais narrativas, em prol da manutenção de uma estrutura de poder, condenam ardilosamente atores sociais ao esquecimento, impedindo-os tanto de narrarem sua versão da história como de serem ouvidos. Desse modo, sempre que houver o império ideológico de uma narrativa canonizada, por trás estarão ocultas inumeráveis vozes silenciadas. Comenta Ricoeur:

> Para quem atravessou todas as camadas de configuração e de refiguração narrativa desde a constituição da identidade pessoal até a das identidades comunitárias que estruturam nossos vínculos de pertencimento, o perigo maior, no fim do percurso, está no manejo da história autorizada, imposta, celebrada, comemorada – da história oficial. O recurso à narrativa torna-se assim a armadilha, quando potências superiores passam a direcionar a composição da intriga e impõem uma narrativa canônica por meio de intimidação ou de sedução, de medo ou de lisonja. Está em ação aqui uma forma ardilosa de esquecimento, resultante do desapossamento dos atores sociais de seu poder originário de narrarem a si mesmos. (RICOEUR, 2007, p. 455)

Pode-se conjecturar, portanto, que as estratégias de esquecimento assumem também o formato de políticas implementadas por um Estado de direito precário, ou seja, em que a fragilidade identitária é defendida com o recurso da manipulação abusiva da memória. Quando praticadas institucionalmente, as políticas de esquecimento contam com a amnésia como mecanismo para ultrapassar as desordens políticas que afetam a paz civil, como guerras, episódios revolucionários e mudanças violentas de regimes políticos. Para exemplificar esse tipo de ação institucional, Ricoeur lança mão de um esquecimento político levado a cabo explicitamente por atores públicos, a anistia, que presumidamente interromperia a violência das desordens políticas através de uma medida de esquecimento jurídico, operando como um tipo de prescrição seletiva e pontual de crimes cometidos no passado. Um passado então declarado proibido, que não valeria a pena ser rememorado, por isso a importância de negá-lo solenemente como se não houvesse ocorrido, donde o negacionismo histórico, que se vale da manipulação ideológica e da falsificação da verdade. Segundo Ricoeur, "A proximidade mais que fonética, e até mesmo semântica, entre anistia e amnésia aponta para a existência de um pacto secreto com a denegação de memória" (*Ibid.*, p. 460).

Como mostra o filósofo, a frágil unidade nacional e a ilusória concórdia civil que se desejam implementar com a anistia têm o defeito de nos deixar vulneráveis, no futuro, a crimes que foram apagados da memória oficial, pois se priva a opinião pública de condenar ações execráveis simplesmente arrastadas para os porões da história. Ao impedir que a memória privada e coletiva passe por uma crise salutar de identidade, a anistia inviabiliza a reapropriação lúcida do passado e de sua carga traumática, resgate crítico que contribuiria para eliminar as chances de repetição dos deploráveis erros outrora cometidos, pois os afastaria com agudeza da zona da verdade. Por isso, para Ricoeur, "a instituição da anistia só pode responder a um desígnio de terapia emergencial, sob o signo da utilidade e não da verdade" (*Ibid.*, p. 462). Não foi exatamente isso o que ocorreu no Brasil com a Lei da Anistia sancionada em 1979 por João Batista Figueiredo, quando o país ainda vivia sob uma ditadura civil-militar?[16] Estratégia de esquecimento que de certa forma a Comissão da Verdade, instituída em 2012 e encerrada em 2014, durante o governo de Dilma Rousseff, tentou reparar. Para Jeanne Marie Gagnebin, as reflexões suscitadas em *A memória, a história, o esquecimento* nos dão subsídios para compreender o que se passou no país com a Lei da Anistia. Assinala Gagnebin:

> Com efeito, esse livro que busca delimitar "uma política da justa memória" (segundo as palavras do autor na primeira página da obra), caiu num terreno fértil: o da discussão das políticas de memória (alguns preferem dizer de esquecimento!) dos governos brasileiros em relação aos crimes cometidos durante a ditadura militar. As distinções ao mesmo tempo firmes e finas que Ricoeur opera, por exemplo, entre os conceitos de anistia, de perdão e de esquecimento (na última parte do livro) ajudam, a meu ver, a criticar com mais profundidade reflexiva um tema tão candente como a Lei da Anistia. Clareza filosófica e resistência política conseguem se apoiar mutuamente na leitura desse belo volume de 2000. (GAGNEBIN, 2017, p. 236)

O caso da anistia nos revela uma maneira explícita de atores públicos comandarem o esquecimento. Em situações como essa, não há nenhum reparo da violência infligida, pois o esquecimento que se promove supostamente põe fim ao conflito e a seus efeitos ao instalar ilusoriamente um estado de concórdia em que são silenciadas as perturbações passadas, rompendo com qualquer possibili-

16 A Lei da Anistia de 1979 diz em seu primeiro artigo: "Art. 1º É concedida anistia a todos quantos, no período compreendido entre 02 de setembro de 1961 e 15 de agosto de 1979, cometeram crimes políticos ou conexo com estes, crimes eleitorais, aos que tiveram seus direitos políticos suspensos e aos servidores da Administração Direta e Indireta, de fundações vinculadas ao poder público, aos Servidores dos Poderes Legislativo e Judiciário, aos Militares e aos dirigentes e representantes sindicais, punidos com fundamento em Atos Institucionais e Complementares" (BRASIL, 1979).

dade efetiva de se fazer justiça. Uma política de esquecimento dessa ordem se choca contra o propósito defendido por Ricoeur, segundo o qual todas as histórias de sofrimento clamam por vingança e exigem narração. Daí a importância do dever de justa memória, que busca recordar as vítimas de uma história criminosa fazendo justiça ao sofrimento impingido a elas. Na bela frase de Tzvetan Todorov, referindo-se às vítimas do Holocausto, "A vida perde contra a morte, mas a memória vence em seu combate contra o nada" (TODOROV, 2008, p. 27).

Tanto maiores serão a consternação e a injustiça se à ação danosa for somado um processo silenciador que bloqueie a possibilidade de o sofrimento ser narrado e rememorado. Como vimos, o sofrimento, na medida em que a vítima o relata, torna-se mais suportável. Em uma circunstância como a da anistia, a potência de agir de quem sofre tem que enfrentar, além de tudo, a pressão do aparato judiciário do Estado, que, em nome de uma reconciliação imaginária, condena o sofrer ao esquecimento. Por isso é tão necessário o comprometimento ético-político de retomada da memória, colocando o sofrimento dentro de uma história que seja narrada e compartilhada, para que, quem sabe assim, a sociedade e o Estado possam encontrar formas efetivas de reparação das ações violentas do passado.

Com suas investigações em *A memória, a história, o esquecimento*, Paul Ricoeur denuncia a imposição de um silêncio em decorrência dos abusos da memória e do esquecimento, manipulações conduzidas seja por discretos processos ideológicos, seja por explícitas políticas de Estado. Não faltam, como evidenciamos aqui, exemplos no passado brasileiro que ilustrem tal silenciamento. Dois deles foram destacados e lembrados: a violência praticada por parte do Estado contra seus próprios cidadãos durante a ditadura civil-militar e a vergonhosa história de escravidão que nos assombra até os dias de hoje. Tendo em vista que discutir essas questões extrapola o escopo de nosso trabalho e vai além de nossos conhecimentos, é melhor pararmos por aqui. A título de conclusão desta etapa, deixamos ao leitor um convite feito por Lélia Gonzalez, que não se desvia das crises de identidade tão necessárias para se construir um país mais justo:

> Em termos de movimento negro e no movimento de mulheres se fala muito em ser o sujeito da própria história; nesse sentido eu sou mais lacaniana, vamos ser o sujeito do nosso próprio discurso. O resto vem por acréscimo. Não é fácil, só na prática é que vai se percebendo e construindo a identidade, porque o que está colocado em questão também é justamente uma identidade a ser construída, reconstruída, desconstruída, num processo dialético realmente muito rico. (GONZALEZ, 2020, p. 312)

CONCLUSÃO

> *Se estar é "estar a caminho", Ricoeur, mestre do pensamento mais que mestre pensador de gerações sucessivas, está bem no coração do século XX, no coração da Cidade.*
> (DOSSE, 2008, p. 11)

Paul Ricoeur foi considerado um filósofo da cidade por assimilar às suas análises questões que refletem as inquietudes do momento, engajando-se nos problemas eclodidos nas ruas e que podem ser discutidos conjuntamente, ao lado de filósofos, artistas, pensadores das ciências humanas, políticos e pessoas comuns. Ao largo dos sistemas filosóficos fechados, Ricoeur orientava suas reflexões – e mesmo aquelas que poderiam ser a princípio circunscritas ao domínio estético – em direção às preocupações ético-políticas mais prementes. O percurso intelectual do filósofo, profundamente marcado pelas experiências trágicas de seu século, refletiu os grandes temas que atravessam até hoje as sociedades ocidentais e que portam um acentuado interesse cívico expresso no viver-juntos. Não à toa, o belíssimo título de uma de suas grandes obras, *O si-mesmo como outro*, que concede à alteridade um lugar especial na formação de cada indivíduo, tanto no que se refere à constituição de identidades como no que diz respeito à compreensão do mundo e de si. Neste trabalho, destacamos o tema das possibilidades e impasses da narrativa, trajeto iniciado com uma discussão sobre o caráter transcultural da narrativa até culminar em uma reflexão sobre a Lei da Anistia sancionada no Brasil em 1979. Pudemos perceber, no decorrer dos três capítulos, a vitalidade desse tema no interior de nossas sociedades, abarcando não só as possibilidades e os impasses da narrativa em si, mas aqueles oferecidos, em um sentido mais amplo, às culturas mesmas e que refletem determinada forma de organização social.

Atento às questões de seu século e delas se ocupando, Ricoeur a todo momento em suas investigações lança nosso olhar para dois planos distintos, que de algum modo se interceptam: o do indivíduo e o da comunidade. Assim, o filósofo teoriza sobre a identidade individual, mas também sobre a coletiva, bem como reflete sobre a ação injusta cometida por uma pessoa, mas também sobre aquela que é conduzida pelo Estado. Tudo isso tendo como pano de fundo a cidade, onde ocorrem os fenômenos sociais que ampliam ou reduzem a condição de agente do homem capaz. Como analisamos ao longo de nosso livro, uma das maneiras de comprometer a potência de agir refere-se ao narrar. A ação de narrar manifesta-se como uma necessidade do ser humano enquanto ser cuja existência temporal se constitui narrativamente. Essa ação, em cada pessoa, a depender de uma série de fatores que vão desde o íntimo (desejos e sofrimentos) até fatores externos (políticas de Estado e ideologia dominante), pode ser ampliada ou reduzida, favorecendo ou prejudicando o estar no mundo dos sujeitos. Tais ampliações e reduções foram o que motivaram a escrita deste trabalho, traduzidas em possibilidades e impasses da narrativa.

A intenção do primeiro capítulo foi a de investigar a potência da ação de narrar, identificando suas possibilidades e, sobretudo, a capacidade que a narrativa tem de mediar a compreensão que temos do mundo e de nós mesmos. Nessa discussão, foi imprescindível analisar a proposta hermenêutica feita por Ricoeur de uma via longa de interpretação, quer dizer, do desvio necessário pelo universo da cultura (e, consequentemente, pelas narrativas) para se chegar à compreensão que uma consciência descentrada tem de si mesma. Daí a importância adquirida pela alteridade (de uma outra pessoa, da cultura, das histórias contadas etc.), tanto do ponto de vista do conhecimento e da autocompreensão quanto do ponto de vista da constituição ontológica do sujeito, pois o outro, sob esse ângulo, está constitutivamente contido no si mesmo.

Começamos, no primeiro capítulo, por caracterizar a narrativa como uma necessidade transcultural, enfatizando a tese de Ricoeur segundo a qual o tempo torna-se tempo humano na medida em que está articulado narrativamente. Em outras palavras, a narratividade torna-se uma espécie de predicado para toda a humanidade, à maneira do refletir, dado que o fato de se constituir por meio de uma articulação narrativa é condição da experiência humana do tempo. Nesse sentido, existe uma correlação que se apresenta sob a forma de uma necessidade transcultural entre a atividade de narrar e o caráter temporal da experiência humana. Toda essa discussão implica a assimilação indissociável da narrativa por aquilo que se entende como cultura, independentemente das formas empíricas que esta venha a assumir – ou seja, qualquer cultura que se apresente no decorrer da história será vetor da tradição de narrar. Ao atrelar a narrativa à cultura e à própria condição humana, Paul Ricoeur acaba inviabilizando o colapso definitivo da narratividade, o que, se acontecesse, significaria vislumbrar o fim da cultura e aceitar que, antes, se instaurasse uma crise ontológica no existir humano.

No mesmo capítulo, passamos a discutir a mediação operada pela narrativa entre o eu, o outro, o mundo e a cultura. É mediante a narrativa que o leitor ou o ouvinte compreende o mundo, o outro e a si mesmo. E não só: é por meio dela que ele constitui sua própria identidade. Aqui também a narrativa se converte em uma instância indispensável do humano, pois é ela que estabelece a conexão entre a interioridade do sujeito e a exterioridade do mundo, uma conexão ativa que mobiliza e pode suscitar transformações no íntimo dos leitores e dos ouvintes. Mesmo que, em seguida, tenhamos apresentado um debate sobre os paradoxos da experiência temporal humana e como eles afetam a articulação narrativa, ainda assim mantivemos a conclusão de que a narrativa permanece viva e atuante no interior de quaisquer culturas.

Nossa intenção no segundo capítulo foi apresentar situações em que as possibilidades da narrativa eram limitadas seja internamente, por obstáculos impostos à ação de narrar, seja externamente, pela superação do gênero narrativo mais popular na contemporaneidade, a saber, o romance. No estudo das limitações internas, constatamos que há pelo menos duas situações de incompreensibilidade que impõem limites à capacidade de narrar: o mal padecido e o desejo como desejo. Segundo Ricoeur, na aporia especulativa do sofredor, o mal soa como um escândalo, pois constitui um enigma indecifrável que inviabiliza um fechamento narrativo e determina um limite para nossa compreensão. Outro limite é colocado pelo desejo como desejo, isto é, o desejo que não é suscetível de falar, que não é representável, tampouco traduzível, pois nem todos os nossos desejos podem transpor as fronteiras do inconsciente e adquirir a forma de linguagem. De acordo com Ricoeur, retomando as explicações freudianas, essa é a dimensão energética do desejo, em contraposição à dimensão hermenêutica. Ainda em se tratando dos limites internos, mas agora não a partir da experiência individual, mas da narrativa enquanto produto da cultura, Ricoeur argumenta que há limites para a concordância na narrativa, o que implica reconhecer momentos de crise em que a narrativa fica à mercê de discordâncias. Um desses limites, fundamentando-se então na tragédia grega, consiste na ruptura provisória do aspecto ordenador e unificador do *mythos*, quando são entremeadas discordâncias na narrativa e provocadas inversões no rumo dos acontecimentos da tragédia. Outro desses limites, baseando-se agora nos romances contemporâneos, ocorre quando a figuração das personagens e a configuração da intriga são instabilizadas pela fragilização da identidade narrativa. Quando esse fenômeno acontece, instaura-se uma espécie de crise da narratividade, o que de modo algum deve ser confundido com o esfacelamento completo da função narrativa. Ricoeur ressalta que, mesmo após crises desse porte, a narrativa se mantém investida de sua potência no interior da cultura.

Na segunda parte do capítulo 2, analisamos os limites externos esboçados por Ricoeur para a narrativa, lançando mão das supostas crises do gênero romanesco e de outras formas de dizer o tempo (em particular, o ensaio). O filósofo alegou que, apesar de os antirromances instaurarem uma crise da identidade narrativa, tal crise é insuficiente para comprometer o caráter concordante da composição da intriga como um todo. Essa investigação nos ajudou a concluir que a narrativa pode se metamorfosear, mas não morrer. Assim, embora os limites do narrar tenham sido identificados, a teoria de Ricoeur em nenhum momento precipitou em direção ao colapso definitivo da narrativa. Em vez disso, a experiência trágica associada aos episódios de discordância acabou selando a imprescindibilidade do narrar, intrinsicamente associado ao domínio da vida. O segundo capítulo de nossa investigação contribuiu, portanto, para reforçar uma ideia que já havia tomado corpo no primeiro capítulo: o expediente narrativo, para Ricoeur, está conectado de maneira indissociável à experiência temporal humana.

Finalmente, no terceiro capítulo, a intenção foi a de rastrear situações de bloqueio da narratividade. Levantamos dois impedimentos: as narrativas silenciadas por não integrarem um padrão de racionalidade e aquelas silenciadas pela manipulação da memória comandada por uma pressão ideológica ou do Estado. Em ambas as circunstâncias, as narrativas banidas ou condenadas ao esquecimento são cerceadas por não compactuarem com uma concepção dominante de ordem e por supostamente ameaçaram romper com o ordenamento então constituído. De um lado, o padrão de racionalidade ocidental conserva para si exclusivamente o poder de contar histórias, deslegitimando as narrativas que poderiam ser concebidas no caos da desrazão, as quais representariam uma ameaça para a racionalidade clássica. De outro lado, grupos dominantes criam estratégias para preservar seu poder de monopólio do discurso, assegurando a reprodução e difusão de uma única versão dos fatos. Essa versão torna-se, pois, canônica e é reconhecida como a história oficial (ou história autorizada). Tudo o que supostamente ameaçaria a preservação desse *status quo* é, por isso, condenado ao esquecimento, incluindo aí a história dos oprimidos. Mais do que submetidos a uma condenação de tal calibre, os grupos marginalizados teriam sua voz embargada e seus canais de expressão seriam interditados. Não haveria, então, memória onde sequer poderia ser concebida a possibilidade de se estabelecer uma narrativa própria.

Vale destacar que, nas análises de situações de bloqueio, saímos um pouco da letra de Ricoeur, embora tenhamos de algum modo ladeado seus pensamentos. No caso do exame sobre o silêncio promovido pela ordem da razão, convidamos autores como Michel Foucault, Karl Jaspers e Nise da Silveira para nos ajudarem na construção dos argumentos. Já no segundo caso, o do silêncio promovido pelos abusos da memória e do esquecimento, chamamos em nosso auxílio a filósofa Hannah Arendt. Em razão desse relativo desprendimento de uma filosofia propriamente ricoeuriana, a natureza do terceiro capítulo se tornou mais aberta, menos resolutiva, deixando para o leitor algumas perguntas sem a preocupação de respondê-las de imediato ou de maneira categórica. Todavia, mesmo que naqueles momentos tenhamos delegado ao leitor a responsabilidade por uma espécie de desfecho, não o deixamos desamparado, pois a todo momento nos preocupamos em fornecer material suficiente para que o leitor extraísse suas próprias conclusões. Agora, encaminhando-nos para o fechamento deste livro, resta-nos esboçar nosso desenlace acerca das questões ali deixadas em aberto.

Na tentativa de silenciar narrativas que rompessem com a ordem clássica, o que designamos como padrão de racionalidade ocidental por muito tempo expulsou para fora dos muros da cidade aquilo que considerava ser produto da desrazão. Podemos nos certificar, contudo, de que esse banimento não foi totalmente eficaz, a partir de exemplos dados desde o século XVI de que se constituiu uma literatura pela loucura. Assim, apesar da pressão de emudecimento exercida na idade clássica sobre tudo aquilo que era considerado o outro da razão, as narrativas continuaram sendo de fato praticadas por aqueles indivíduos designados no passado como "loucos". No século XIX, a partir de Friedrich Hölderlin e Gérard de Nerval, essa tendência só fez aumentar, transmitindo seu ardor para a tinta de Friedrich Nietzsche, Raymond Roussel e Antonin Artaud, entre outros. Desse modo, mesmo com o bloqueio imposto pela ordem da razão clássica, a ação de narrar protagonizada por pessoas consideradas desviantes do padrão de racionalidade ocidental continuava sendo praticada e percorria os dutos subterrâneos da cultura, sendo que, do século XIX em diante, alcançaria inúmeras oportunidades de se consagrar. Em outras palavras, apesar de um bloqueio de tal dimensão, a narratividade continuou operante naqueles segmentos que eram desprezados por representarem a desrazão. De todo modo, ainda que essas pessoas então banidas tivessem sido de fato inteiramente silenciadas, a narrativa continuaria existindo sob a forma de monólogo da razão. Tudo leva a crer, portanto, que tal bloqueio seria insuficiente para decretar o colapso definitivo da função de narrar. E, embora Paul Ricoeur quase nada nos tenha dito a respeito dessa matéria, podemos concluir que seu diagnóstico sobre a vitalidade da narrativa – isto é, de que o ato de contar pode se transformar, mas nunca perecerá – não é de maneira alguma abalado pelo silêncio promovido pela ordem da razão.

Do mesmo modo, se os abusos da memória condenam ao esquecimento narrativas que poderiam desestabilizar a estrutura social, visando uma ilusória concórdia civil, não são capazes, contudo, de calar a verdade, que, mais cedo ou mais tarde e através de muita luta, vem à tona reivindicando seu espaço. E aqui Ricoeur diz muito: devemos garantir, na condição de um dever de justa memória, que toda história de sofrimento possa ser narrada, que a verdade daquele que sofre chegue aos ouvidos do outro e que, no caso de referir-se ao sofrimento vivido por grupos oprimidos, essa verdade possa se tornar pública. Aliás, mesmo se as narrativas desses grupos fossem mantidas nos porões da história e se a elas a opinião pública não tivesse acesso, a função de narrar seria preservada pela voz dos setores dominantes, que impõem sua versão dos fatos por meio de um discurso histórico canônico. Assim, de uma forma ou de outra, o modo narrativo de o ser humano experienciar o tempo é preservado, o que inviabiliza o eclipsar da narratividade. Resta-nos, então, lutar por um tipo de narrativa a que a coletividade deve dar ouvidos: aquela que nos liberta.

Referências bibliográficas

OBRAS, ENSAIOS E CONFERÊNCIAS DE PAUL RICOEUR

Philosophie de la volonté. v. 1. *La symbolique du mal*. Paris: Aubier, 1960a.

Philosophie de la volonté. v. 2. Finitude et culpabilité. Paris: Aubier, 1960b.

A simbólica do mal. Tradução de Hugo Barros e Gonçalo Marcelo. Lisboa: Edições 70, 2013a.

Structure et herméneutique. *Revista Esprit*, Paris, n. 322, 1963, p. 596-627. Disponível em: https://esprit.presse.fr/article/paul-ricoeur/structure-et-hermeneutique-32947. Acesso em: 29 abr. 2022.

De l'interprétation: essai sur Freud. Paris: Éditions du Seuil, 1995a.

Da interpretação: ensaio sobre Freud. Tradução de Hilton Japiassu. Rio de Janeiro: Imago, 1977a.

Le conflit des interprétations. Paris: Éditions du Seuil, 1969.

O conflito das interpretações: ensaios de hermenêutica. Tradução de M. F. Sá Correia. Lisboa: Rés, 1978a.

Discours et communication. In: *La communication*. II. Actes du XV Congrès de l'Association des Sociétés de Philosophie de langue française. Montréal: Montmorency, 1973.

La structure symbolique de l'action. In: *Actes de la 14e Conférence internationale des religions*. Lille, 1977b.

Herméneutique de l'idée de Révélation. *La Révélation*. Louvain: Publications des facultés universitaires Saint-Louis, 1977c, p. 15-54.

Le discours de l'action. *La sémantique de l'action*. Paris: Éditions du CNRS, 1977d.

O discurso da ação. Tradução de Artur Mourão. Lisboa: Edições 70, 2012a.

Philosophie et langage. In: *Revue philosophique de la France et de l'Étranger*, Paris, v. 103/4, out.-nov. 1978b, p. 449-663.

Temps et récit: l'intrigue et le récit historique. v. 1. Paris: Éditions du Seuil, 1983.

Tempo e narrativa: a intriga e a narrativa histórica. v. 1. Tradução de Cláudia Berliner. São Paulo: Martins Fontes, 2010a.

Entre tempo e narrativa: concordância/discordância. *Kriterion*: Revista de Filosofia, Belo Horizonte, v. 53, n. 125, jun. 2012b, p. 299-310.

Entre temps et récit: concorde/discorde. In: *Recherches sur la philosophie et le langage*. Paris: Vrin, 1982.

Temps et récit: la configuration du temps dans le récit de fiction. v. 2. Paris: Éditions du Seuil, 1984.

Tempo e narrativa: a configuração do tempo na narrativa de ficção. v. 2. Tradução de Cláudia Berliner. São Paulo: Martins Fontes, 2010b.

Temps et récit: les temps raconté. v. 3. Paris: Éditions du Seuil, 1985.
Tempo e narrativa: o tempo narrado. v. 3. Tradução de Cláudia Berliner. São Paulo: Martins Fontes, 2010c.
Du texte à l'action: essais d'hermeneutique II. Paris: Éditions du Seuil, 1986.
Le mal: un défi à la philosophie et à la théologie. Genebra: Labor et Fides, 1986.
O mal: um desafio à filosofia e à teologia. Tradução de Maria Eça de Almeida. Campinas: Papirus, 1988.
Soi-même comme un autre. Paris: Éditions du Seuil, 1990.
O si-mesmo como outro. Tradução de Ivone C. Benedetti. São Paulo: Martins Fontes, 2014.
Lectures 2: la contrée des philosophes. Paris: Éditions du Seuil, 1992.
Leituras 2: a religião dos filósofos. Tradução de Marcelo Perine e Nicolás Nyimi Campanário. São Paulo: Loyola, 1996a.
Leituras 3: nas fronteiras da filosofia. Tradução de Nicolás Nyimi Campanário. São Paulo: Loyola, 1996b.
La souffrance n'est pas la douleur. In: MARIN, Claire; ZACCAÏ-REYNERS, Natalie. *Souffrance et douleur*. Autour de Paul Ricoeur. Paris: Puf, 2013b.
Réflexion faite: autobiographie intelectuelle. Paris: Éditions Esprit, 1995b.
La critique et la conviction. Paris: Éditions Calmann-Lévy, 1995d.
A crítica e a convicção. Tradução de António Hall. Lisboa: Edições 70, 2009.
La mémoire, l'histoire, l'oubli. Paris: Éditions du Seuil, 2000.
A memória, a história, o esquecimento. Tradução de Alain François et al. Campinas: Editora Unicamp, 2007.
Le juste 2. Paris: Éditions Esprit, 2001.
O justo 2. Tradução de Ivone C. Benedetti. São Paulo: Martins Fontes, 2008b.
Lectio magistralis de Paul Ricoeur, Université de Barcelone, 24 avril 2001. In: JERVOLINO, Domenico. *Paul Ricoeur*: une herméneutique de la condition humaine. Paris: Ellipses, 2002.
Sur la traduction. Paris: Bayard, 2003.
Sobre a tradução. Tradução de Patrícia Lavelle. Belo Horizonte: Editora UFMG, 2012c.
Psychanalyse et interprétation: un retour critique. *Études Ricoeuriennes*, v. 7, n. 1, 2016, p. 19-30.
Écrits et conférences I: autour de la psychanalyse. Paris: Éditions du Seuil, 2008a.
Escritos e conferências I: em torno da psicanálise. Tradução Edson Bini. São Paulo: Loyola, 2010d.
Écrits et conférences II: herméneutique. Paris: Éditions du Seuil, 2010.
Escritos e conferências II: hermenêutica. Tradução Lúcia Pereira de Souza. São Paulo: Loyola, 2011.

FONTES PRIMÁRIAS E BIBLIOGRAFIA CRÍTICA

ADORNO, Theodor. *Notas de literatura I.* Tradução de Jorge M. B. de Almeida. São Paulo: Duas Cidades; Editora 34, 2003.

AFANASSIEV. *Les contes populaires russes.* Tradução de Lise Gruel-Apert. Paris: Éditions Maisonneuve et Larose, 1988.

AGOSTINHO. *Confissões.* Tradução de Lorenzo Mammì. São Paulo: Penguin Classics Companhia das Letras, 2017.

______. *Confissões.* Tradução de J. Oliveira Santos. São Paulo: Nova Cultural, 1999. (Coleção Os Pensadores)

ANDRADE, Abrahão Costa. Apresentação. In: RICOEUR, Paul. *A ideologia e a utopia.* Tradução de Sílvio Rosa Filho e Thiago Martins. Belo Horizonte: Autêntica, 2015.

ANDRADE, Carlos Drummond de. *Poesia completa.* Rio de Janeiro: Nova Aguillar, 2003.

ARCA, Kristofer Camilo. Opaques selves: a ricoeurian response to Galen Strawson's anti-narrative arguments. *Études Ricoeuriennes*, v. 9, n. 1, 2018, p. 70-89.

ARENDT, Hannah. *A condição humana.* Tradução de Roberto Raposo. Rio de Janeiro: Forense Universitária, 2020.

ARISTÓTELES. *Ethica Nicomachea I 13 - III 8*: tratado da virtude moral. Tradução de Marco Zingano. São Paulo: Odysseus Editora, 2008.

______. *Poética.* Tradução de Paulo Pinheiro. São Paulo: Editora 34, 2017.

______. *La politique.* v. 3. Tradução de J. Tricot. Paris: J. Vrin, 1962.

AUERBACH, Erich. *Ensaios de literatura ocidental.* Tradução de Samuel Titan Jr. e José Marcos Mariani de Macedo. São Paulo: Editora 34, 2007.

BARTHES, Roland. Introdução à análise estrutural da narrativa. In: BARTHES, Roland et al. *Análise estrutural da narrativa.* Tradução de Maria Zélia Barbosa Pinto. Petrópolis: Vozes, 2011.

BENJAMIN, Walter. *Magia e técnica, arte e política*: ensaios sobre literatura e história da cultura. Tradução de Sérgio Paulo Rouanet. São Paulo: Brasiliense, 1994.

BENSE, Max. O ensaio e sua prosa. Tradução de Samuel Titan Jr. *Revista Serrote*, Rio de Janeiro, n. 16, abr. 2014. Disponível em: https://www.revistaserrote.com.br/2014/04/o-ensaio-e-sua-prosa/. Acesso em: 29 abr. 2022.

BENVENISTE, Émile. *Problemas de linguística geral.* v. 2. Tradução de Eduardo Guimarães. Campinas: Pontes, 1989.

BERMAN, Marshall. *Tudo que é sólido desmancha no ar*: a aventura da modernidade. Tradução de Carlos Felipe Moisés e Ana Maria L. Ioriatti. São Paulo: Companhia das Letras, 2007.

BLANCHOT, Maurice. *O livro por vir.* Tradução de Leyla Perrone-Moisés. São Paulo: Martins Fontes, 2013.

BLOCH, Ernst. *O princípio esperança.* Tradução Nélio Schneider. Rio de Janeiro: Eduerj; Contraponto, 2005.

BOSI, Alfredo. *Céu, inferno*: ensaios de crítica literária e ideológica. São Paulo: Duas Cidades; Editora 34, 2003.

BRASIL. Lei n. 6.683, de 28 de agosto de 1979. Disponível em: http://www.planalto.gov.br/ccivil_03/leis/l6683.htm. Acesso em: 9 jun. 2022.

______. Lei n. 10.639, de 9 de janeiro de 2003. Disponível em: http://www.planalto.gov.br/ccivil_03/leis/2003/l10.639.htm. Acesso em: 9 jun. 2022.

BUTLER, Judith. *Giving an account of oneself.* New York: Fordham University Press, 2005.

______. *Relatar a si mesmo*: crítica da violência ética. Tradução de Rogério Bettoni. Belo Horizonte: Autêntica, 2017.

CAMPANA, Francesco. *The end of literature, Hegel, and the contemporary novel.* Cham: Palgrave Macmillan, 2019.

COMPAGNON, Antoine. *Os cinco paradoxos da modernidade.* Tradução de Cleonice Mourão, Consuelo Santiago e Eunice Galéry. Belo Horizonte: Editora UFMG, 2010.

DANTO, Arthur. *Após o fim da arte*: a arte contemporânea e os limites da história. Tradução de Saulo Krieger. São Paulo: Edusp/Odysseus, 2006.

DE MAN, Paul. *Autobiografia como des-figuração.* Tradução de Joca Wolff. Sopro: Florianópolis, n. 71, maio, 2012.

DERRIDA, Jaques. Cogito et histoire. In: *L'écriture et la difference.* Paris: Éditions du Seuil, 1967. p. 51-97.

DESCARTES. *Meditações.* Tradução de J. Guinsburg e Bento Prado Júnior. São Paulo: Abril Cultural, 1983. (Coleção Os Pensadores)

DIDEROT, Denis. *O sobrinho de Rameau.* Tradução de Daniel Garroux. São Paulo: Editora Unesp, 2019.

DILTHEY, Wilhelm. O surgimento da hermenêutica (1900). Tradução de Eduardo Gross. *Numen*: revista de estudos e pesquisa da religião, Juiz de Fora, v. 2, n. 1, 1999, p. 11-32.

______. Introdução às ciências humanas. Tradução de Marco Antônio Casanova. Rio de Janeiro: Forense Universitária, 2010.

DOMINGUES, Ivan. *Epistemologia das ciências humanas.* v. 1. São Paulo: Loyola, 2004.

DOSSE, François. *Paul Ricoeur*: les sens d'une vie (1913-2005). Paris: Éditions La Découverte, 2008.

______. *Paul Ricoeur*: un philosophe dans son siècle. Paris: Armand Colin, 2012.

DOSSE, François. *História do estruturalismo*: o campo do signo, 1945-1966. v. 1. Tradução de Álvaro Cabral. São Paulo: Editora Unesp, 2018a.

______. *História do estruturalismo*: o canto do cisne, de 1967 a nossos dias. v. 2. Tradução de Álvaro Cabral. São Paulo: Editora Unesp, 2018b.

DUARTE, Rodrigo. *Adornos*: nove ensaios sobre o filósofo frankfurtiano. Belo Horizonte: Editora UFMG, 1997.

DUPONT-ROC, Roselyne; LALLOT, Jean. Introdução e notas. In: ARISTÓTELES. *La poétique.* Paris: Éditions du Seuil, 1980.

ENGEL, Pascal. Y a-t-il eu vraiment une rencontre entre Ricoeur et la philosophie analytique? *Études Ricoeuriennes*, v. 5, n. 1, 2014, p. 125-141.

FOUCAULT, Michel. *História da loucura na idade clássica*. Tradução José Teixeira Coelho Neto. São Paulo: Perspectiva, 2019a.

FOUCAULT, Michel. *Ditos e escritos I*. Tradução de Vera Lúcia Avelar Ribeiro. Rio de Janeiro: Forense Universitária, 2019b.

FLUDERNIK, Monika. *Towards a natural narratology*. London: Routledge, 1996.

______. *An introduction to narratology*. Milton: Routledge, 2009.

FORSTER, Edward Morgan. *Aspectos do romance*. Tradução Sergio Alcides. São Paulo: Globo, 2008.

FREUD, Sigmund. Uma dificuldade da psicanálise. Tradução P. C. Souza. In: *Obras completas*. v. 14. São Paulo: Companhia das Letras, 2010.

GAGNEBIN, Jeanne Marie. *Sete aulas sobre linguagem, memória e história*. Rio de Janeiro: Imago, 1997.

______. *Lembrar escrever esquecer*. São Paulo: Editora 34, 2006.

______. Sobre a recepção da filosofia de Paul Ricoeur no Brasil. In: LAVELLE, Patricia (Org.). *A atualidade de Paul Ricoeur numa perspectiva ibero-americana*. Coimbra: Imprensa da Universidade de Coimbra, 2017.

GENTIL, Hélio Salles. *Para uma poética da modernidade*: uma aproximação à arte do romance em *Temps et récit* de Paul Ricoeur. São Paulo: Loyola, 2004.

______. Introdução. In: RICOEUR, Paul. *Tempo e narrativa*: a intriga e a narrativa histórica. v. 1. São Paulo: Martins Fontes, 2010.

GONZALEZ, Lélia. *Por um feminismo afro-latino-americano*: ensaios, intervenções e diálogos. Rio de Janeiro: Jorge Zahar, 2020.

HASENBALG, Carlos. *Lugar de negro*. Rio de Janeiro: Marco Zero, 1982.

GREISH, Jean. *Paul Ricoeur, l'itinéraire du sens*. Grenoble: Éditions Jérôme Millon, 2015.

______. "Temps bifurqué" et temps de crise. *Esprit*, n. 7-8, jul./ago. 1988, p. 88-96.

GRONDIN, Jean. *Paul Ricoeur*. Paris: PUF, 2016. (Que sais-je?)

HARDY, Barbara. Towards a poetics of fiction: an approach through narrative. *Novel*, Durham, v. 2, n. 1, 1968, p. 5-14.

JASPERS, Karl. *Psicopatologia geral I*. Tradução de Samuel Penna Reis. São Paulo: Editora Atheneu, 2000.

JERVOLINO, Domenico. *Paul Ricoeur*: une herméneutique de la condition humaine. Paris: Ellipses, 2002.

JERVOLINO, Domenico. Introdução a Ricoeur. Tradução de José Bortolini. São Paulo: Paulus, 2011.

JOYCE, James. *Finnegans Wake*. Tradução de Dirce Waltrick do Amarante. São Paulo: Iluminuras, 2018.

JUNIOR, Nelson da Silva. "Who is there?": metafísica e desconstrução do intérprete segundo a situação psicanalítica. *Revista Discurso*, São Paulo, n. 36, p. 125-147, jun. 2007.

KANT, Immanuel. *Fundamentação da metafísica dos costumes*. Tradução de Paulo Quintela. Lisboa: Edições 70, 1998.
KERMODE, Frank. *The sense of an ending*: studies in the theory of fiction. Nova York: Oxford University Press, 2000.
KNOLL, Victor. Sobre a questão da *mimesis*. *Discurso*, São Paulo, n. 27, 1996, p. 61-81.
______. Imitação e manifestação. *Discurso*, São Paulo, n. 42, 2012, p. 17-62.
LACAN, Jacques. *O seminário, livro 20*: mais, ainda. Rio de Janeiro: Jorge Zahar, 2008.
LEJEUNE, Philippe. *O pacto autobiográfico*: de Rousseau à internet. Tradução de Jovita Maria Gerheim. Belo Horizonte: Editora da UFMG, 2008.
LÉVI-STRAUSS, Claude. Reponses a quelques questions. *Revista Esprit*, Paris, n. 322, 1963, p. 628-653. Disponível em: https://esprit.presse.fr/article/levi-strauss-claude/reponses-a-quelques-questions-32948. Acesso em: 29 abr. 2022.
______. *O pensamento selvagem*. Tradução de Tânia Pellegrini. Campinas: Papirus, 1989.
______. Introdução à obra de Marcel Mauss. In: MAUSS, Marcel. *Sociologia e antropologia*. Tradução de Paulo Neves. São Paulo: Cosac Naify, 2003.
______. Antropologia estrutural. Tradução de Beatriz Perrone-Moisés. São Paulo: Cosac Naify, 2008.
LISPECTOR, Clarice. *A descoberta do mundo*. Rio de Janeiro: Rocco, 1999.
LUKÁCS, Georg. *A teoria do romance*: um ensaio histórico-filosófico sobre as formas da grande épica. Tradução de José Marcos Mariani de Macedo. São Paulo: Duas Cidades; Editora 34, 2009.
______. A alma e as formas. Tradução de Rainer Patriota. Belo Horizonte: Autêntica, 2015.
LYOTARD, Jean-François. *A condição pós-moderna*. Tradução de Ricardo Corrêa Barbosa. Rio de Janeiro: José Olympio, 2009.
MACHADO, Roberto. *Foucault, a filosofia e a literatura*. Rio de Janeiro: Jorge Zahar, 2005.
MACINTYRE, Alasdair. *After virtue*: a study in moral theory. Notre Dame: University of Notre Dame Press, 2007.
MANN, Thomas. Na Alfred Döblin. *Reden und Aufsätze II*. Frankfurt am Main: Fischer, 1990.
MERLEAU-PONTY, Maurice. *Signos*. Tradução M. Pereira. São Paulo: Martins Fontes, 1991.
MICHEL, Johann. Peut-on parler d'une politique de l'oubli?, 2011. Disponível em: http://anciensiteusagespublicsdupasse.ehess.fr/index.php?id=145. Acesso em: 9 jun. 2022.
MONGIN, Olivier. *Paul Ricoeur*. Paris: Éditions du Seuil, 1994.
MONTAIGNE, Michel de. *Ensaios*. Tradução de Sérgio Milliet. São Paulo: Editora 34, 2016.

MONTEBELLO, Pierre. *La décomposition de la pensée. Dualité et empirisme transcendental chez Maine de Biran*. Grenoble: Million, 1994.

MONZANI, Luiz Roberto. *Freud*: o movimento de um pensamento. Campinas: Editora da Unicamp, 2014.

MUKENGEBANTU, Paul. L'unité de l'oeuvre philosophique de Paul Ricoeur. *Laval théologique et philosophique*, Quebec, n. 46, jun. 1990, p. 209-222.

MUSIL, Robert. La crise du roman. In: *Essais, conferences, critique, aphorisms, réflexions*. Org. Adolf Frisé. Paris: Éditions du Seuil, 1984.

NUNES, Benedito. *O tempo na narrativa*. São Paulo: Ática, 1995.

______. *Hermenêutica e poesia*: o pensamento poético. Belo Horizonte: Editora UFMG, 1999.

______. *A clave do poético*. São Paulo: Companhia das Letras, 2009.

ORTEGA Y GASSET, José. *Obras completas*. v. III. Madrid: Revista de Occidente, 1962.

PASCAL, Blaise. *Pensamentos*. Tradução de Sérgio Milliet. São Paulo: Abril Cultural, 1973. (Coleção Os Pensadores)

PEDROSA, Mário. *Pintores de arte virgem*. Correio da Manhã. Rio de Janeiro, 19 mar. 1950.

PELBART, Peter Pál. *Da clausura do fora ao fora da clausura*: loucura e desrazão. São Paulo: Brasiliense, 1989.

PIGLIA, Ricardo. O melodrama do inconsciente. *Folha de S.Paulo*, 21 jun. 1998. Disponível em: https://www1.folha.uol.com.br/fsp/mais/fs21069813.htm. Acesso em: 9 jun. 2022.

PIRANDELLO, Luigi. *Um, nenhum e cem mil*. Tradução de Maurício Santana Dias. São Paulo: Cosac Naify, 2001.

PLATÃO. *A República*. Tradução de Anna Lia Amaral de Almeida Prado. São Paulo: Martins Fontes, 2006.

PROPP, Vladimir. *Morfologia do conto maravilhoso*. Tradução de Jasna Paravich Sarhan. Rio de Janeiro: Forense Universitária, 1984.

ROBBE-GRILLET, Alain. *Pour un nouveau roman*. Paris: Les Éditions de Minuit, 2013.

ROBERGE, Jonathan. *Paul Ricoeur*: la culture et les sciences humaines. Québec: PUL, 2008.

ROUDINESCO, Elisabeth. *Lacan, a despeito de tudo e de todos*. Tradução André Telles. Rio de Janeiro: Zahar, 2011.

______. *Lacan*: esboço de uma vida, história de um sistema de pensamento. Tradução Paulo Neves. São Paulo: Companhia das Letras, 1994.

SARAMAGO, José. *Os poemas possíveis*. Lisboa: Caminho, 1982.

SARTRE, Jean-Paul. *Que é a literatura?* Tradução de Carlos Felipe Moisés. Petrópolis: Vozes, 2015.

SAUSSURE, Ferdinand de. *Curso de linguística geral*. Tradução de Antônio Chelini, José Paulo Paes e Izidoro Blikstein. São Paulo: Cultrix, 2006.

SILVA, Franklin Leopoldo e. *O outro*. São Paulo: Martins Fontes, 2012.

SILVEIRA, Nise da. *Imagens do inconsciente*. Petrópolis: Vozes, 2015.

SÓFOCLES. *Édipo Rei*. Tradução de Trajano Vieira. São Paulo: Perspectiva, 2016.

STAROBINSKI, Jean. É possível definir o ensaio? Tradução de Bruna Torlay. *Remate de males*, Campinas, v. 31, n. 1-2, 2011.

SZONDI, Peter. *Teoria do drama moderno* (1880-1950). Tradução de Raquel Imanishi Rodrigues. São Paulo: Cosac Naify, 2011.

TAYLOR, Charles. Force et sens, les deux dimensions irréductibles d'une science de l'homme. In: MADISON, G. B. *Sens et existence*: en hommage à Paul Ricoeur. Paris: Édition du Seuil, 1975.

TODOROV, Tzvetan. *A gramática do Decameron*. Tradução de Eni Orlandi. São Paulo: Perspectiva, 1982.

______. *Los abusos de la memoria*. Tradução de Miguel Salazar. Barcelona: Paidós, 2008.

TORT, Michel. De l'interprétation ou la machine hermenéutique. *Les Temps Modernes*, n. 237, fev.-mar. 1966.

VATTIMO, Gianni. *O fim da modernidade*. Tradução de Eduardo Brandão. São Paulo: Martins Fontes, 2002.

VILLAS BÔAS, Glaucia. A estética da conversão. O ateliê do Engenho de Dentro e a arte concreta carioca (1946-1951). *Tempo Social*, São Paulo, v. 20, n. 2, 2008, p. 197-219.

WATT, Ian. *A ascensão do romance*: estudos sobre Defoe, Richardson e Fielding. Tradução de Hildegard Feist. São Paulo: Companhia das Letras, 2010.

WEBER, Max. *Economia e sociedade*: fundamentos da sociologia compreensiva. v. 1. Tradução de Regis Barbosa e Karen Elsabe Barbosa. Brasília: UnB, 1999.

WERLE, Marco Aurélio. A angústia, o nada e a morte em Heidegger. *Trans/form/ação*, São Paulo, n. 26(1), 2003, p. 97-113.

______. *A poesia na estética de Hegel*. São Paulo: Humanitas, 2005.

WOOLF, Virginia. *Mrs. Dalloway*. Tradução de Mario Quintana. Rio de Janeiro: Nova Fronteira, 2006.